AF545576

SPIDER-MAN

IM KÖRPER DES FEINDES

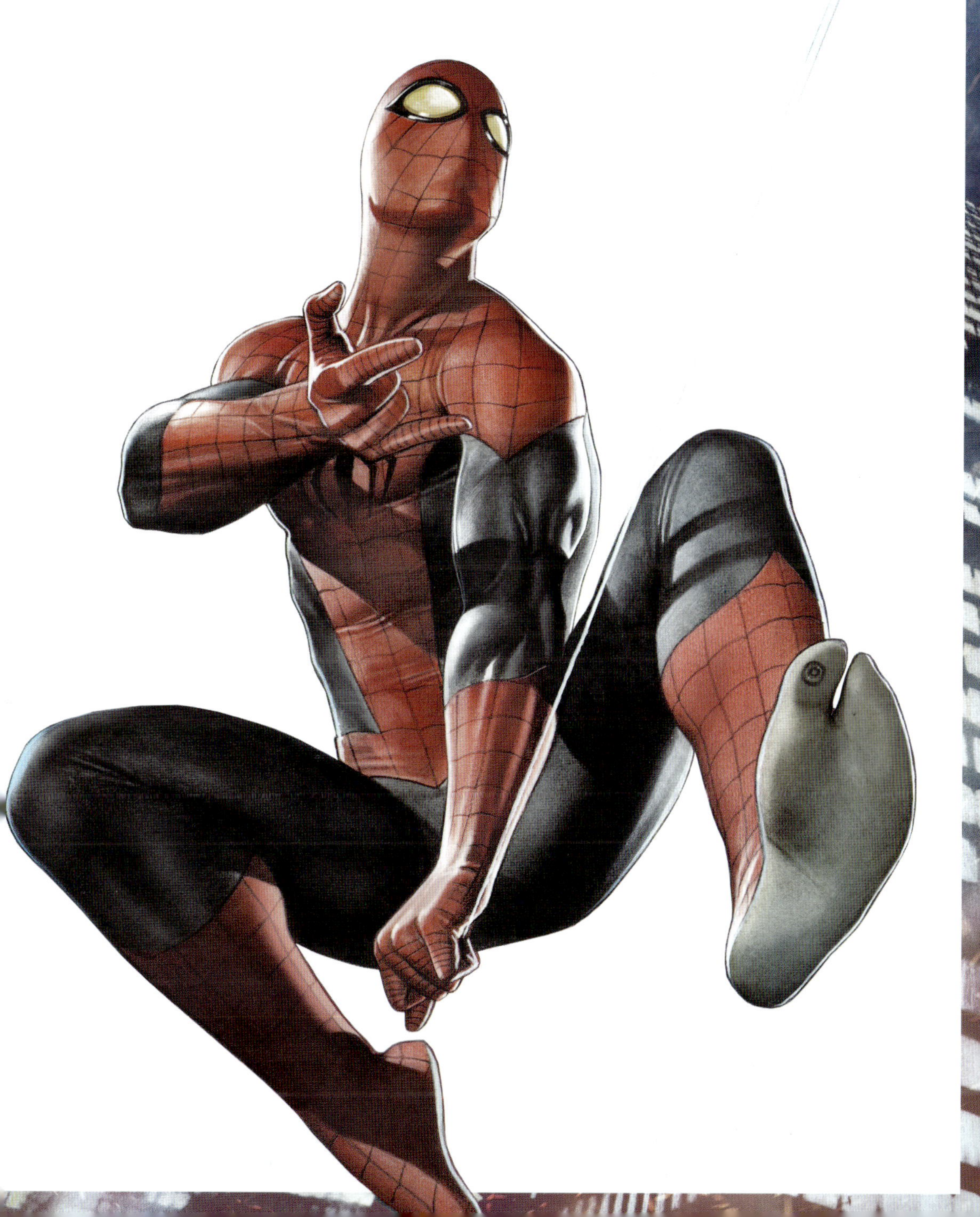

INHALT

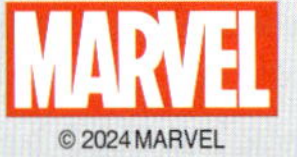
MARVEL

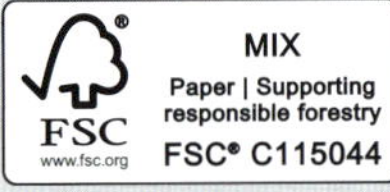
MIX
Paper | Supporting responsible forestry
FSC
www.fsc.org
FSC® C115044

SPIDER-MAN

IM KÖRPER DES FEINDES

DAN SLOTT
STORY

GIUSEPPE CAMUNCOLI (4-5)
RYAN STEGMAN (1-3)
ZEICHNUNGEN

GIUSEPPE CAMUNCOLI (5)
JOHN DELL (4-5)
VICTOR OLAZABA (2)
RYAN STEGMAN (1, 3)
TUSCHE

EDGAR DELGADO
ANTONIO FABELA (5)
FARBEN

FABIO CIACCI
SIMONE DOMIZI
LETTERING

MICHAEL STRITTMATTER
ÜBERSETZUNG

TOM BREVOORT
ELLIE PYLE
STEPHEN WACKER
REDAKTION USA

C. B. CEBULSKI
CHEFREDAKTEUR USA

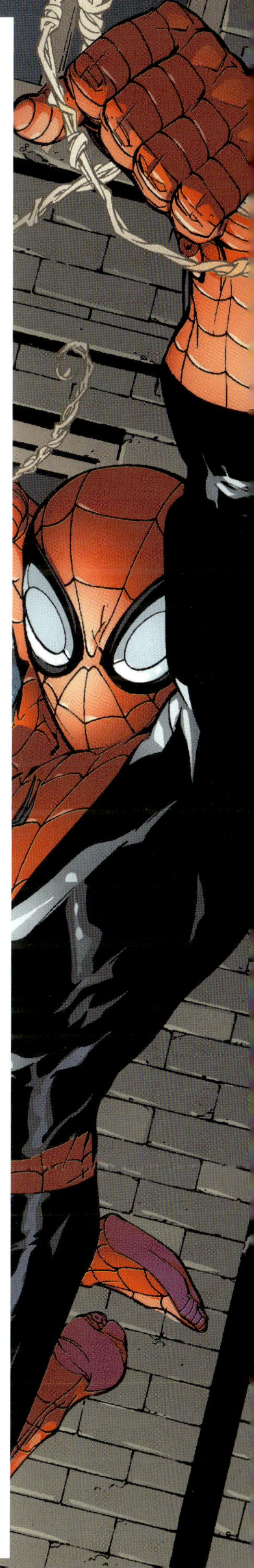

MARVEL MUST-HAVE: SPIDER-MAN – IM KÖRPER DES FEINDES erscheint bei **PANINI COMICS**, Schloßstraße 76, D-70176 Stuttgart. Druck: Lito Terrazzi S.r.l. – Prato. Pressevertrieb: Stella Distribution GmbH, D-22297 Hamburg. Direkt-Abos auf **www.paninicomics.de.** Anzeigenverkauf: BLAUFEUER VERLAGSVERTRETUNGEN GmbH, info@blaufeuer.com. Es gelten die Anzeigenpreise gemäß der Mediadaten 2024. Geschäftsführer **Hermann Paul**, Publishing Director Europe **Marco M. Lupoi**, Finanzen/Logistik **Felix Bauer**, Marketing Director **Holger Wiest**, Marketing **Fabio Cunetto**, Vertrieb **Alexander Bubenheimer**, PR/Presse **Steffen Volkmer**, Publishing Manager **Lisa Pancaldi**, Redaktion **Christian Endres**, **Harald Gantzberg**, **Matthias Korn**, **Anja Seiffert**, **Nicola Soressi**, **Kristina Starschinski**, **Daniela Uhlmann**, Übersetzung **Michael Strittmatter**, **Bernd Kronsbein**, Proofreading **Marlene Eggertsberger**, Lettering **Fabio Ciacci**, **Simone Domizi**, grafische Gestaltung **Marco Paroli** (coordinator), **Cinzia Morando**, **Barbara Sarti**, Art Director **Alessandro Gucciardo**, Redaktion Panini Comics **Annalisa Califano**, **Beatrice Doti**, Prepress **Cristina Bedini**, **Daniela Guidetti**, **Andrea Lusoli**, Repro/Packager **Alessandro Nalli** (coordinator), **Anna Boselli**, **Mario Da Rin Zanco**, **Valentina Esposito**, **Luca Ficarelli**, **Linda Leporati**. Deutsche Edition bei Panini Verlags-GmbH unter Lizenz von Marvel Characters B.V. Cover von **Ryan Stegman**, *Superior Spider-Man* (2013) 1.

Bibliografische Information der Deutschen Nationalbibliothek
Die Deutsche Nationalbibliothek verzeichnet diese Publikation in der Deutschen Nationalbibliografie; detaillierte bibliografische Daten sind im Internet über dnb.d-nb.de abrufbar.

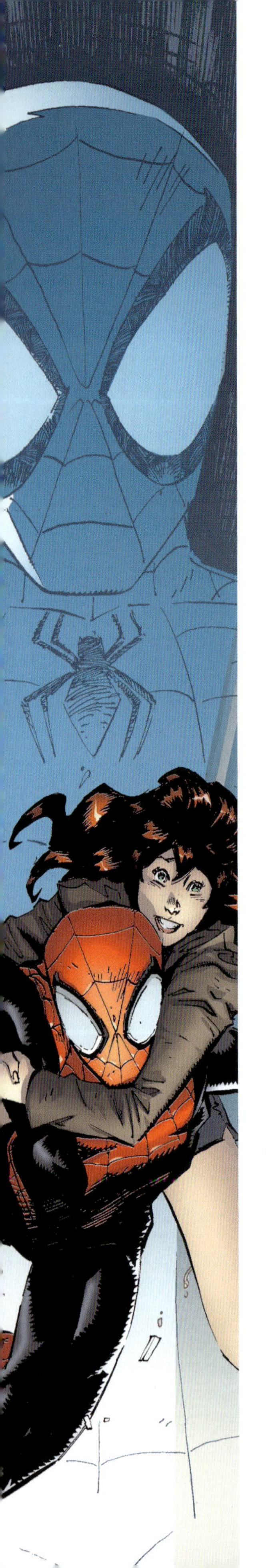

DER ARROGANTE SPIDER-MAN

Dan Slott ist einer der emsigsten, präsentesten, dominantesten, innovativsten, polarisierendsten und prägendsten **Spider-Man**-Autoren der letzten Jahrzehnte. Alleine die vielen Geschichten, Entwicklungen und Meilensteine, die er zwischen 2008 und 2018 inszenierte, haben ihm längst seinen Platz im Pantheon der Spidey-Hofschreiber, Marvel-Architekten und Superhelden-Barden gesichert! Slott infizierte ganz Manhattan im **Spider-Island**-Event mit Spider-Mans Kräften, enthüllte mit **Silk** eine zweite von der radioaktiv verstrahlten Spinne gebissene Person, öffnete die Pforten zu den Welten des **Spider-Verse**, brachte **Ben Reilly** als Bösewicht hinter der **Klon-Verschwörung** zurück, machte **J. Jonah Jameson** zum New Yorker Bürgermeister, erklärte die vorübergehende Auferstehung **Harry Osborns** von den Toten, ließ **Tante May** erneut heiraten, bescherte Pete ein weltweites Firmenimperium – und setzte die großen Jubiläumshefte *Amazing Spider-Man* 600, 700 und 800 in Szene.

Unter den zuletzt genannten Comics findet sich auch Dan Slotts aufsehenerregendstes Heft: *Amazing Spider-Man* 700, Cover-Datum Februar 2013, in den Läden bereits im Dezember 2012 aufgeschlagen. Stellt es euch vor oder erinnert euch: **Dr. Otto Octavius**, der genial-böse Spider-Man-Gegner **Dr. Octopus** mit den mechanischen Tentakeln, hatte sich in seiner Karriere als Superkrimineller einmal zu oft mit übermenschlich-starken Gegnern angelegt. Sein Körper hatte unter den Schlachten und Schlägen zu sehr gelitten – Doc Ock lag im Sterben, nichts mehr zu machen. Doch der brillante Bösewicht hatte noch ein letztes Ass im Ärmel. Kurz bevor sein geschundener, geschwächter Leib das Zeitliche segnete, übertrug er seinen Verstand in den Körper von **Peter Parker**, dem erstaunlichen Spider-Man. Peters Geist war dafür nun in der zerfallenden Hülle von Doc Ock eingesperrt, der Otto als Spider-Man den letzten, entscheidenden Schlag verpasste.

Während Peter im körperlichen „Gefängnis" eines seiner größten Feinde starb, lernte Otto in den Momenten vor Peters Tod, was es bedeutete, Spider-Man zu sein – denn Peters Leben zog vor dem inneren Auge beider vorbei und wurde zu Ottos Erinnerungen und Empfindungen. Zu spät erkannte Doc Ock, worauf er sich eingelassen hatte, dennoch akzeptierte er, dass mit großer Kraft große Verantwortung kommt. Mehr noch: Der Schurke schwor, das Leben von Peter Parker und die geistigen Ressourcen von Dr. Octopus zu nutzen, um der beste Spider-Man aller Zeiten zu werden! Er würde der Welt zeigen, dass er der „Superior Spider-Man" sei, der überlegene Spider-Man. Wie er das anzustellen gedachte, zeigten Dan Slott sowie die Zeichner **Ryan Stegman** und **Giuseppe Camuncoli** 2013 in den ersten US-Heften der neuen Spidey-Serie *Superior Spider-Man* unter dem Banner der Ära **Marvel NOW!**, die diesen Band unserer Reihe MARVEL MUST-HAVE füllen. „Peter" arbeitete damals für **Max Modell** und dessen Think Tank der Horizon Labs, zudem hatte er sich sowohl von **Mary Jane** als auch von der Forensikerin **Carlie Cooper** getrennt. Des Weiteren hatte Spidey vor einiger Zeit einen harten Fight mit dem empathielosen Killer **Massacre** gehabt und geschworen, dass in seiner Gegenwart niemand, nicht einmal ein Bösewicht, mehr sterben würde …

Christian Endres

HELD ODER GEFAHR?

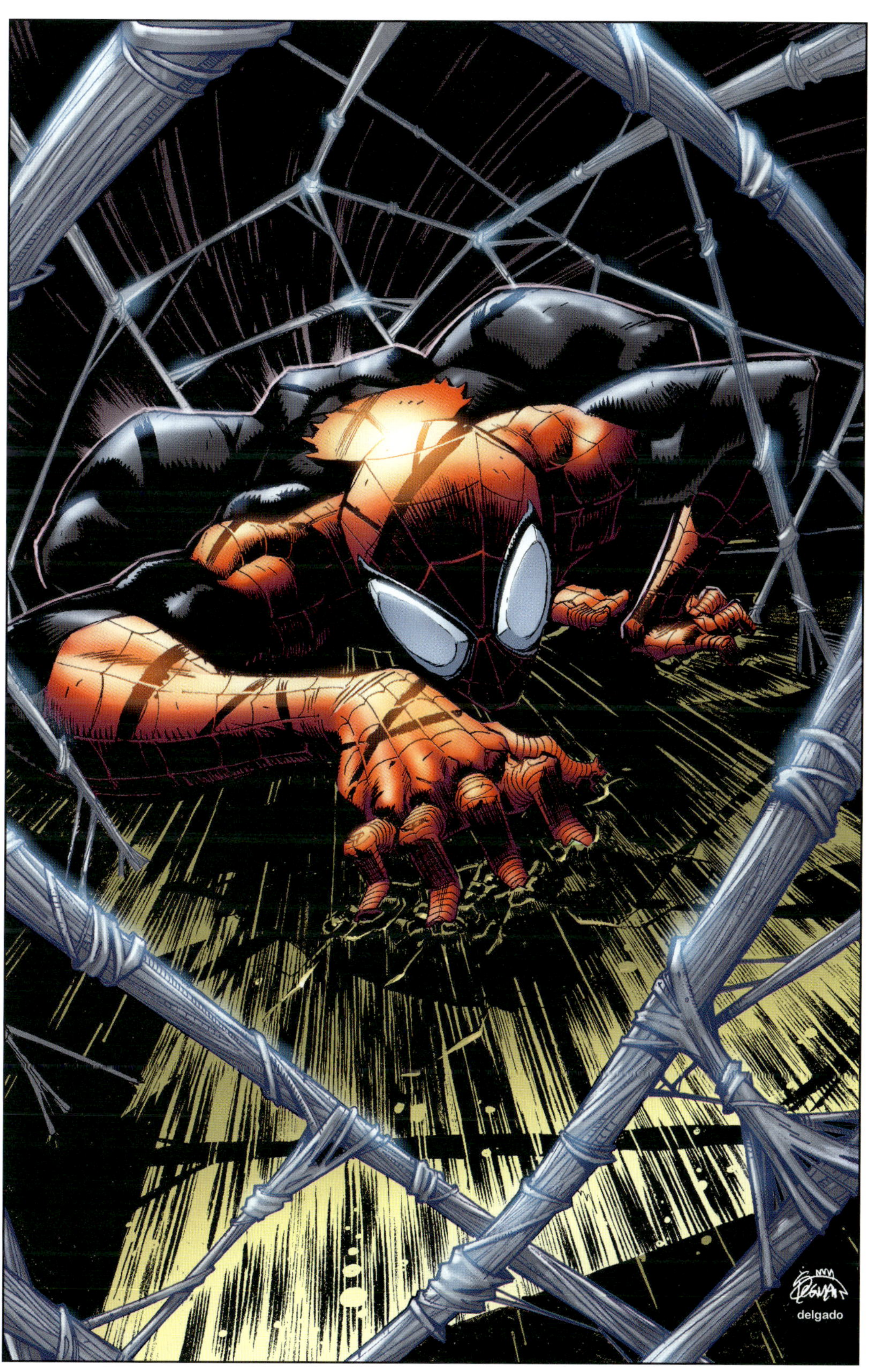

Superior Spider-Man (2013) 1
Cover von **RYAN STEGMAN**

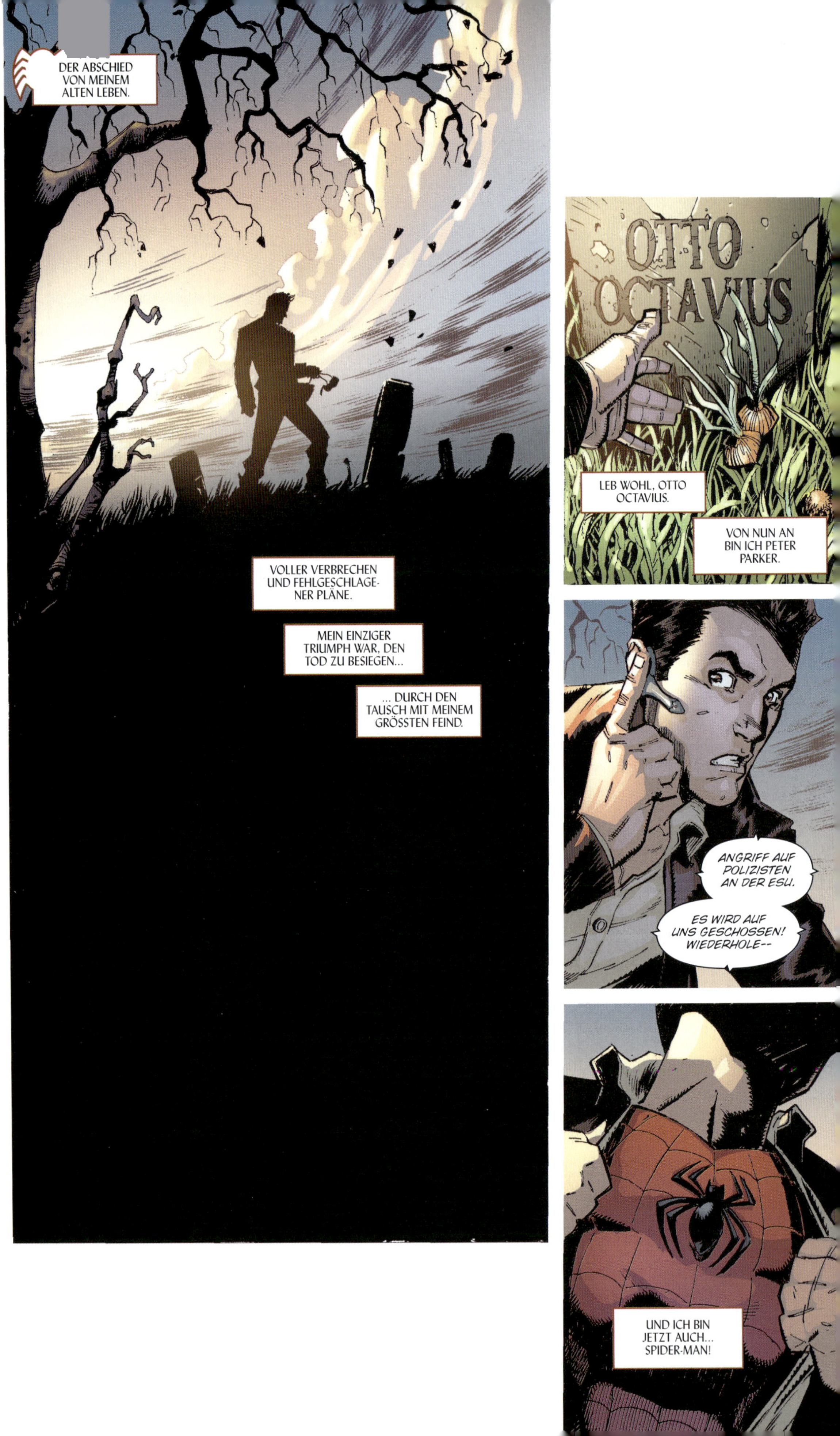

DER ABSCHIED VON MEINEM ALTEN LEBEN.

VOLLER VERBRECHEN UND FEHLGESCHLAGE-NER PLÄNE.

MEIN EINZIGER TRIUMPH WAR, DEN TOD ZU BESIEGEN...

... DURCH DEN TAUSCH MIT MEINEM GRÖSSTEN FEIND.

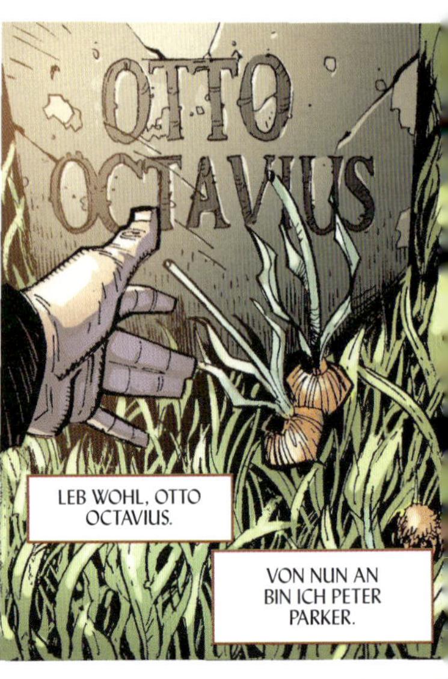

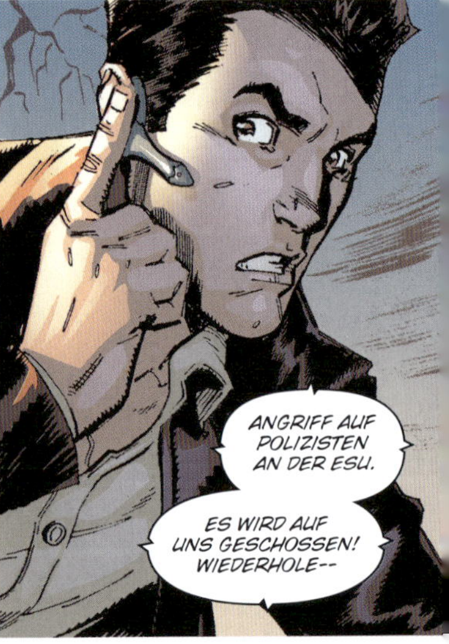

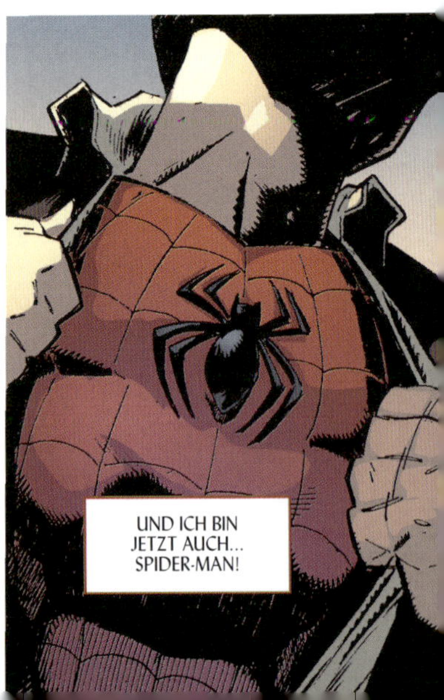

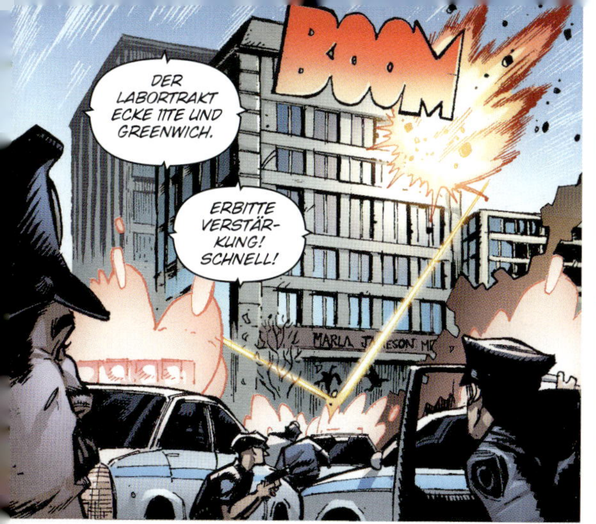

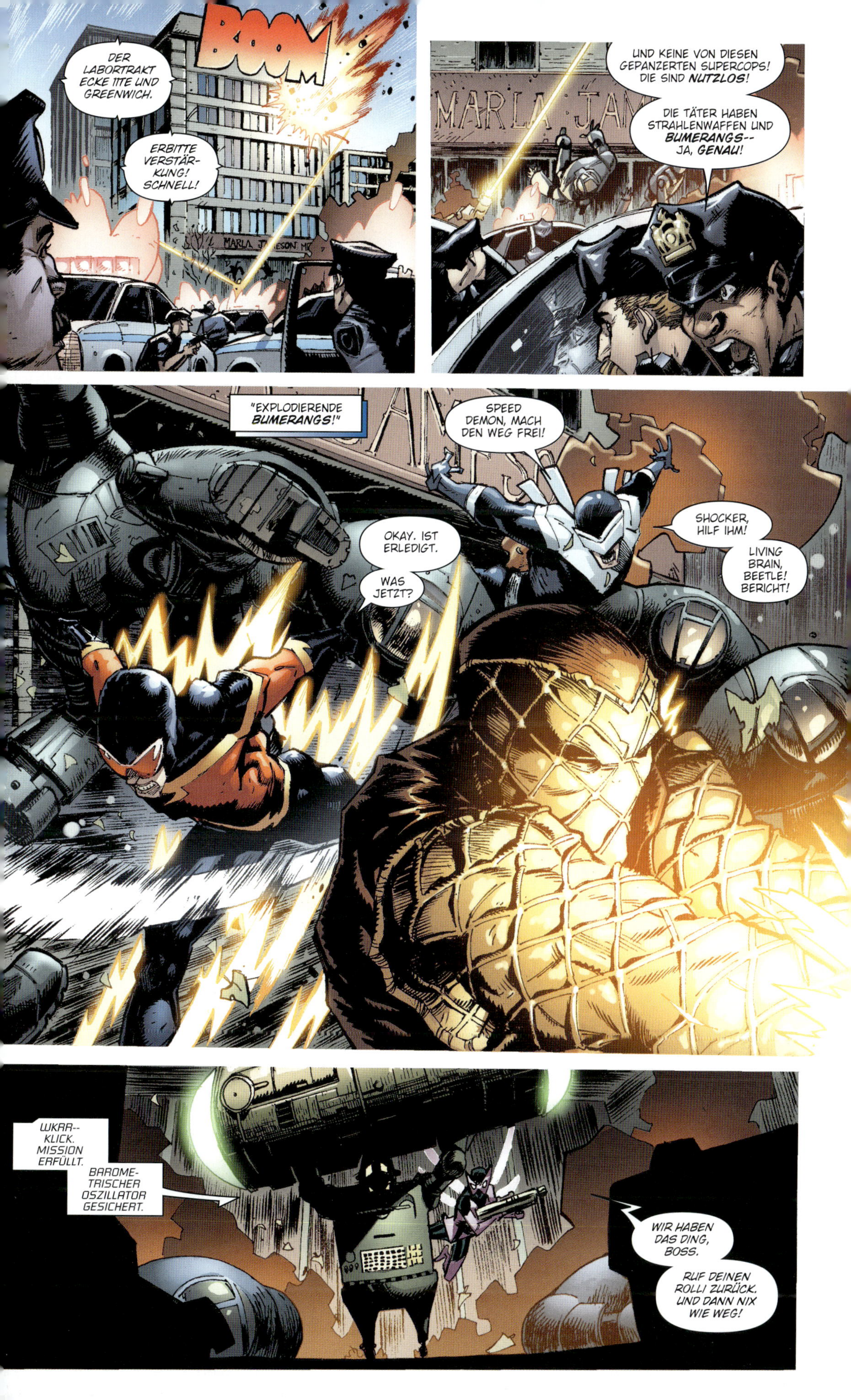

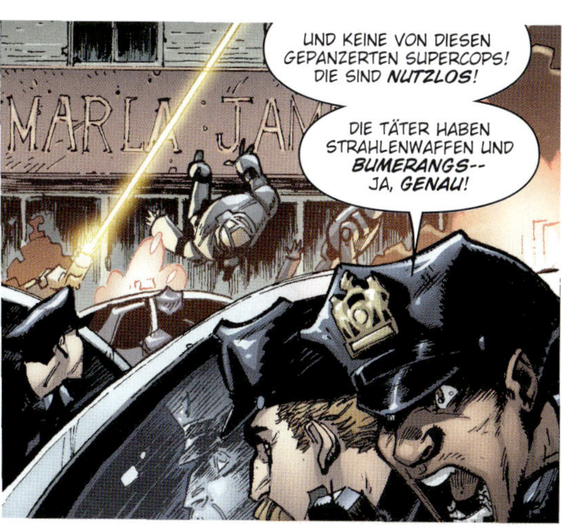

"EXPLODIERENDE **BUMERANGS**!"
SPEED DEMON, MACH DEN WEG FREI!
OKAY. IST ERLEDIGT.
WAS JETZT?
SHOCKER, HILF IHM!
LIVING BRAIN, BEETLE! BERICHT!

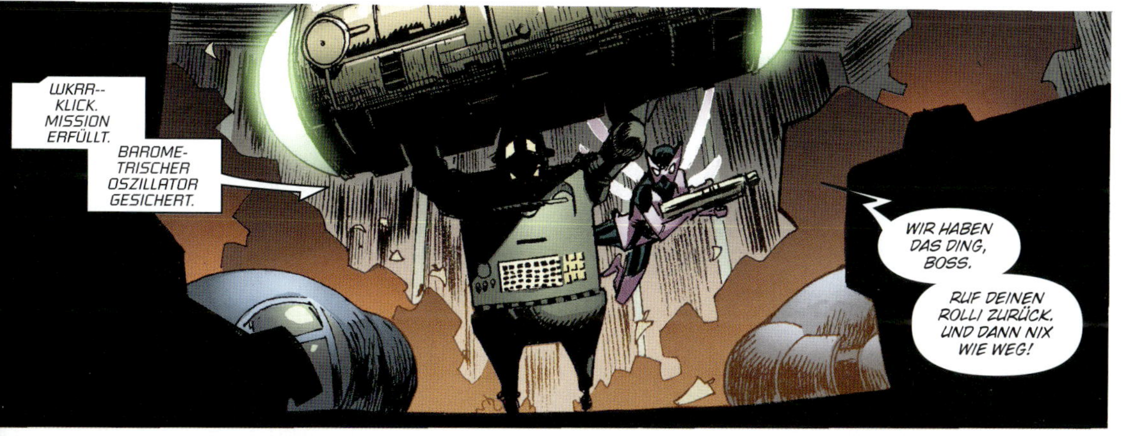

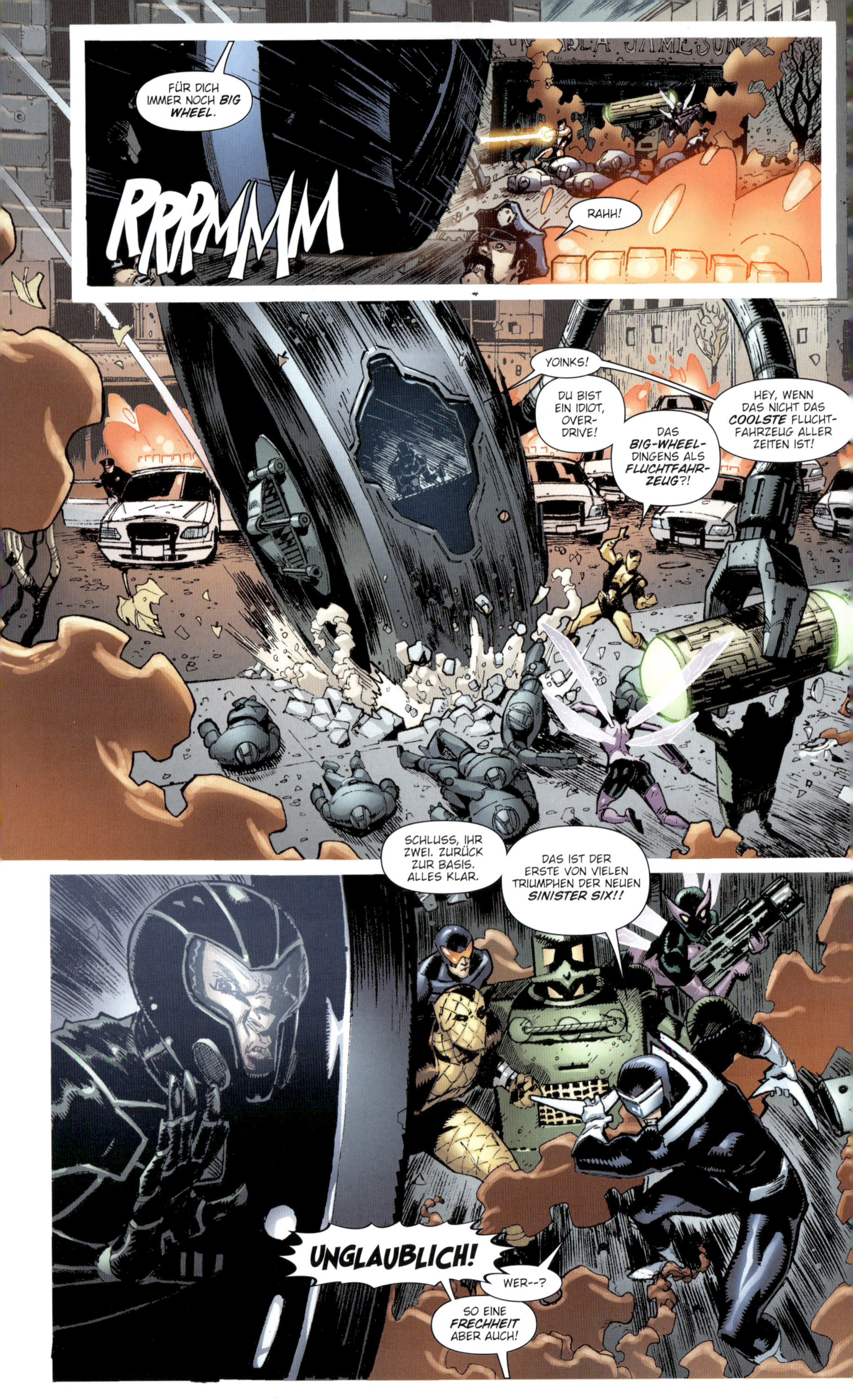
FÜR DICH IMMER NOCH BIG WHEEL.
RRRMMMM
RAHH!
YOINKS!
DU BIST EIN IDIOT, OVER-DRIVE!
HEY, WENN DAS NICHT DAS COOLSTE FLUCHT-FAHRZEUG ALLER ZEITEN IST!
DAS BIG-WHEEL-DINGENS ALS FLUCHTFAHR-ZEUG?!
SCHLUSS, IHR ZWEI. ZURÜCK ZUR BASIS. ALLES KLAR.
DAS IST DER ERSTE VON VIELEN TRIUMPHEN DER NEUEN SINISTER SIX!!
UNGLAUBLICH!
WER--?
SO EINE FRECHHEIT ABER AUCH!

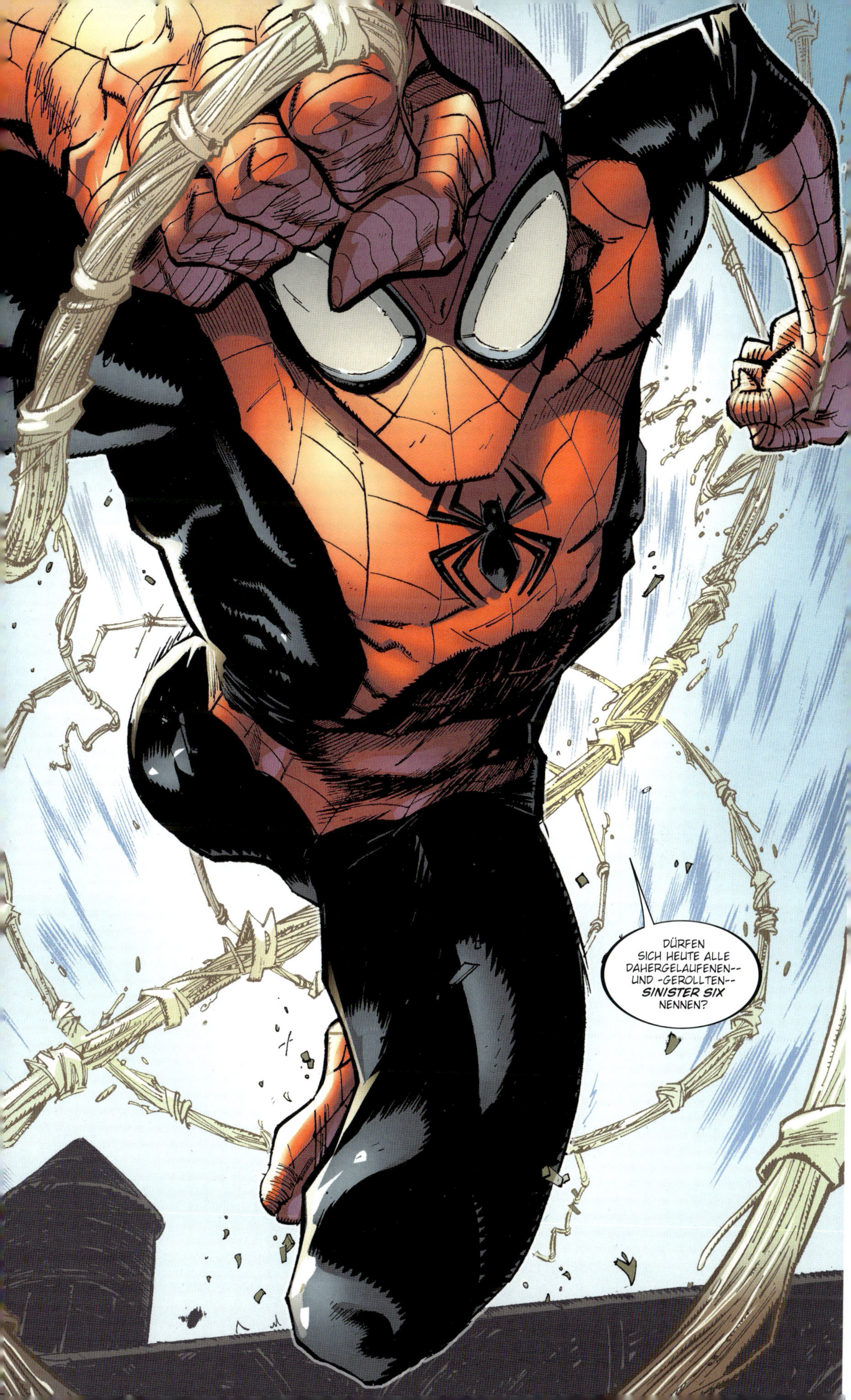
DÜRFEN SICH HEUTE ALLE DAHERGELAUFENEN-- UND -GEROLLTEN-- **SINISTER SIX** NENNEN?

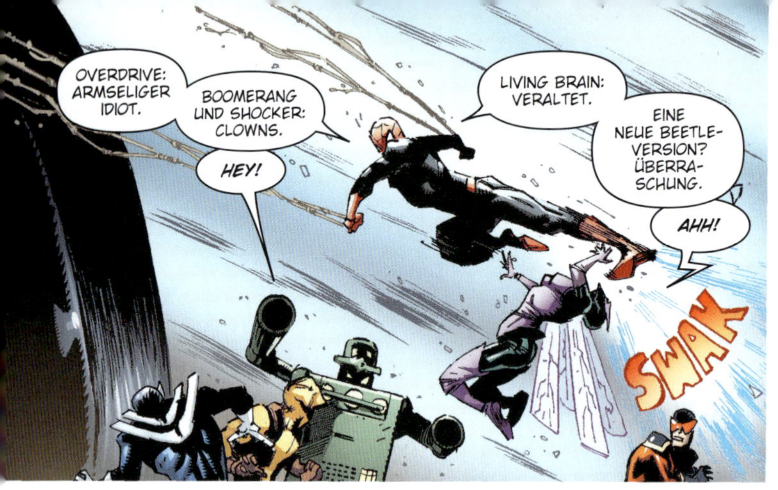
OVERDRIVE: ARMSELIGER IDIOT.
BOOMERANG UND SHOCKER: CLOWNS.
HEY!
LIVING BRAIN: VERALTET.
EINE NEUE BEETLE-VERSION? ÜBERRA-SCHUNG.
AHH!
SWAK

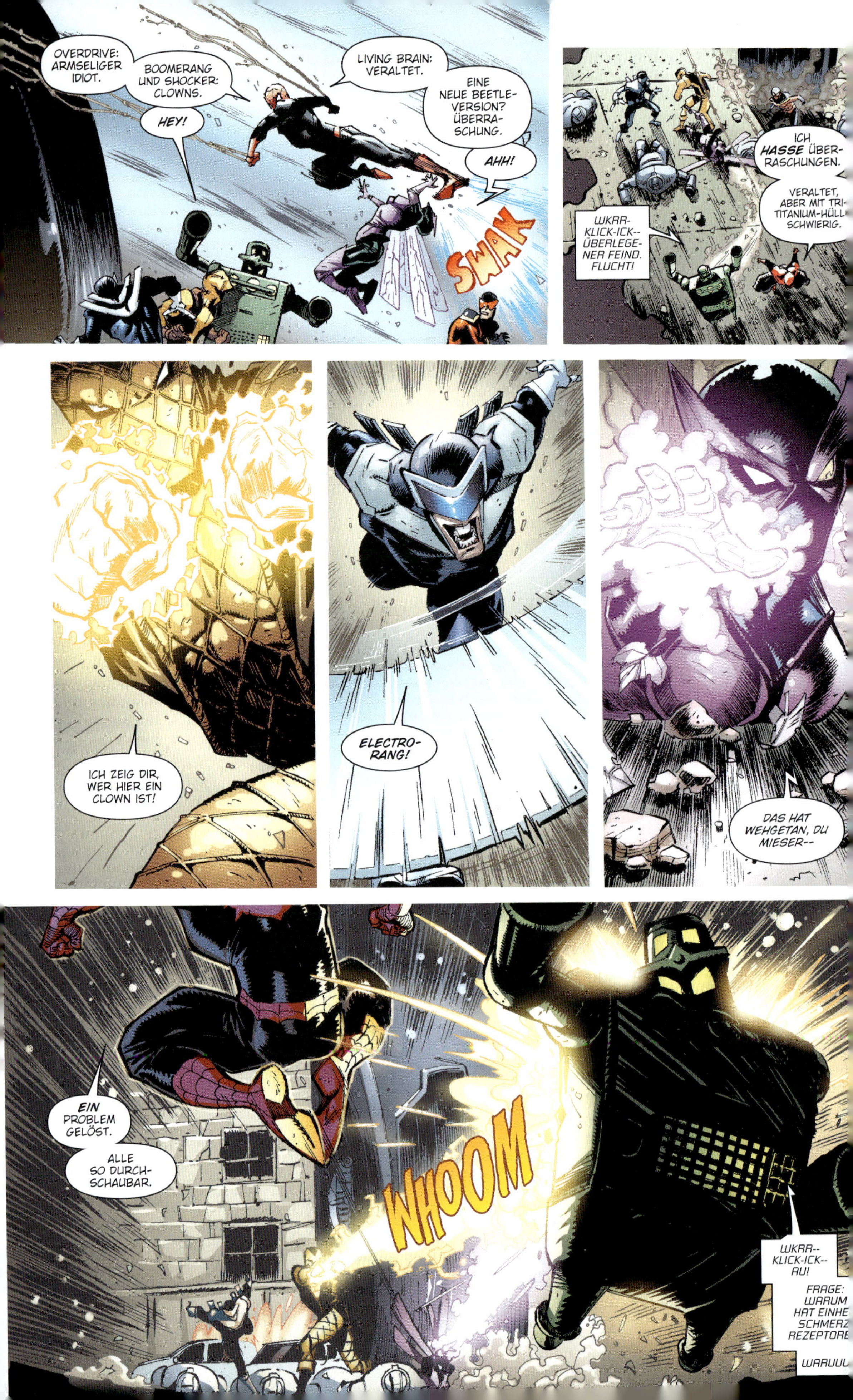

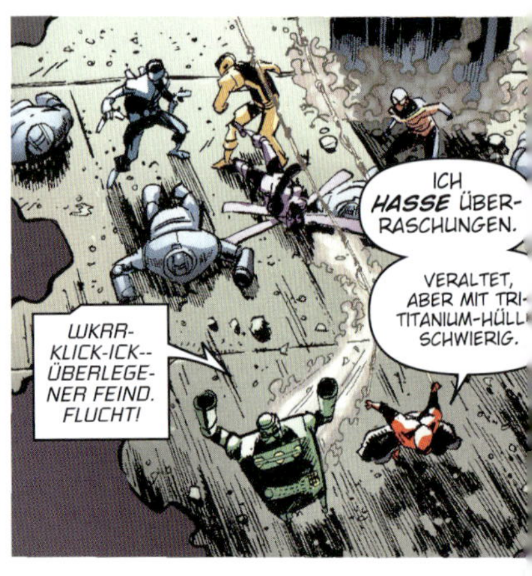
ICH *HASSE* ÜBER-RASCHUNGEN.
VERALTET, ABER MIT TRI-TITANIUM-HÜLL SCHWIERIG.
WKRR-KLICK-ICK-- ÜBERLEGE-NER FEIND. FLUCHT!

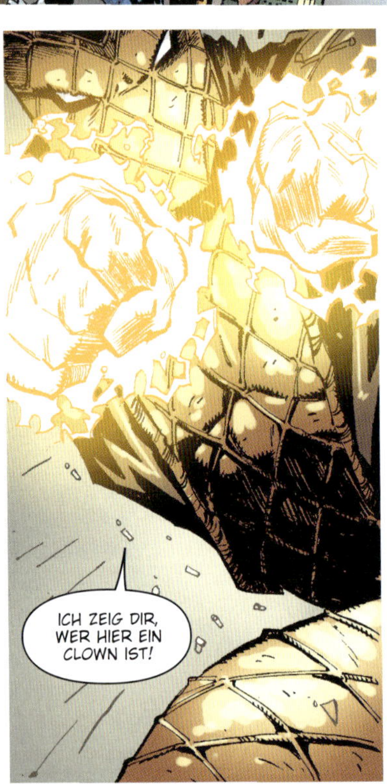
ICH ZEIG DIR, WER HIER EIN CLOWN IST!

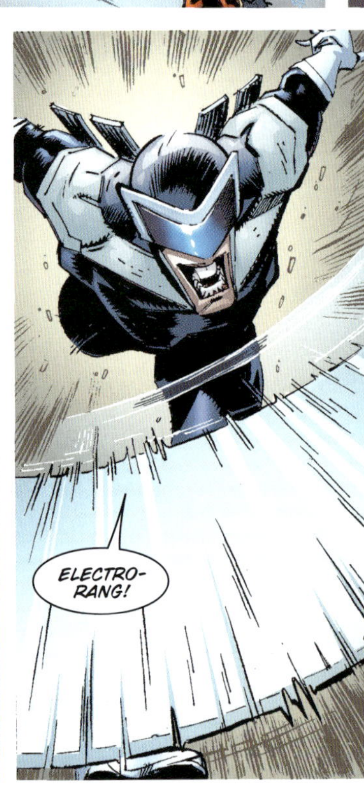
ELECTRO-RANG!

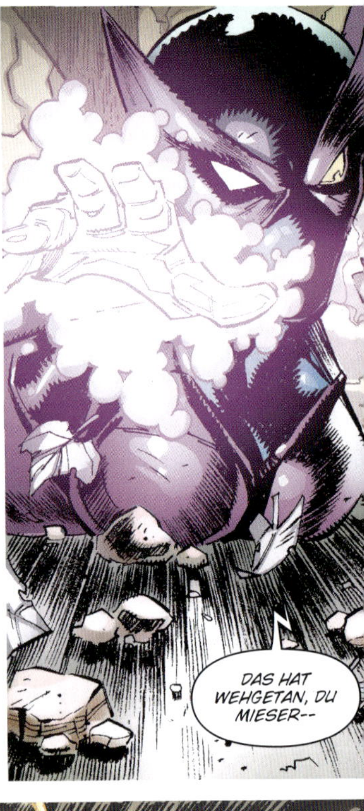
DAS HAT WEHGETAN, DU MIESER--

EIN PROBLEM GELÖST.
ALLE SO DURCH-SCHAUBAR.
WHOOM
WKRR-- KLICK-ICK-- AU!
FRAGE: WARUM HAT EINHE SCHMERZ REZEPTORE
WARUUU

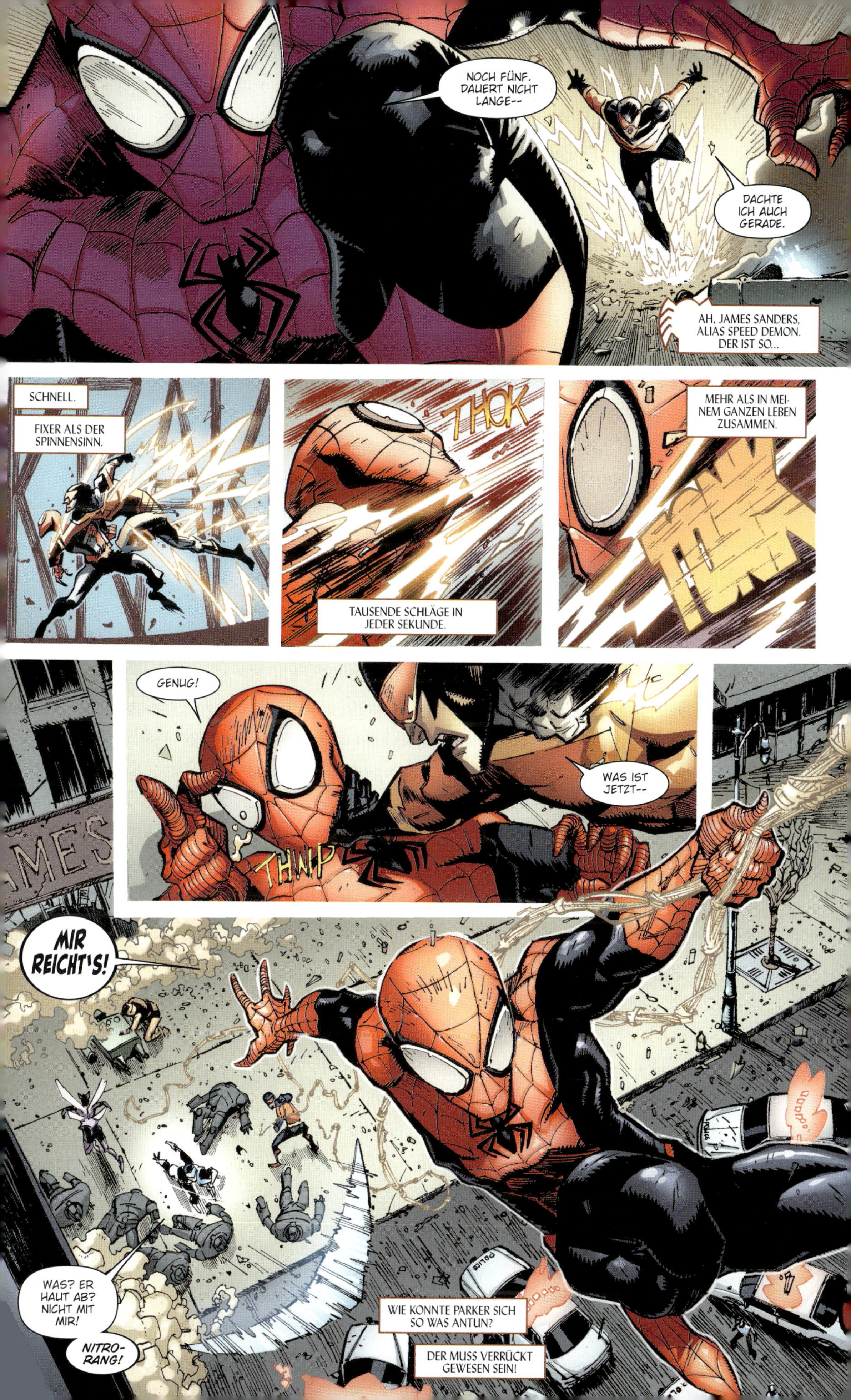

NOCH FÜNF. DAUERT NICHT LANGE--

DACHTE ICH AUCH GERADE.

AH, JAMES SANDERS, ALIAS SPEED DEMON. DER IST SO...

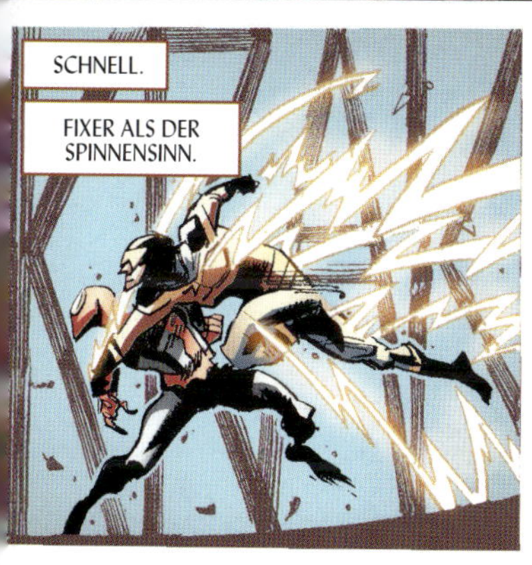

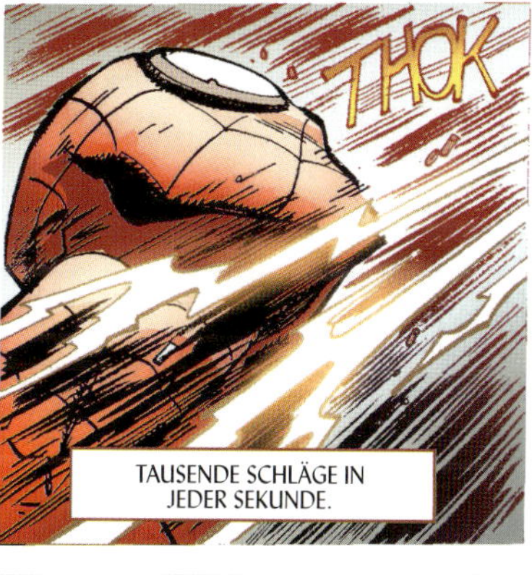

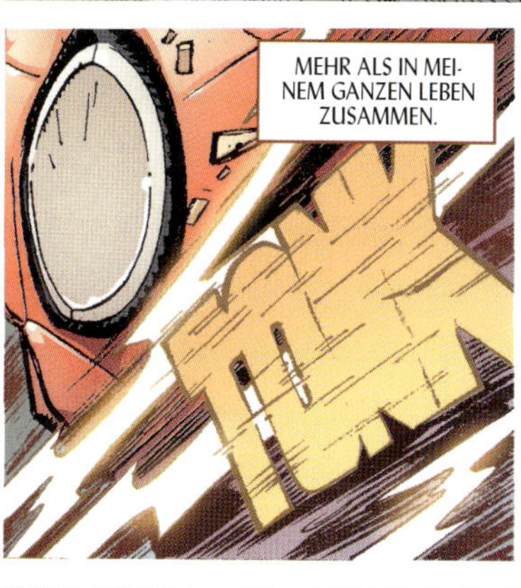

GENUG!

WAS IST JETZT--

THWIP

MIR REICHT'S!

WAS? ER HAUT AB? NICHT MIT MIR!

NITRO-RANG!

WIE KONNTE PARKER SICH SO WAS ANTUN?

DER MUSS VERRÜCKT GEWESEN SEIN!

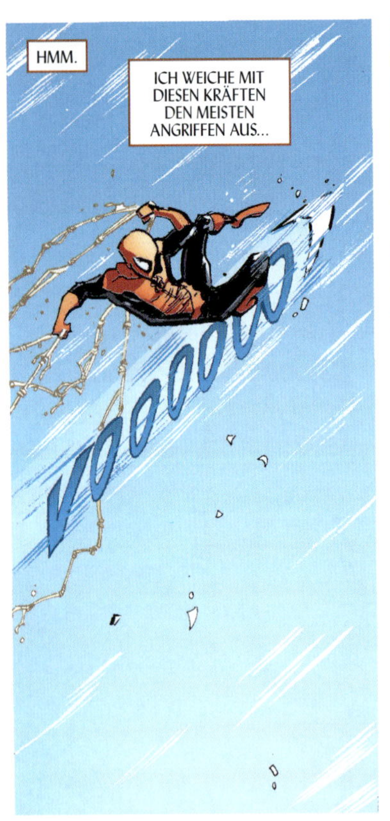
HMM.
ICH WEICHE MIT DIESEN KRÄFTEN DEN MEISTEN ANGRIFFEN AUS...
VOOOOOO
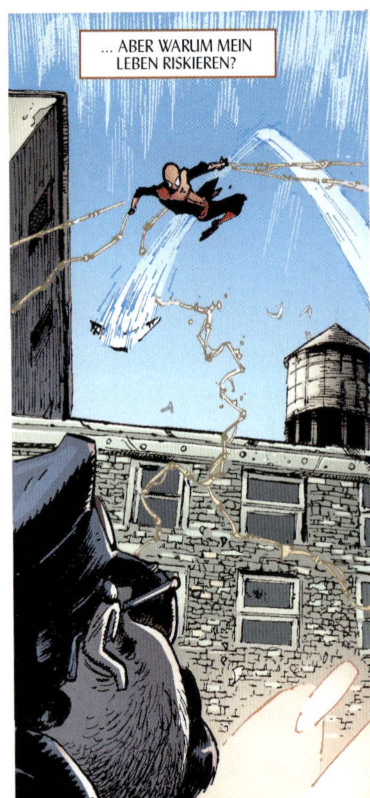
... ABER WARUM MEIN LEBEN RISKIEREN?
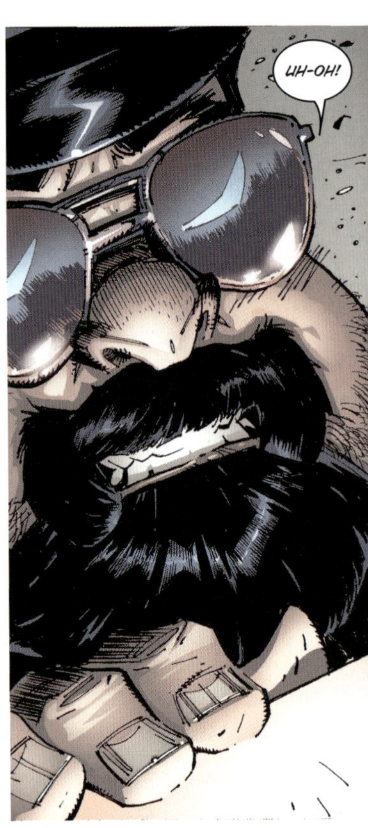
UH-OH!
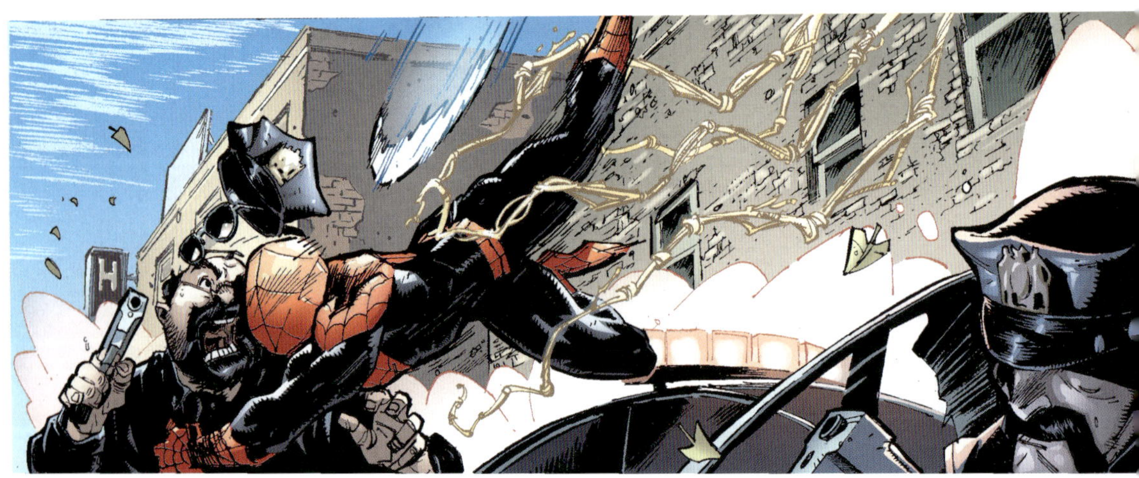
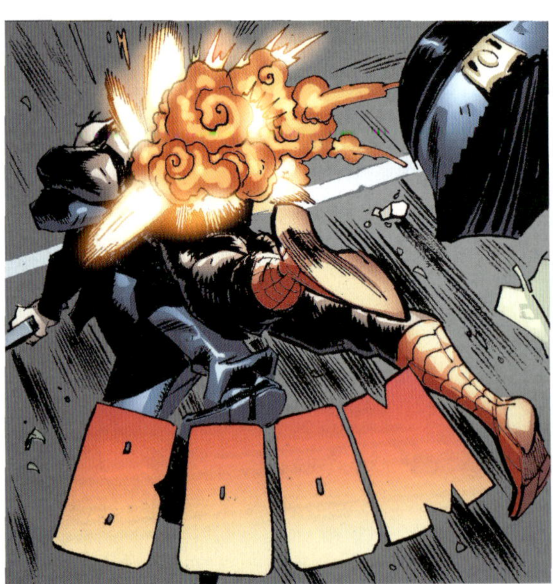
BOOM
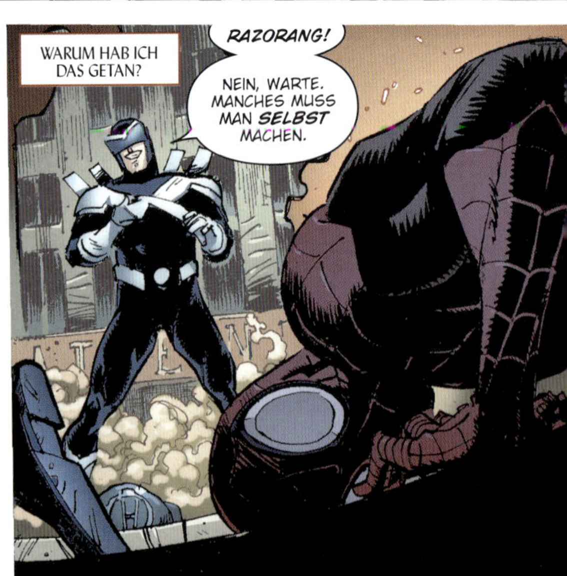
WARUM HAB ICH DAS GETAN?
RAZORANG!
NEIN, WARTE. MANCHES MUSS MAN SELBST MACHEN.

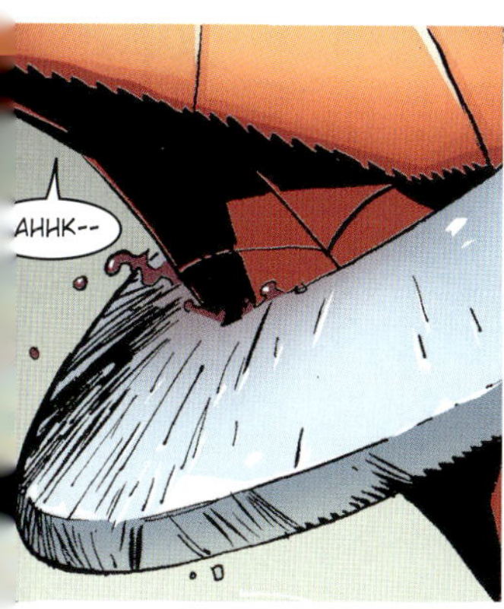
AHHK--

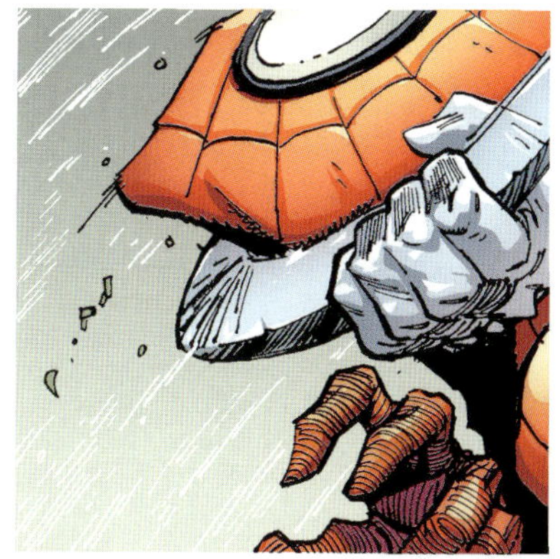

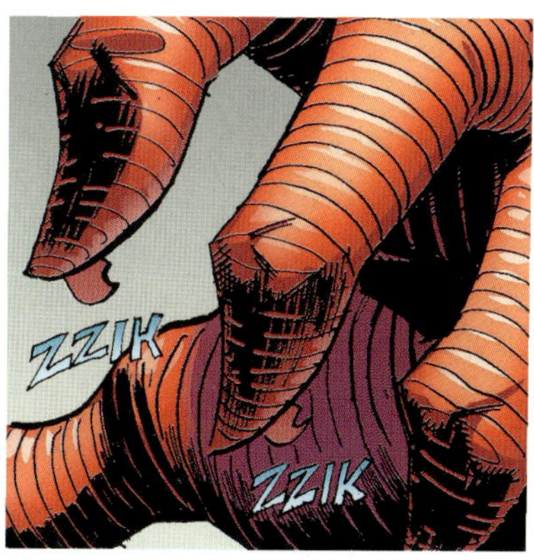
ZZIK
ZZIK

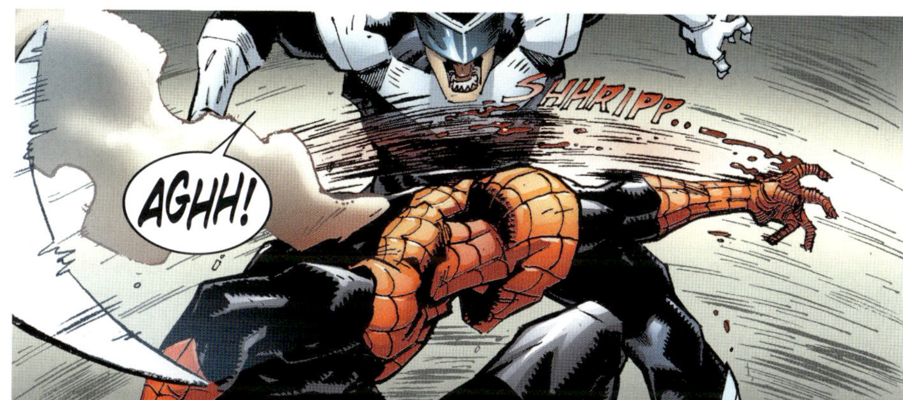
SHHRIPP...
AGHH!

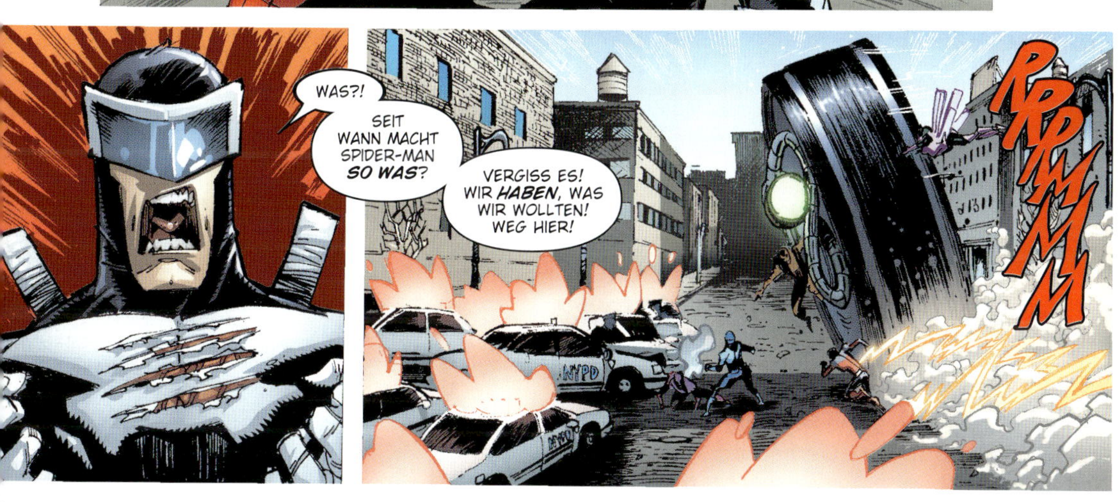
WAS?!
SEIT WANN MACHT SPIDER-MAN **SO WAS**?
VERGISS ES! WIR **HABEN**, WAS WIR WOLLTEN! WEG HIER!
NYPD

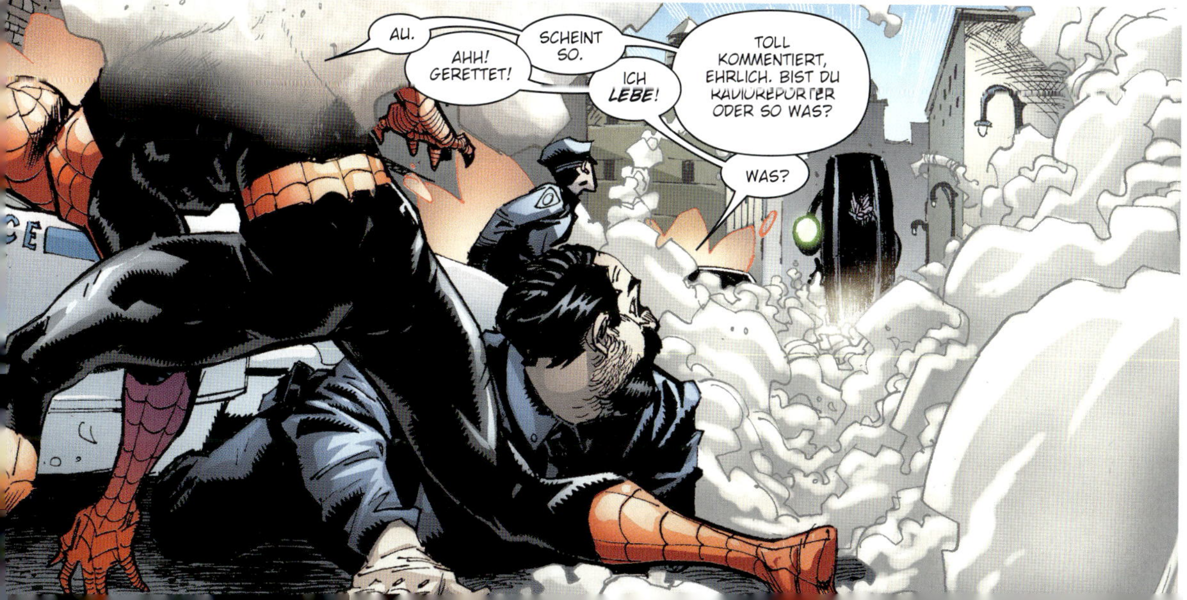
AU.
AHH! GERETTET!
SCHEINT SO.
ICH **LEBE**!
TOLL KOMMENTIERT, EHRLICH. BIST DU RADIOREPORTER ODER SO WAS?
WAS?

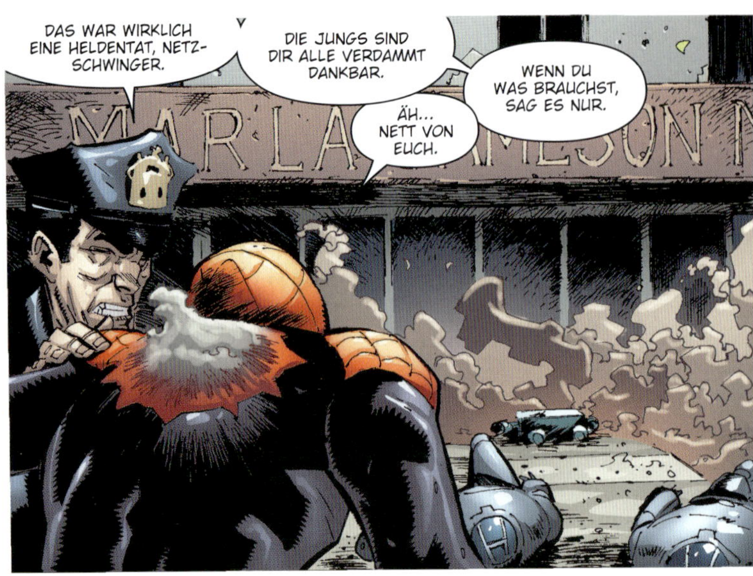
DAS WAR WIRKLICH EINE HELDENTAT, NETZ-SCHWINGER.
DIE JUNGS SIND DIR ALLE VERDAMMT DANKBAR.
WENN DU WAS BRAUCHST, SAG ES NUR.
ÄH... NETT VON EUCH.
MAR LA AMESON

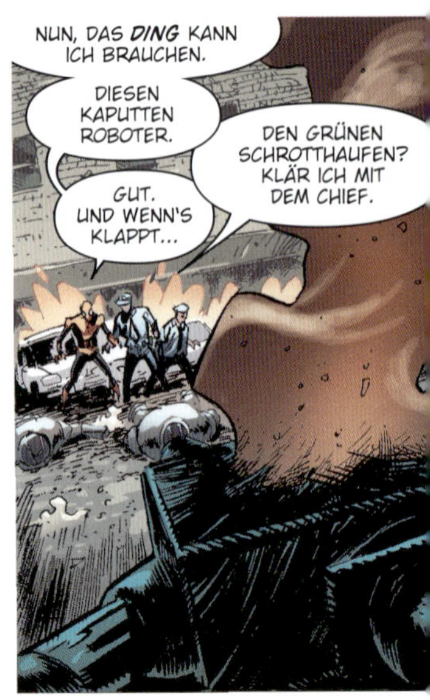
NUN, DAS *DING* KANN ICH BRAUCHEN.
DIESEN KAPUTTEN ROBOTER.
DEN GRÜNEN SCHROTTHAUFEN? KLÄR ICH MIT DEM CHIEF.
GUT. UND WENN'S KLAPPT...

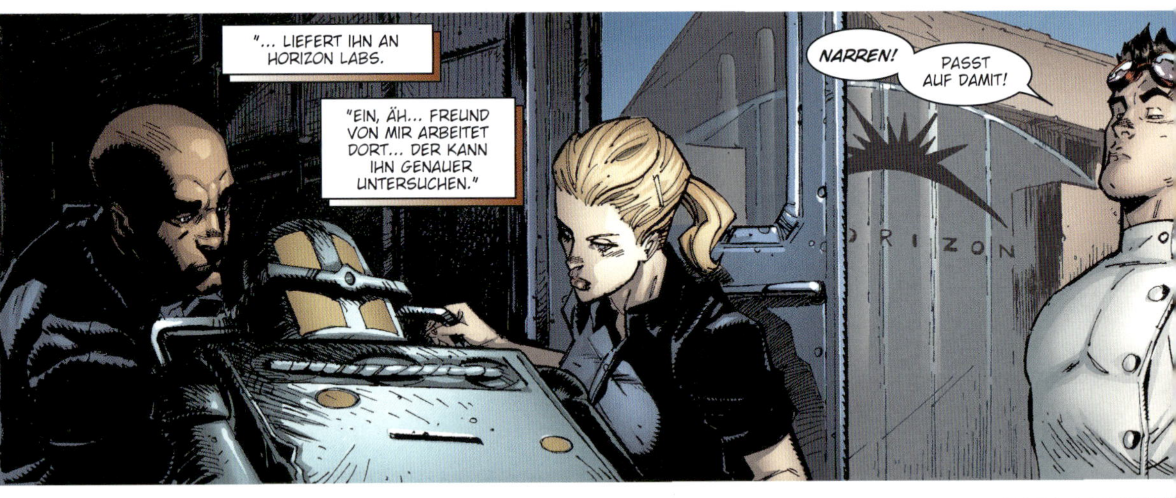
"... LIEFERT IHN AN HORIZON LABS.
"EIN, ÄH... FREUND VON MIR ARBEITET DORT... DER KANN IHN GENAUER UNTERSUCHEN."
NARREN!
PASST AUF DAMIT!
RIZON

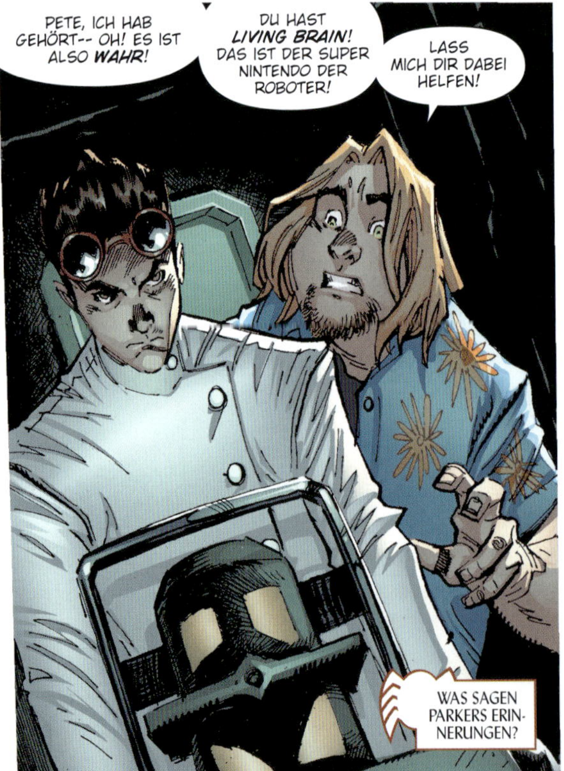
PETE, ICH HAB GEHÖRT-- OH! ES IST ALSO ***WAHR!***
DU HAST ***LIVING BRAIN!*** DAS IST DER SUPER NINTENDO DER ROBOTER!
LASS MICH DIR DABEI HELFEN!
WAS SAGEN PARKERS ERIN-NERUNGEN?

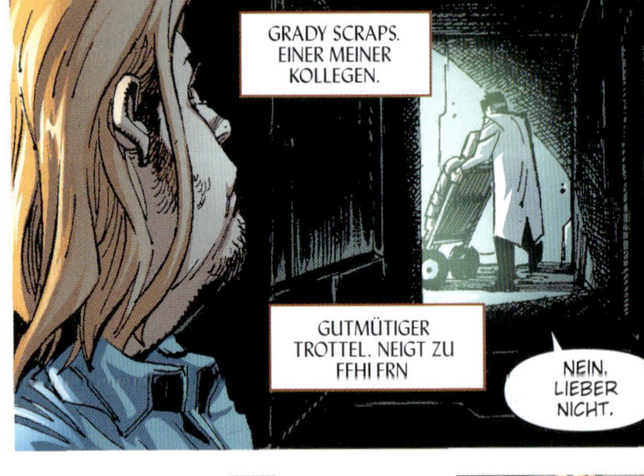
GRADY SCRAPS. EINER MEINER KOLLEGEN.
GUTMÜTIGER TROTTEL. NEIGT ZU FFHI FRN
NEIN, LIEBER NICHT.

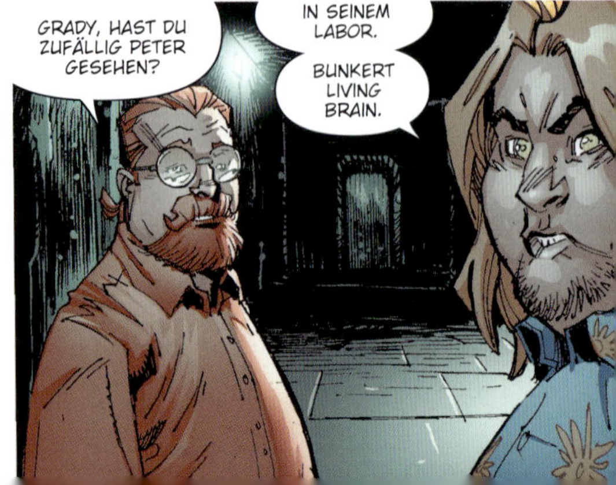
GRADY, HAST DU ZUFÄLLIG PETER GESEHEN?
IN SEINEM LABOR.
BUNKERT LIVING BRAIN.

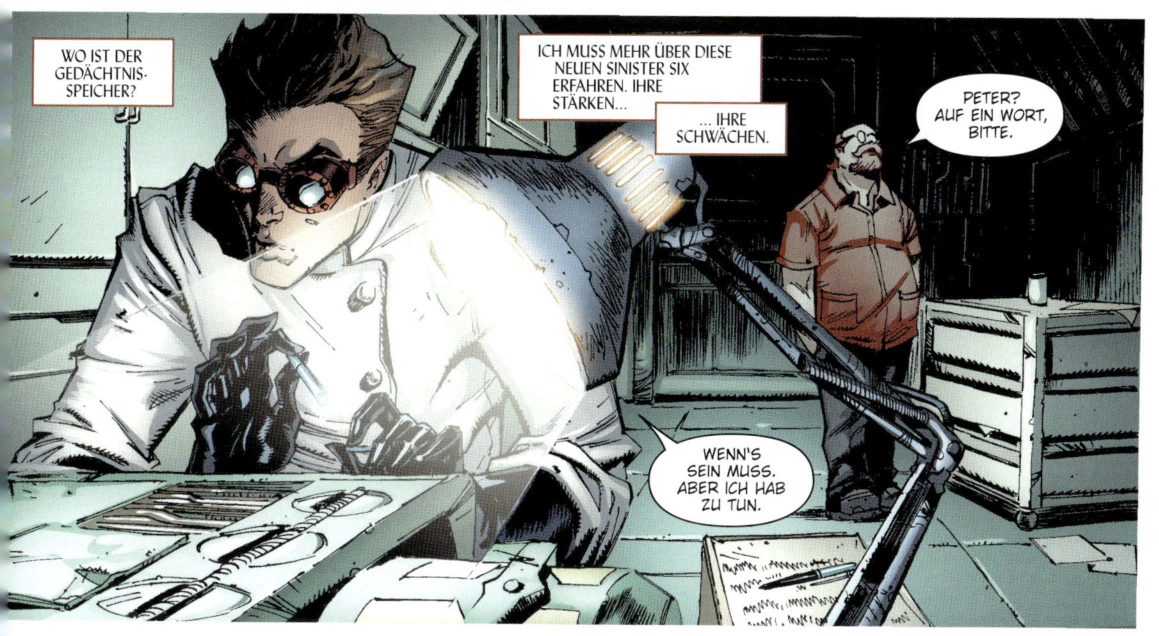
WO IST DER GEDÄCHTNIS-SPEICHER?
ICH MUSS MEHR ÜBER DIESE NEUEN SINISTER SIX ERFAHREN. IHRE STÄRKEN...
... IHRE SCHWÄCHEN.
PETER? AUF EIN WORT, BITTE.
WENN'S SEIN MUSS. ABER ICH HAB ZU TUN.

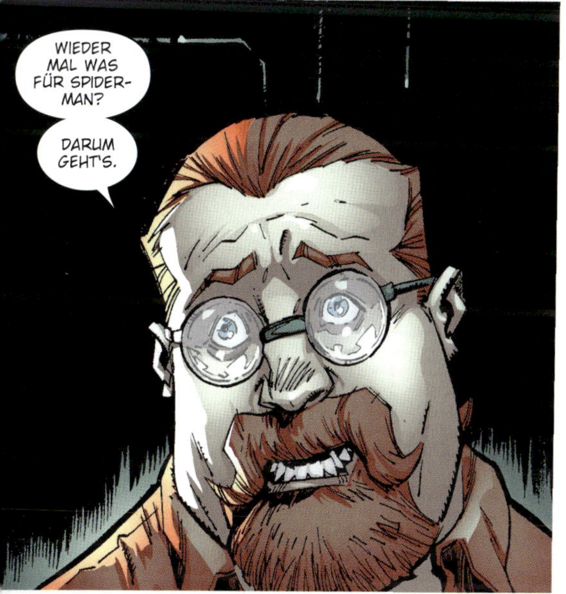
WIEDER MAL WAS FÜR SPIDER-MAN?
DARUM GEHT'S.

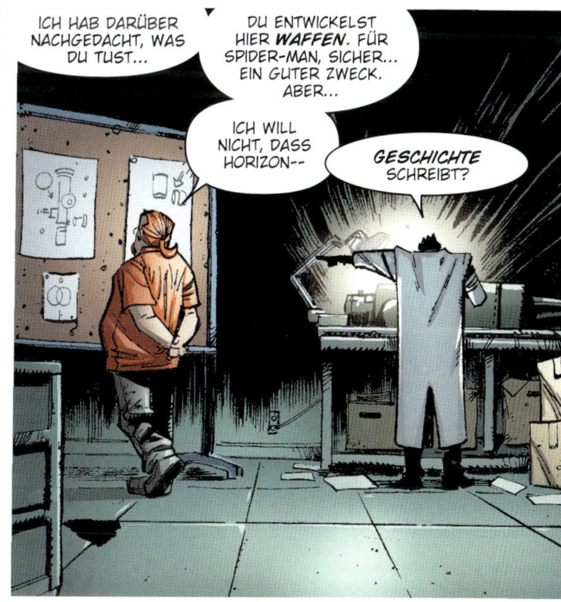
ICH HAB DARÜBER NACHGEDACHT, WAS DU TUST...
DU ENTWICKELST HIER WAFFEN. FÜR SPIDER-MAN, SICHER... EIN GUTER ZWECK. ABER...
ICH WILL NICHT, DASS HORIZON--
GESCHICHTE SCHREIBT?

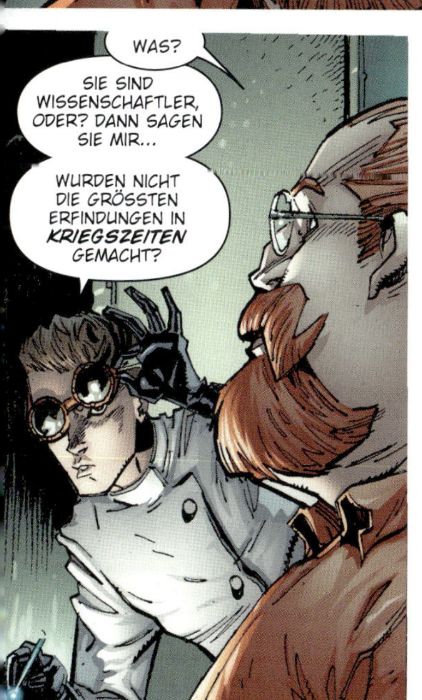
WAS?
SIE SIND WISSENSCHAFTLER, ODER? DANN SAGEN SIE MIR...
WURDEN NICHT DIE GRÖSSTEN ERFINDUNGEN IN KRIEGSZEITEN GEMACHT?

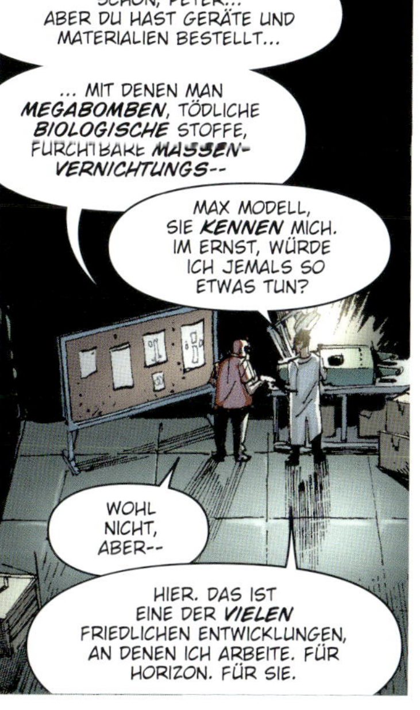
SCHON, PETER... ABER DU HAST GERÄTE UND MATERIALIEN BESTELLT...
... MIT DENEN MAN MEGABOMBEN, TÖDLICHE BIOLOGISCHE STOFFE, FURCHTBARE MASSEN-VERNICHTUNGS--
MAX MODELL, SIE KENNEN MICH. IM ERNST, WÜRDE ICH JEMALS SO ETWAS TUN?
WOHL NICHT, ABER--
HIER. DAS IST EINE DER VIELEN FRIEDLICHEN ENTWICKLUNGEN, AN DENEN ICH ARBEITE. FÜR HORIZON. FÜR SIE.

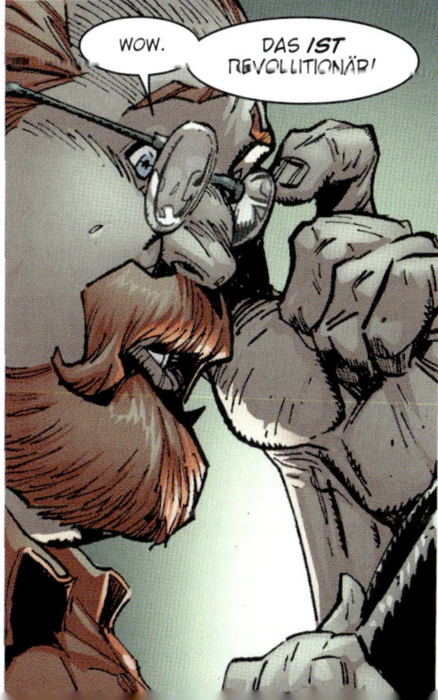
WOW.
DAS IST REVOLUTIONÄR!

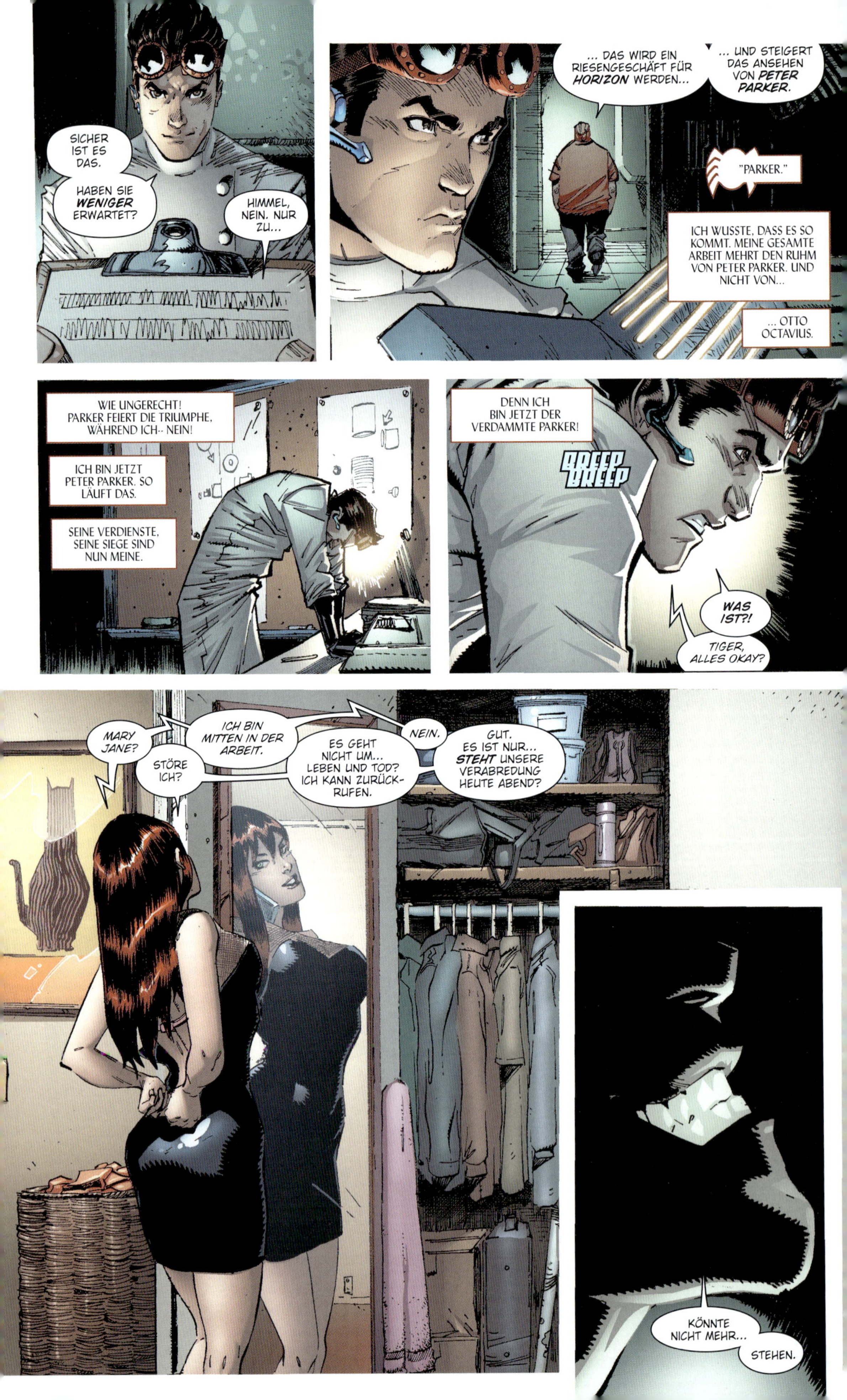

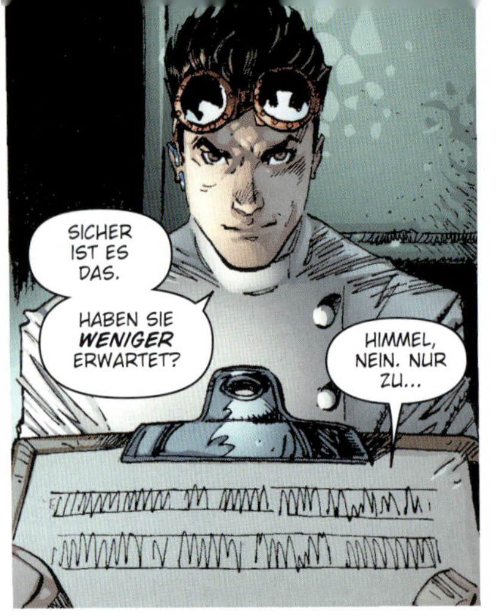
SICHER IST ES DAS.
HABEN SIE WENIGER ERWARTET?
HIMMEL, NEIN. NUR ZU...

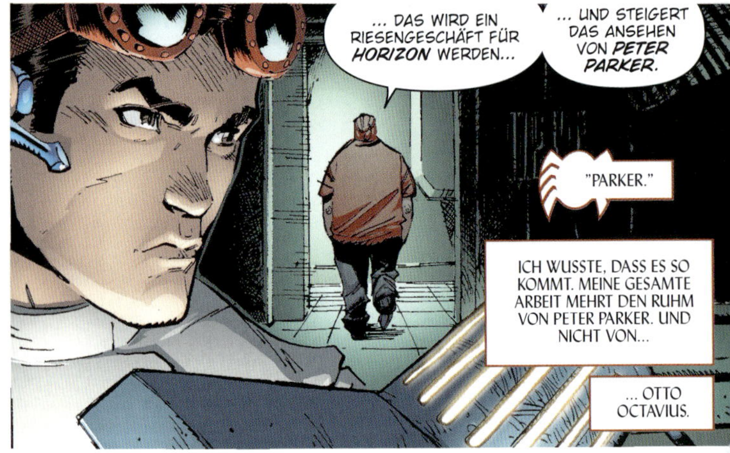
... DAS WIRD EIN RIESENGESCHÄFT FÜR HORIZON WERDEN...
... UND STEIGERT DAS ANSEHEN VON PETER PARKER.
"PARKER."
ICH WUSSTE, DASS ES SO KOMMT. MEINE GESAMTE ARBEIT MEHRT DEN RUHM VON PETER PARKER. UND NICHT VON...
... OTTO OCTAVIUS.

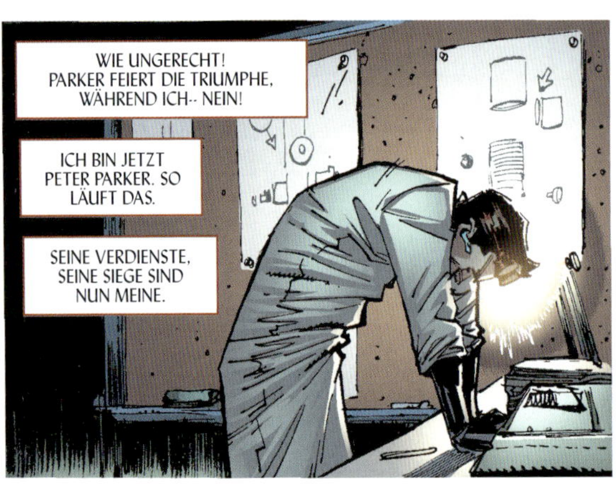
WIE UNGERECHT! PARKER FEIERT DIE TRIUMPHE, WÄHREND ICH-- NEIN!
ICH BIN JETZT PETER PARKER. SO LÄUFT DAS.
SEINE VERDIENSTE, SEINE SIEGE SIND NUN MEINE.

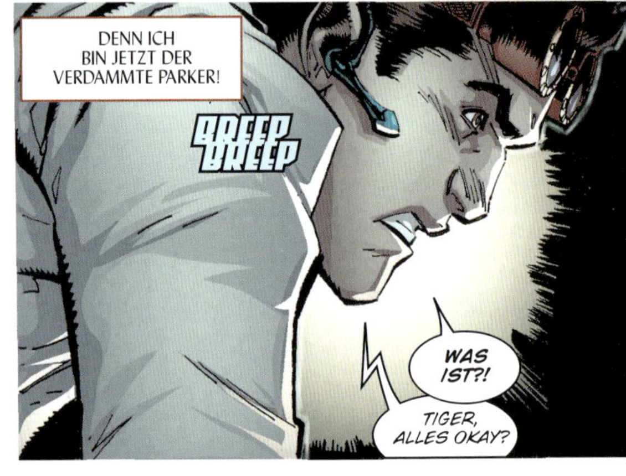
DENN ICH BIN JETZT DER VERDAMMTE PARKER!
BREEP BREEP
WAS IST?!
TIGER, ALLES OKAY?

MARY JANE?
STÖRE ICH?
ICH BIN MITTEN IN DER ARBEIT.
ES GEHT NICHT UM... LEBEN UND TOD? ICH KANN ZURÜCKRUFEN.
NEIN.
GUT. ES IST NUR... STEHT UNSERE VERABREDUNG HEUTE ABEND?
KÖNNTE NICHT MEHR...
STEHEN.

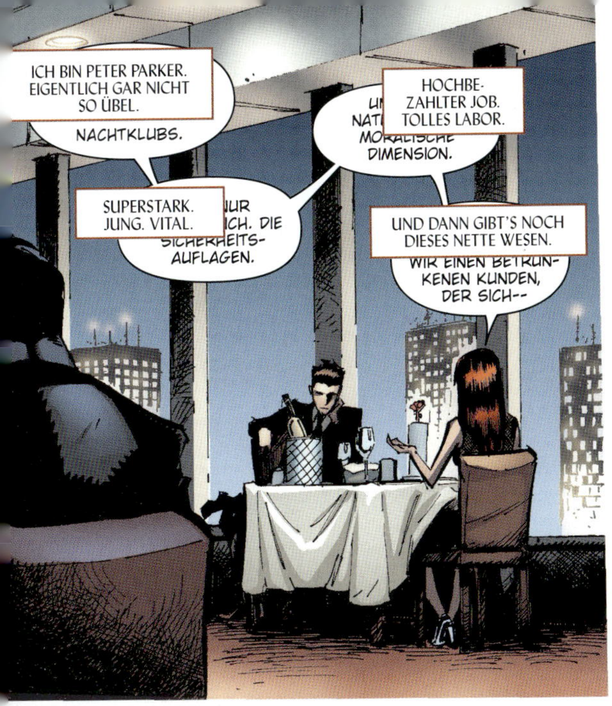
ICH BIN PETER PARKER. EIGENTLICH GAR NICHT SO ÜBEL.
NACHTKLUBS.
HOCHBE-ZAHLTER JOB. TOLLES LABOR.
DIMENSION.
SUPERSTARK. JUNG. VITAL.
AUFLAGEN.
UND DANN GIBT'S NOCH DIESES NETTE WESEN.
KENEN KUNDEN, DER SICH--

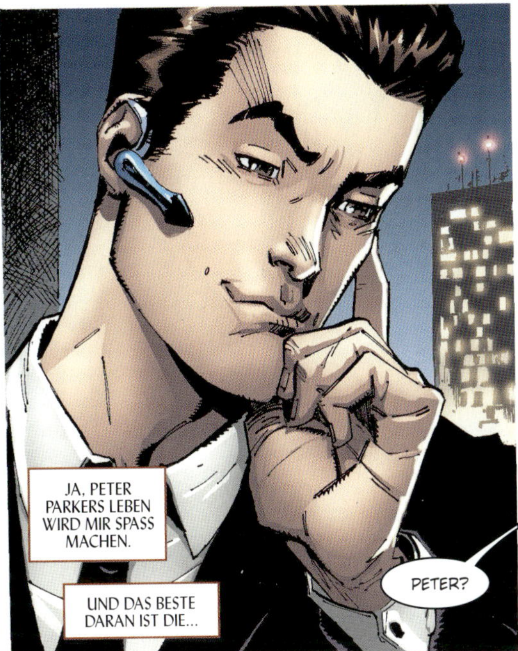
JA, PETER PARKERS LEBEN WIRD MIR SPASS MACHEN.
UND DAS BESTE DARAN IST DIE...
PETER?

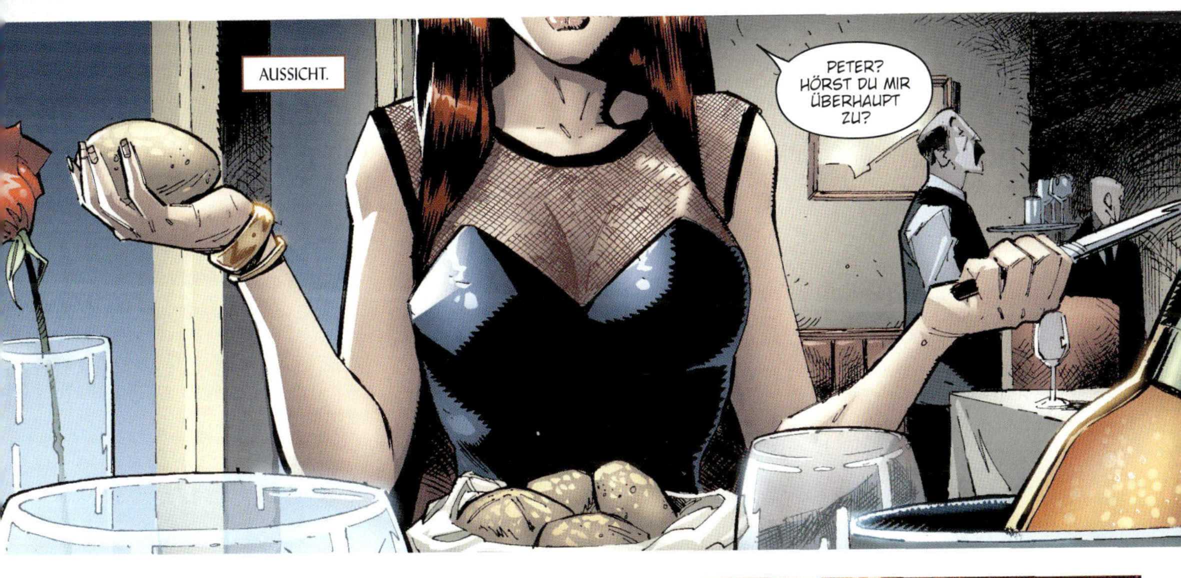
AUSSICHT.
PETER? HÖRST DU MIR ÜBERHAUPT ZU?

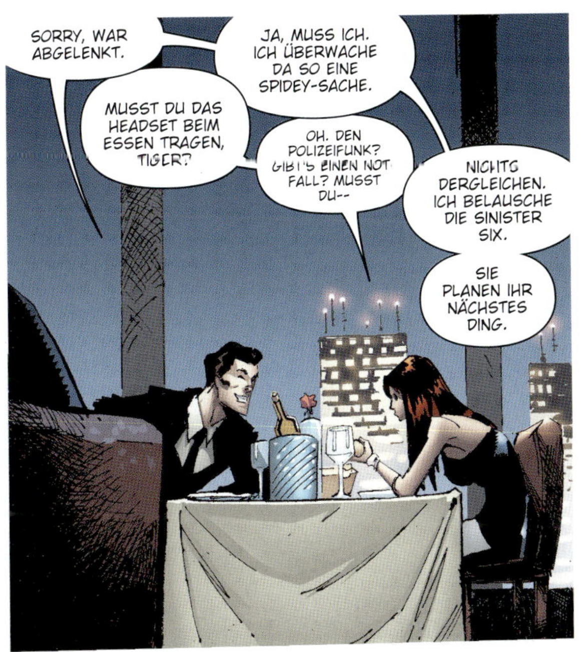
SORRY, WAR ABGELENKT.
MUSST DU DAS HEADSET BEIM ESSEN TRAGEN, TIGER?
JA, MUSS ICH. ICH ÜBERWACHE DA SO EINE SPIDEY-SACHE.
OH. DEN POLIZEIFUNK? GIBT'S EINEN NOTFALL? MUSST DU--
NICHTS DERGLEICHEN. ICH BELAUSCHE DIE SINISTER SIX.
SIE PLANEN IHR NÄCHSTES DING.

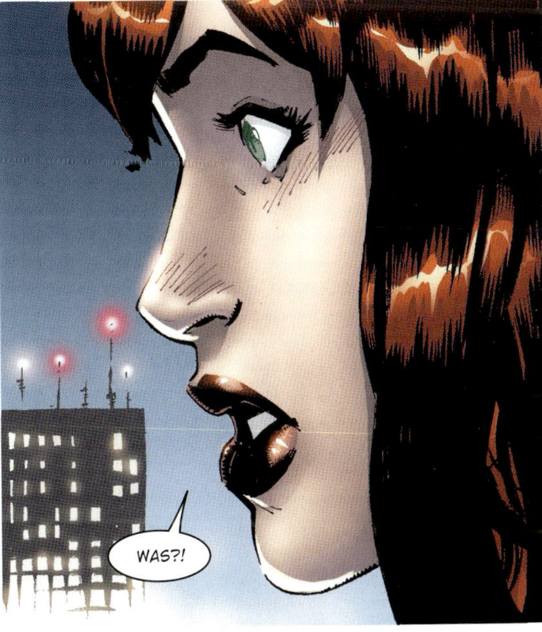
WAS?!

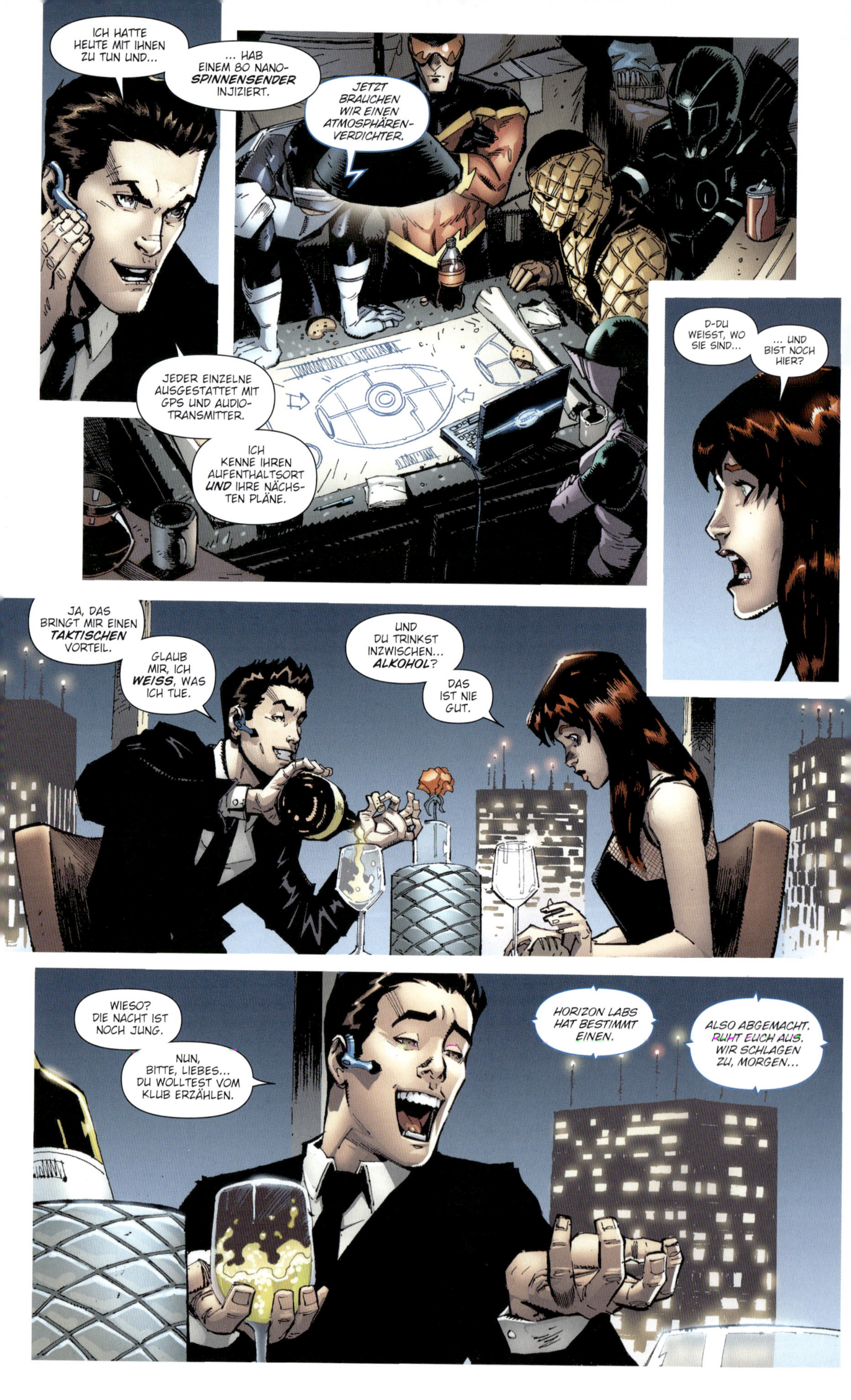

ICH HATTE HEUTE MIT IHNEN ZU TUN UND...
... HAB EINEM 80 NANO-**SPINNENSENDER** INJIZIERT.
JETZT BRAUCHEN WIR EINEN ATMOSPHÄREN-VERDICHTER.
JEDER EINZELNE AUSGESTATTET MIT GPS UND AUDIO-TRANSMITTER.
ICH KENNE IHREN AUFENTHALTSORT **UND** IHRE NÄCHSTEN PLÄNE.
D-DU WEISST, WO SIE SIND...
... UND BIST NOCH HIER?
JA, DAS BRINGT MIR EINEN **TAKTISCHEN** VORTEIL.
GLAUB MIR, ICH **WEISS**, WAS ICH TUE.
UND DU TRINKST INZWISCHEN... **ALKOHOL**?
DAS IST NIE GUT.

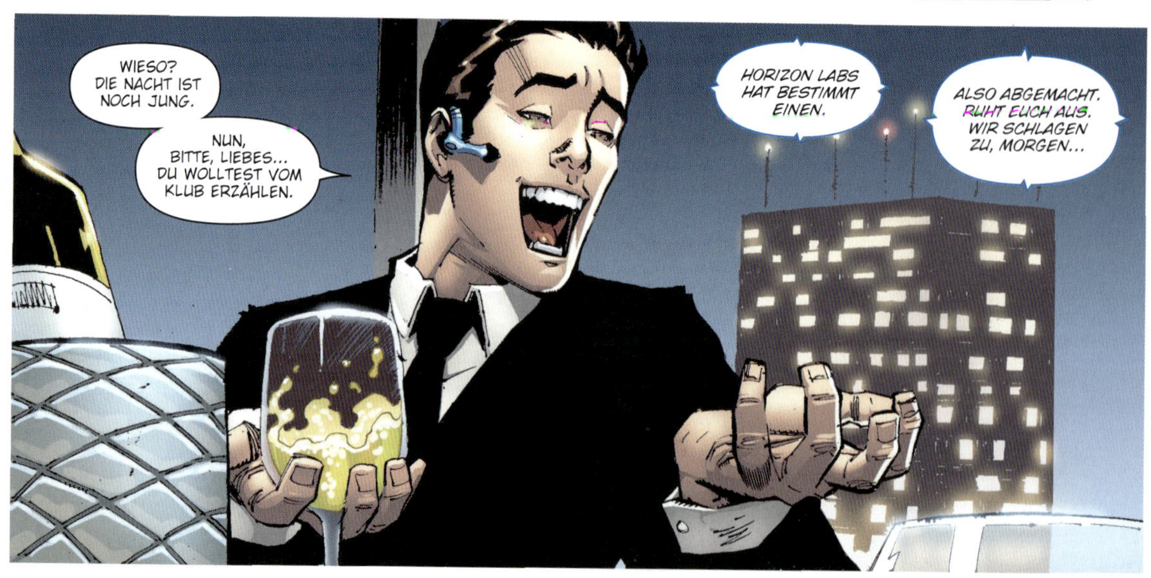

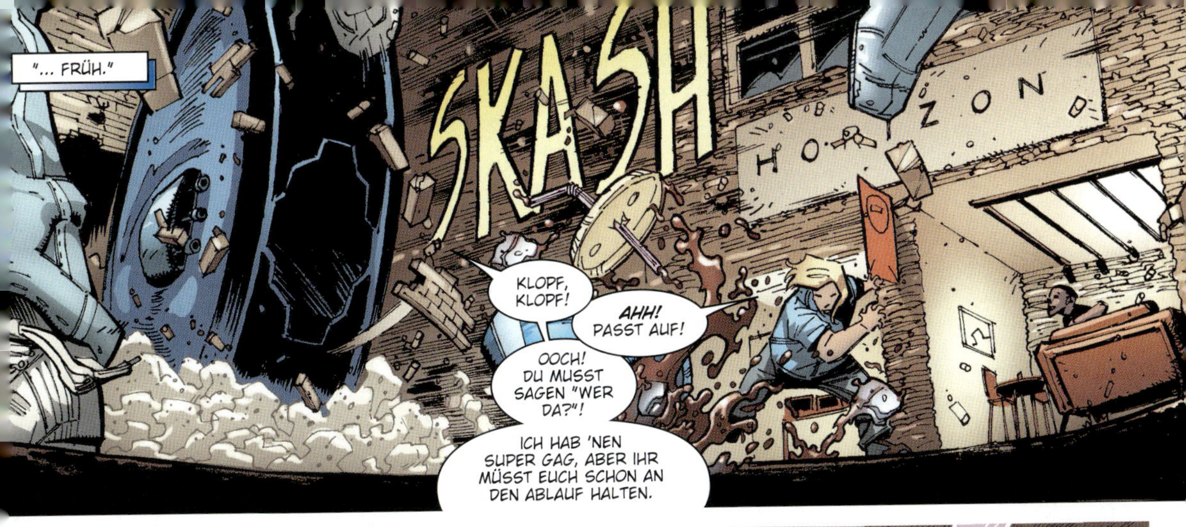
"... FRÜH."
SKASH
HORIZON
KLOPF, KLOPF!
AHH! PASST AUF!
OOCH! DU MUSST SAGEN "WER DA?"!
ICH HAB 'NEN SUPER GAG, ABER IHR MÜSST EUCH SCHON AN DEN ABLAUF HALTEN.

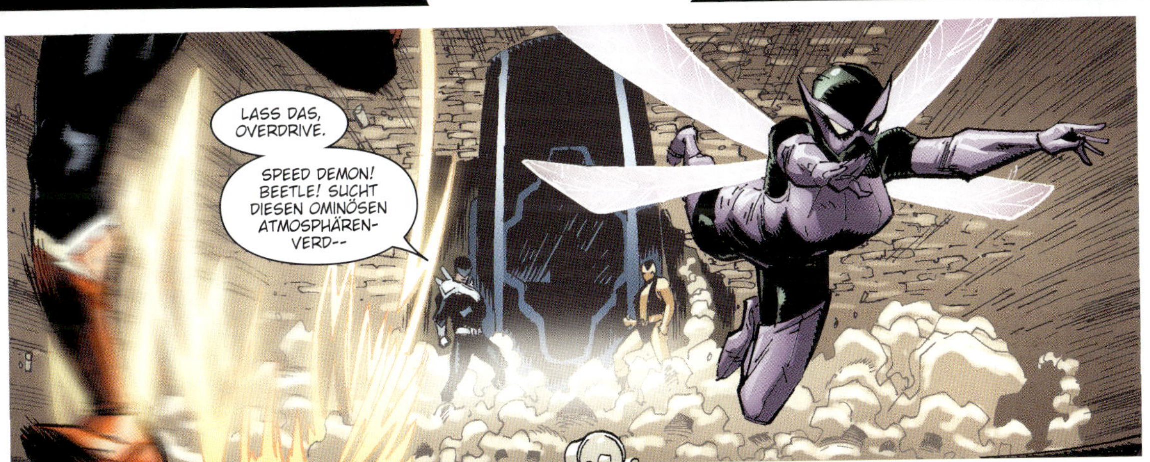
LASS DAS, OVERDRIVE.
SPEED DEMON! BEETLE! SUCHT DIESEN OMINÖSEN ATMOSPHÄREN-VERD--

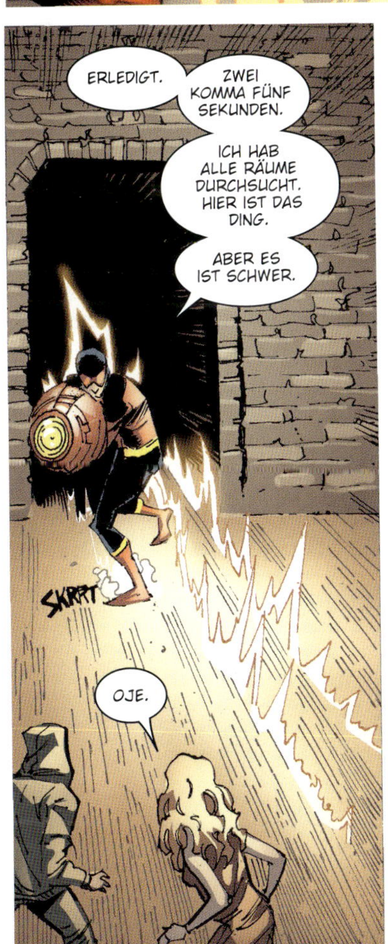
ERLEDIGT.
ZWEI KOMMA FÜNF SEKUNDEN.
ICH HAB ALLE RÄUME DURCHSUCHT. HIER IST DAS DING.
ABER ES IST SCHWER.
SKRRT
OJE.

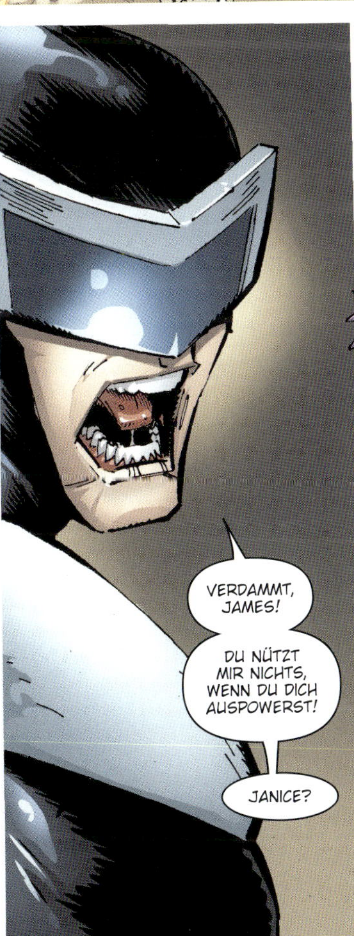
VERDAMMT, JAMES!
DU NÜTZT MIR NICHTS, WENN DU DICH AUSPOWERST!
JANICE?

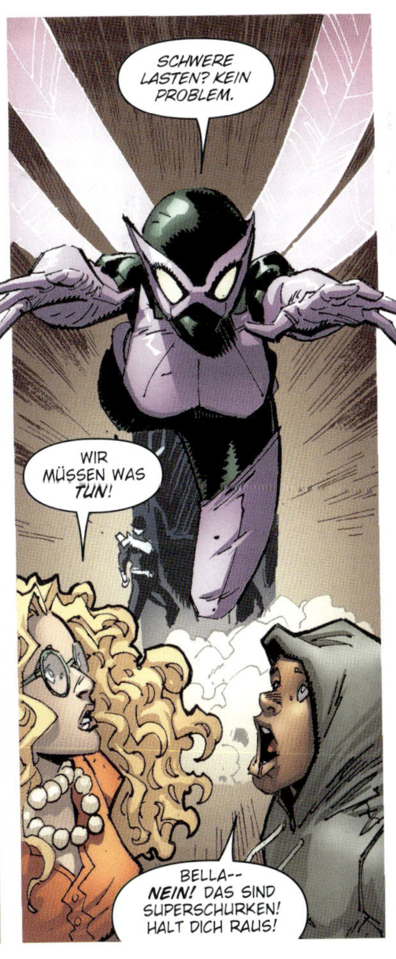
SCHWERE LASTEN? KEIN PROBLEM.
WIR MÜSSEN WAS TUN!
BELLA-- NEIN! DAS SIND SUPERSCHURKEN! HALT DICH RAUS!

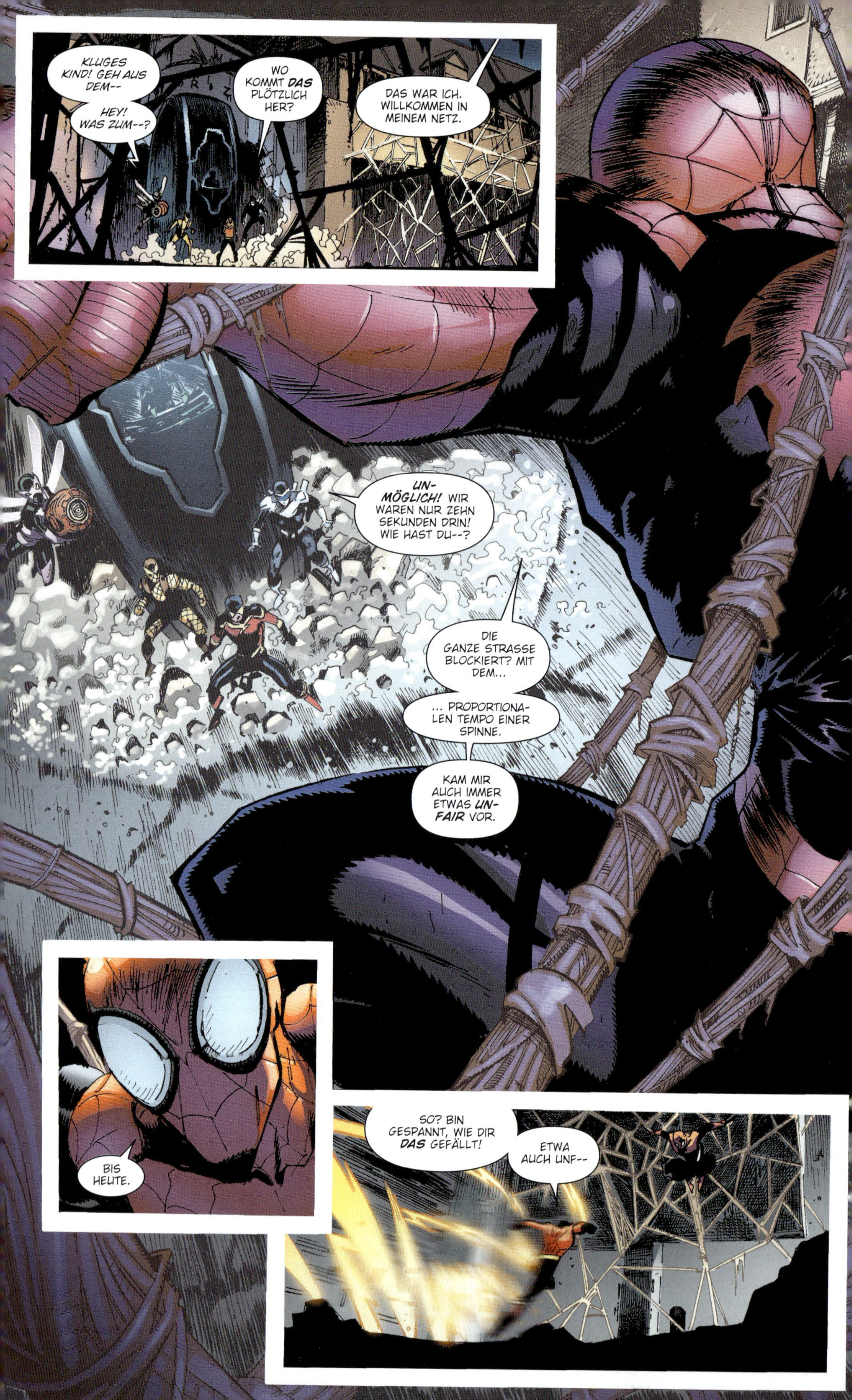
KLUGES KIND! GEH AUS DEM--
HEY! WAS ZUM--?
WO KOMMT DAS PLÖTZLICH HER?
DAS WAR ICH. WILLKOMMEN IN MEINEM NETZ.
UN-MÖGLICH! WIR WAREN NUR ZEHN SEKUNDEN DRIN! WIE HAST DU--?
DIE GANZE STRASSE BLOCKIERT? MIT DEM...
... PROPORTIONA-LEN TEMPO EINER SPINNE.
KAM MIR AUCH IMMER ETWAS UN-FAIR VOR.
BIS HEUTE.
SO? BIN GESPANNT, WIE DIR DAS GEFÄLLT!
ETWA AUCH UNF--

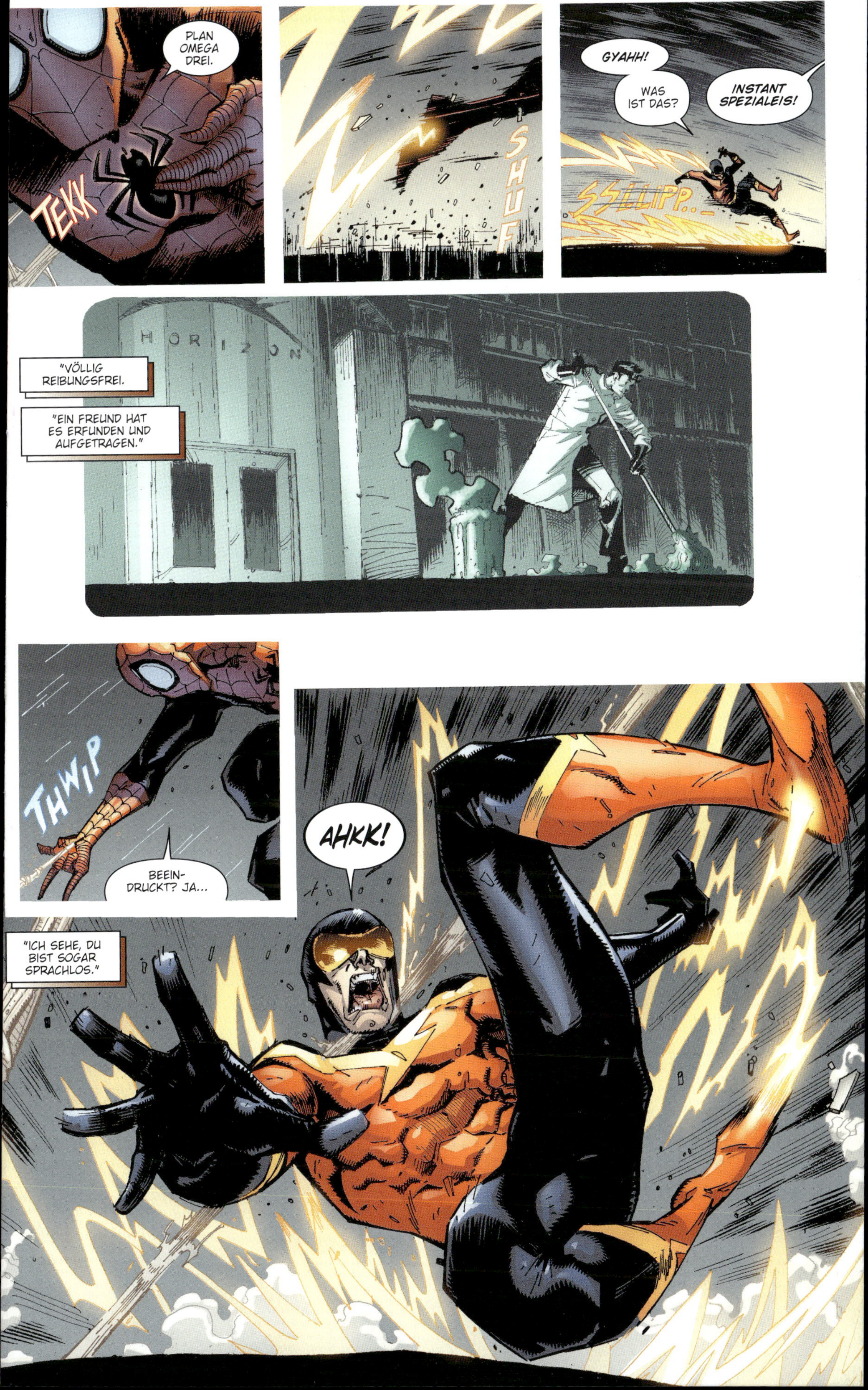

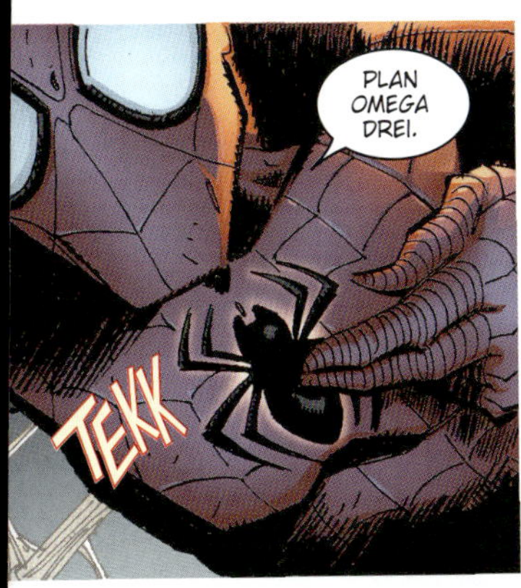

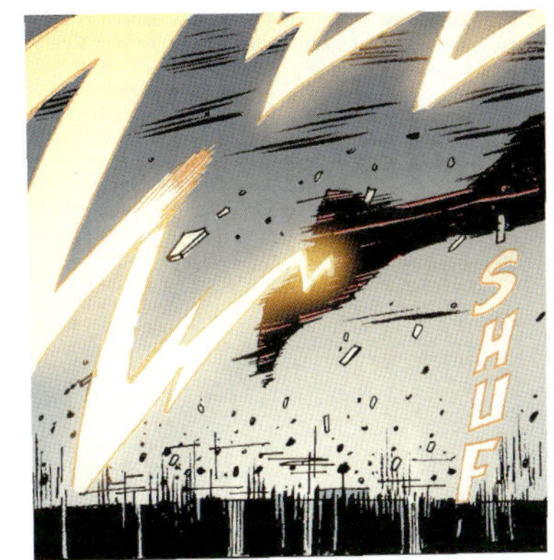

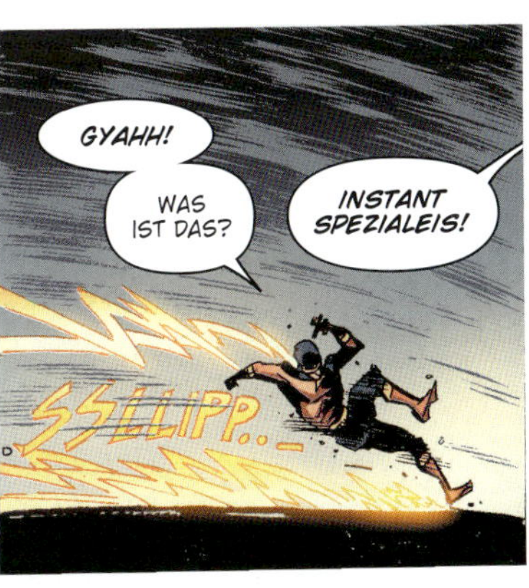

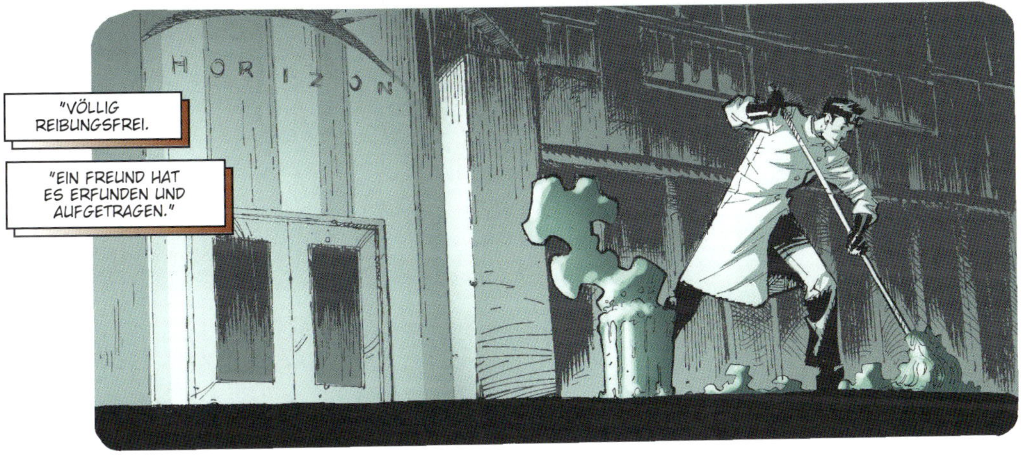

THWIP

BEEIN-DRUCKT? JA...

AHKK!

"ICH SEHE, DU BIST SOGAR SPRACHLOS."

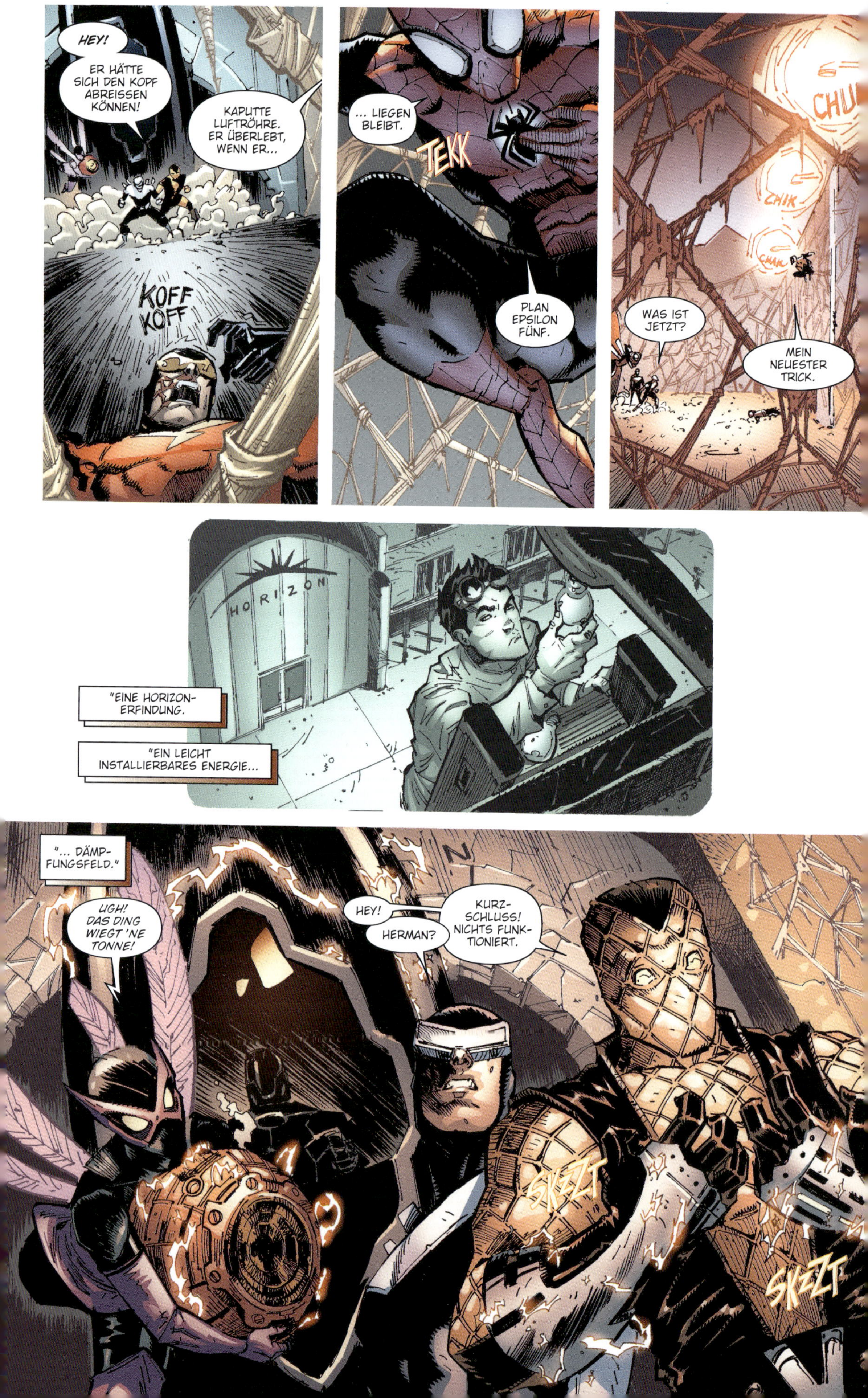

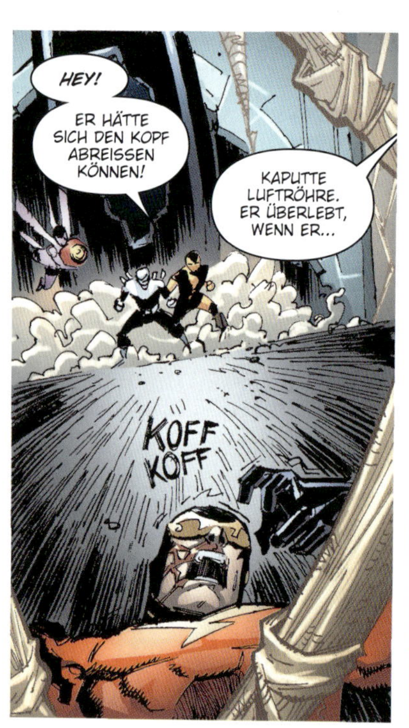

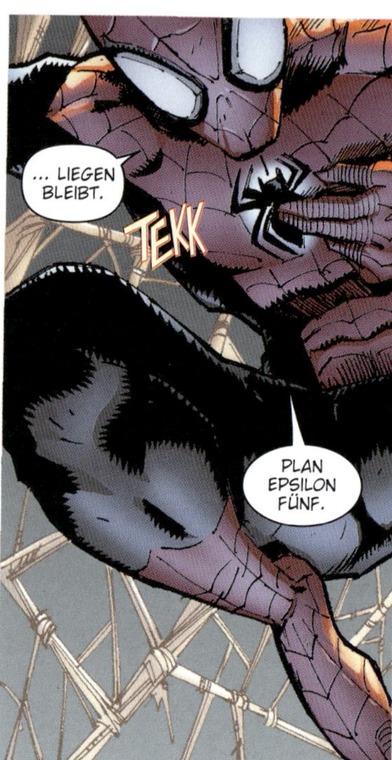

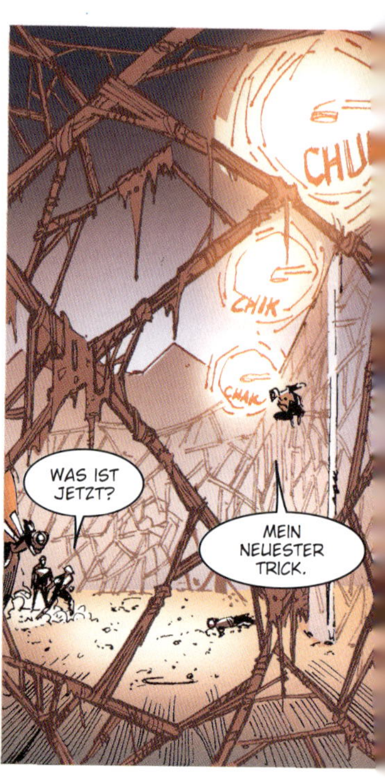

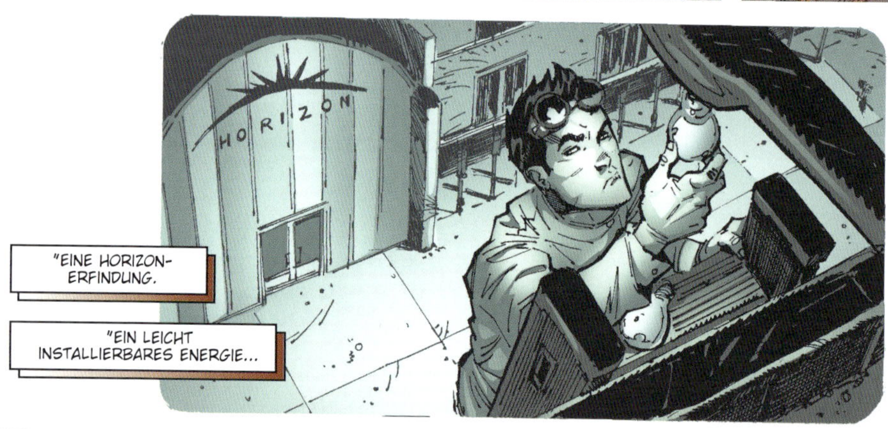

"... DÄMPFUNGSFELD."
UGH! DAS DING WIEGT 'NE TONNE!
HEY!
HERMAN?
KURZSCHLUSS! NICHTS FUNKTIONIERT.
SKZZT
SKZZT

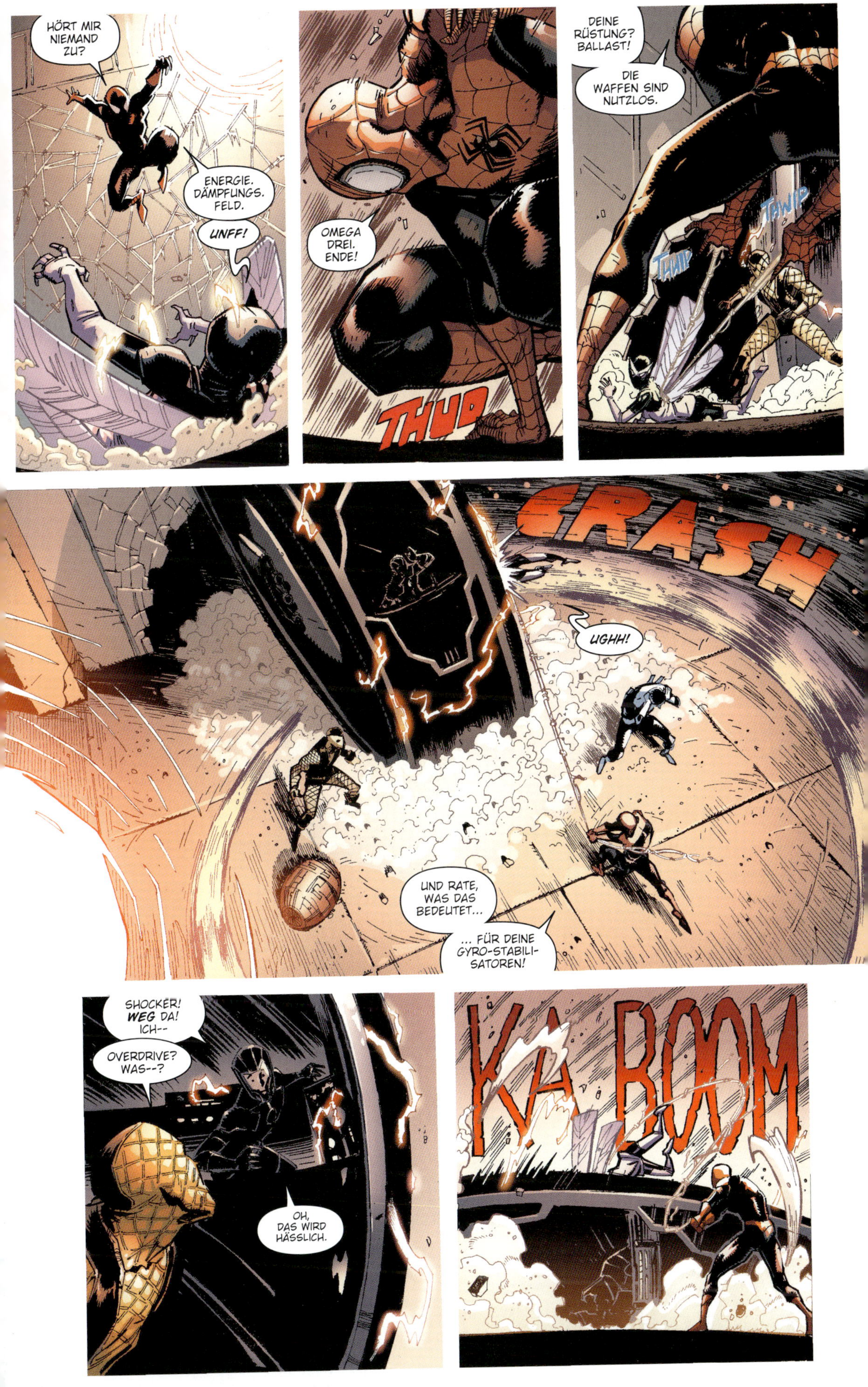

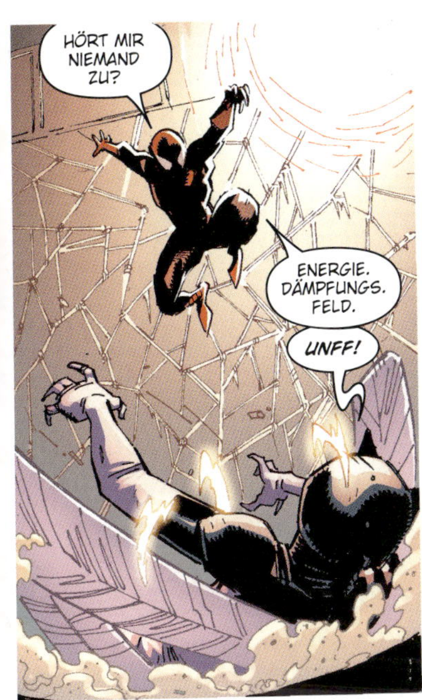

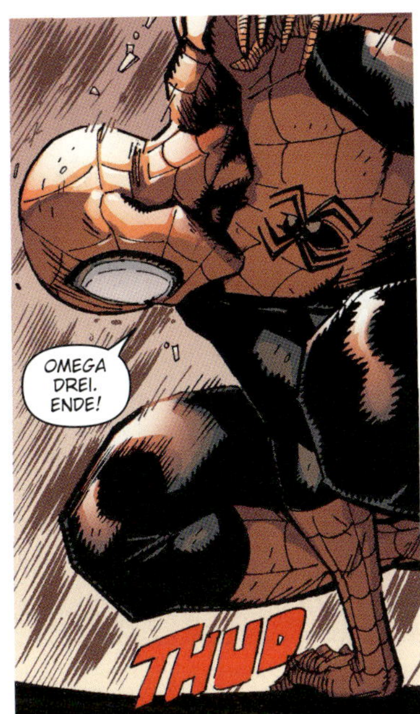

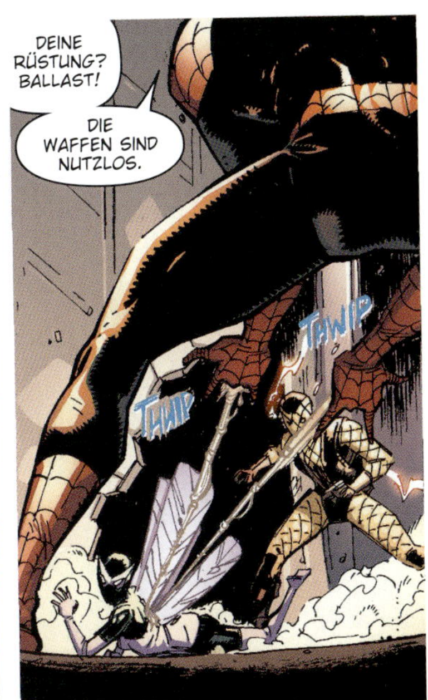

CRASH

UGHH!

UND RATE, WAS DAS BEDEUTET...

... FÜR DEINE GYRO-STABILI-SATOREN!

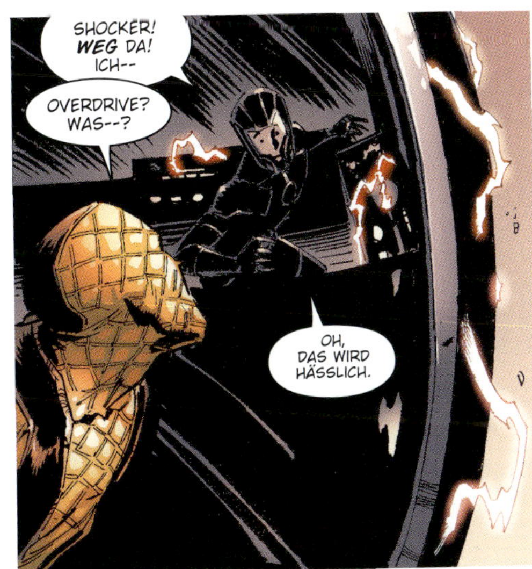

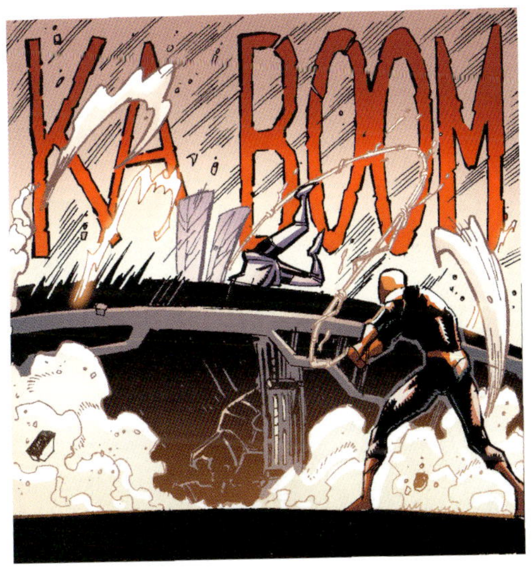

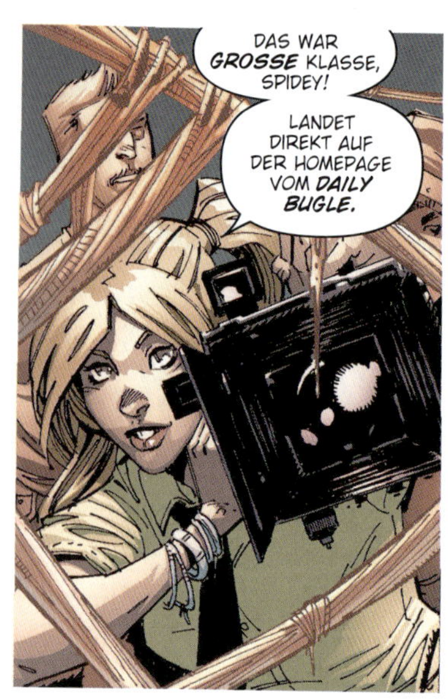
DAS WAR GROSSE KLASSE, SPIDEY!
LANDET DIREKT AUF DER HOMEPAGE VOM DAILY BUGLE.

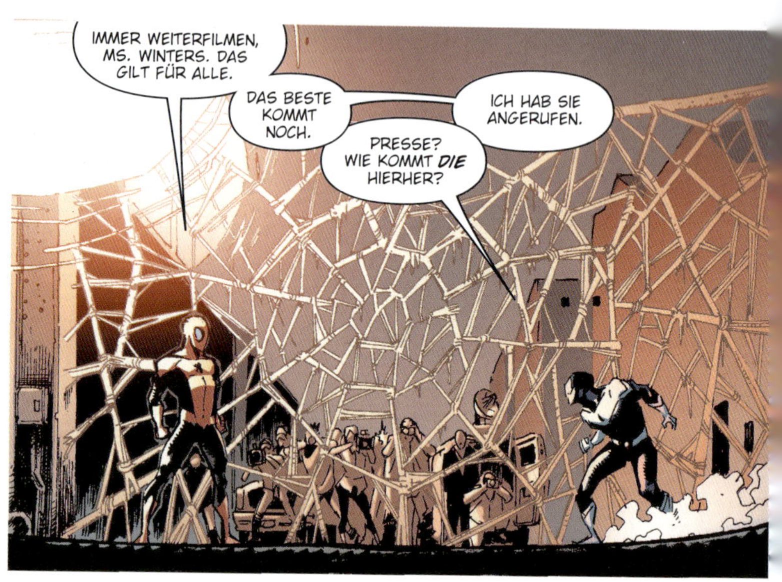
IMMER WEITERFILMEN, MS. WINTERS. DAS GILT FÜR ALLE.
DAS BESTE KOMMT NOCH.
ICH HAB SIE ANGERUFEN.
PRESSE? WIE KOMMT DIE HIERHER?

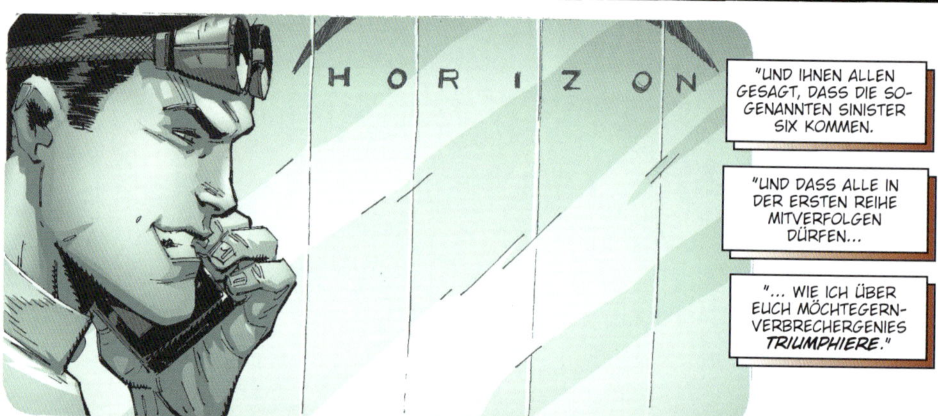
HORIZON
"UND IHNEN ALLEN GESAGT, DASS DIE SOGENANNTEN SINISTER SIX KOMMEN.
"UND DASS ALLE IN DER ERSTEN REIHE MITVERFOLGEN DÜRFEN...
"... WIE ICH ÜBER EUCH MÖCHTEGERN-VERBRECHERGENIES TRIUMPHIERE."

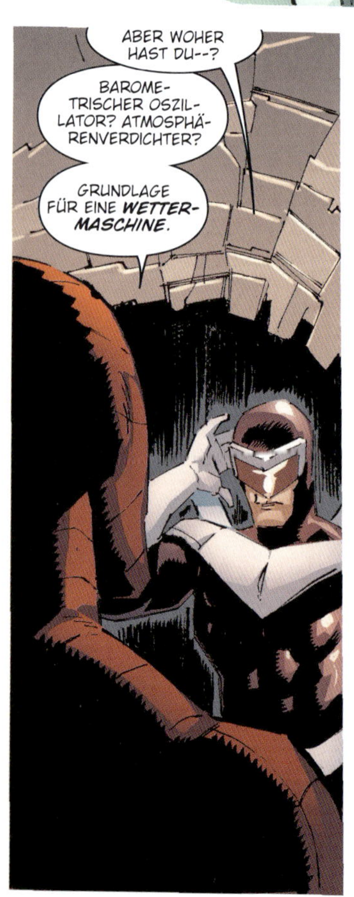
ABER WOHER HAST DU--?
BAROMETRISCHER OSZILLATOR? ATMOSPHÄRENVERDICHTER?
GRUNDLAGE FÜR EINE WETTERMASCHINE.

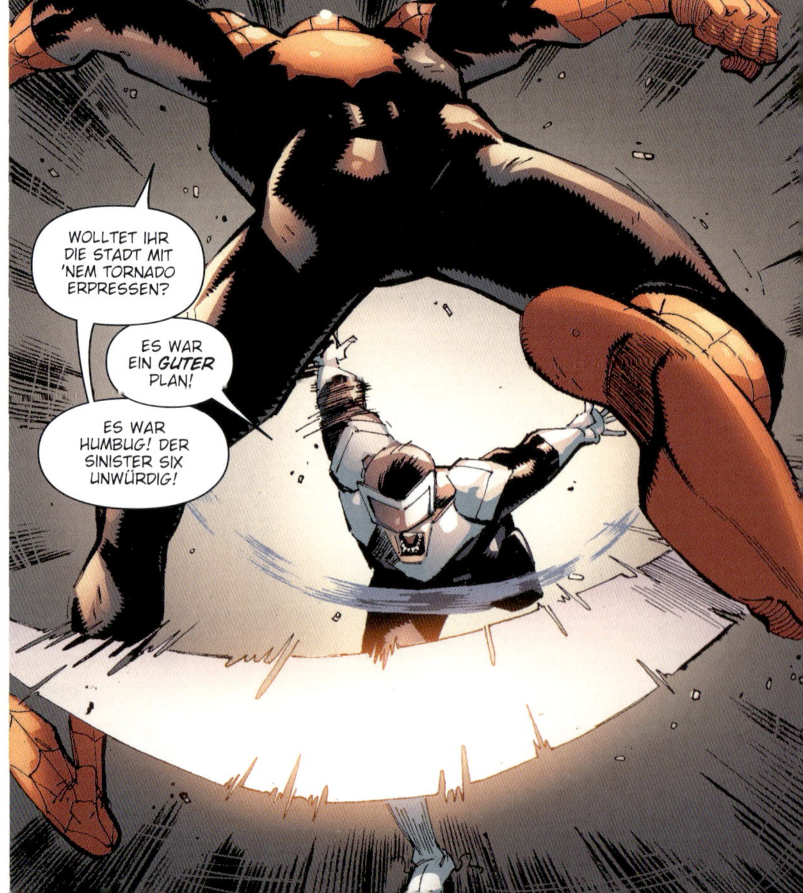
WOLLTET IHR DIE STADT MIT 'NEM TORNADO ERPRESSEN?
ES WAR EIN GUTER PLAN!
ES WAR HUMBUG! DER SINISTER SIX UNWÜRDIG!

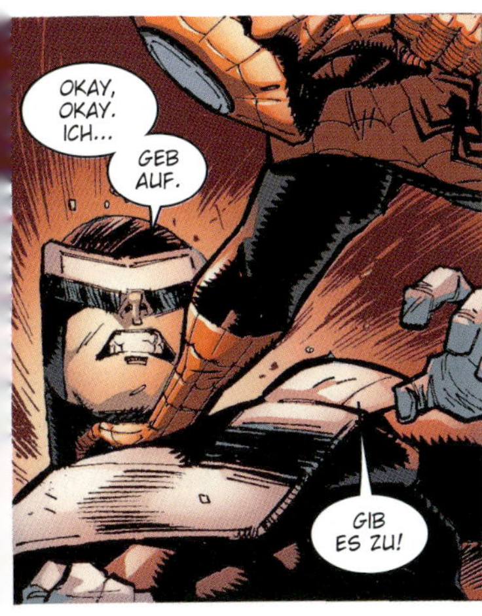
OKAY, OKAY. ICH...
GEB AUF.
GIB ES ZU!

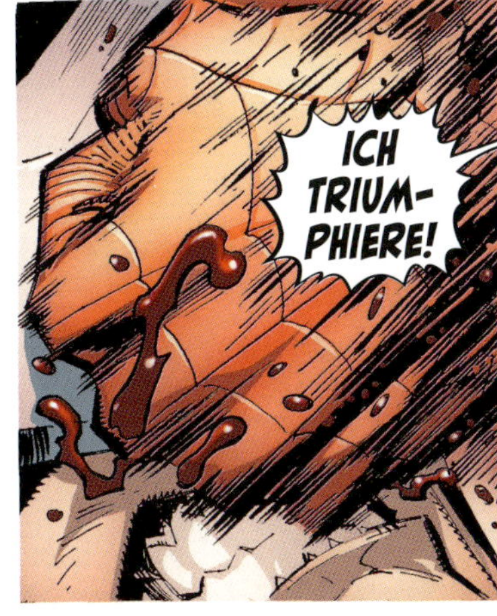
ICH TRIUM-PHIERE!

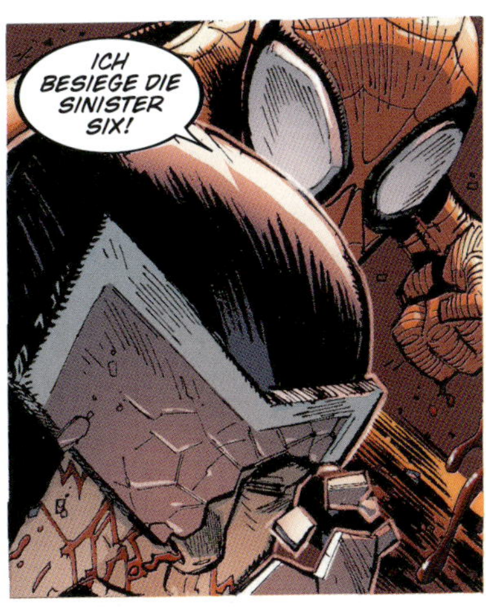
ICH BESIEGE DIE SINISTER SIX!

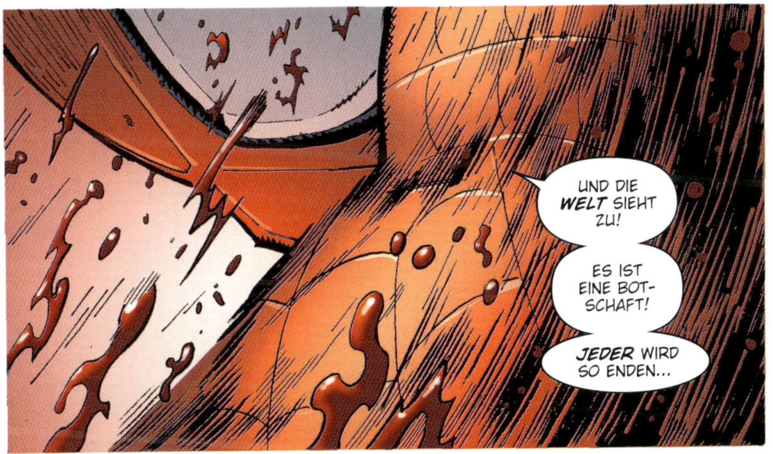
UND DIE WELT SIEHT ZU!
ES IST EINE BOT-SCHAFT!
JEDER WIRD SO ENDEN...

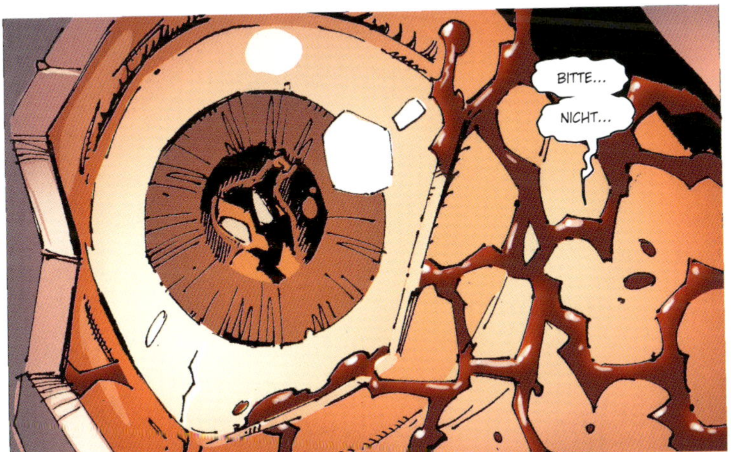
BITTE...
NICHT...

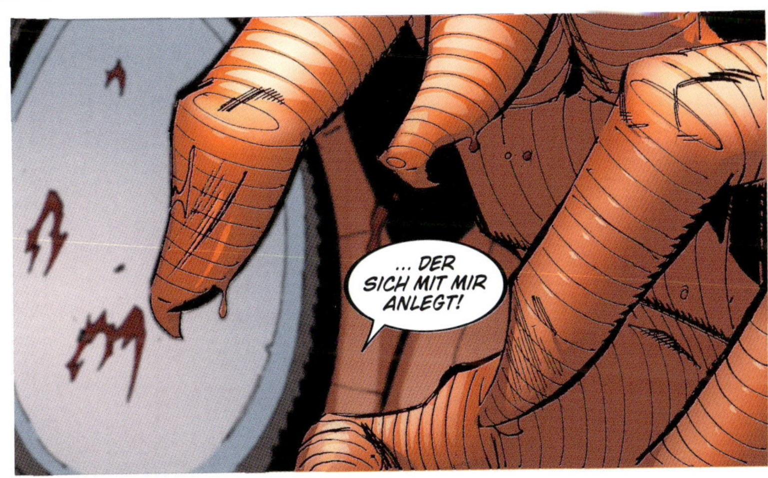
... DER SICH MIT MIR ANLEGT!

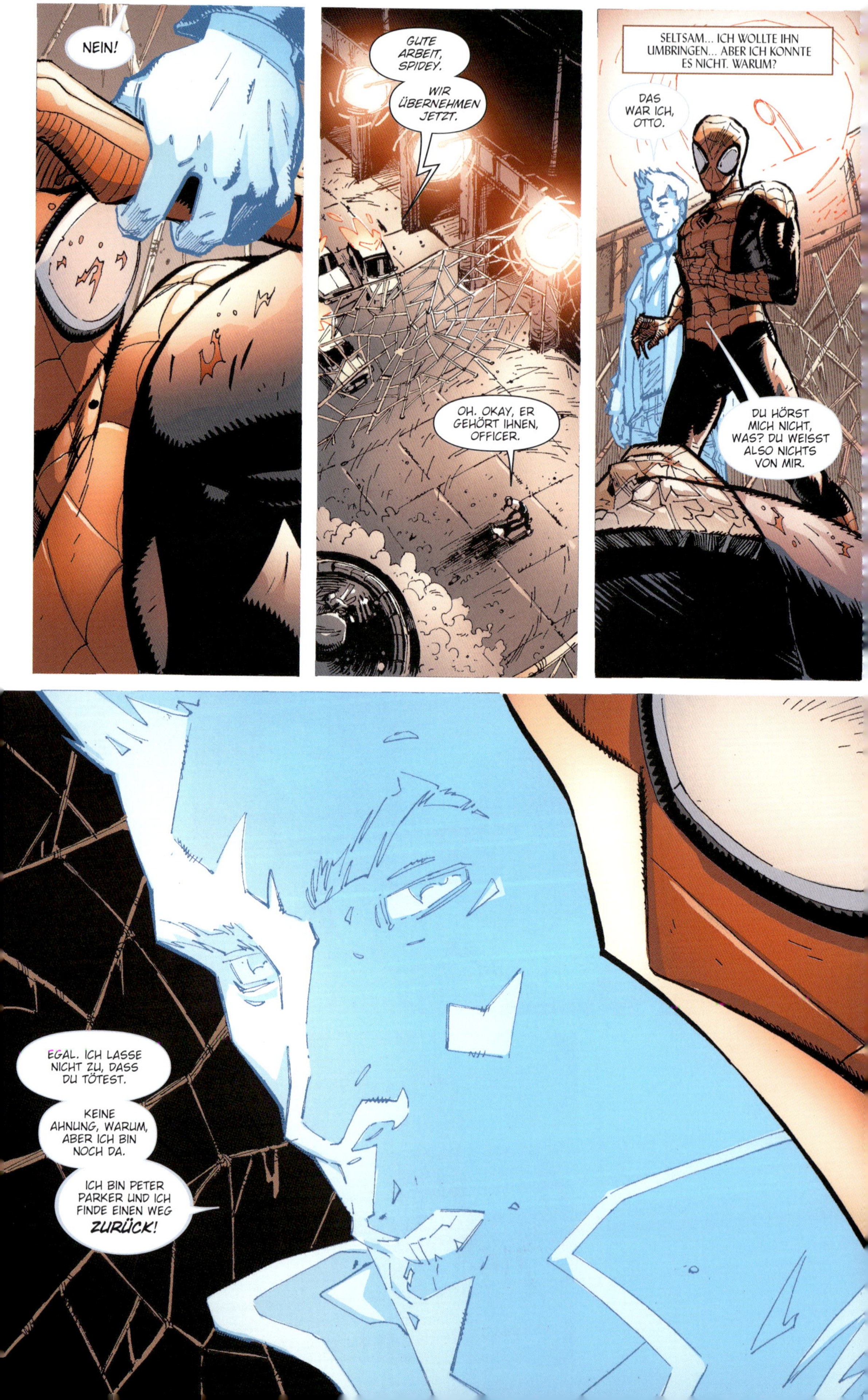

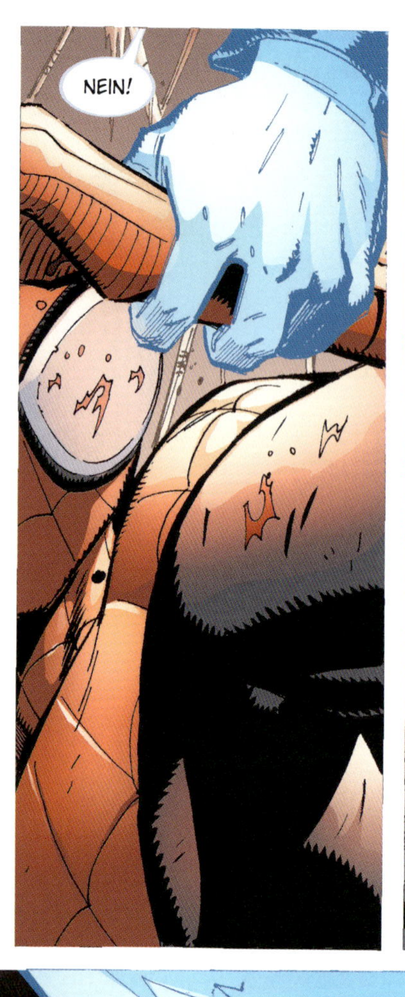

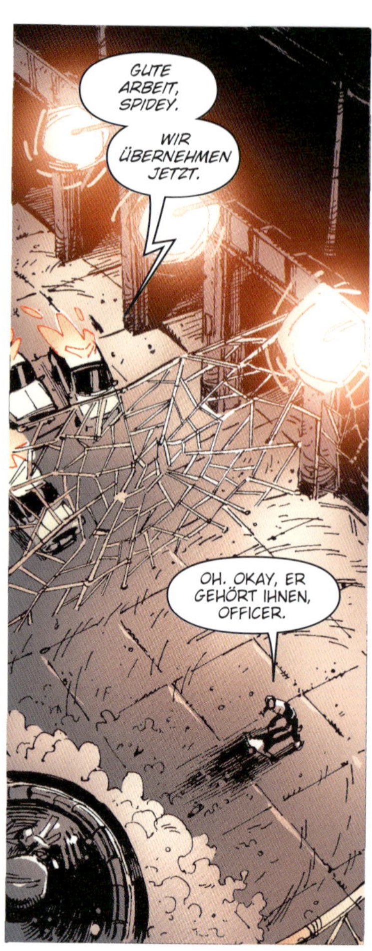

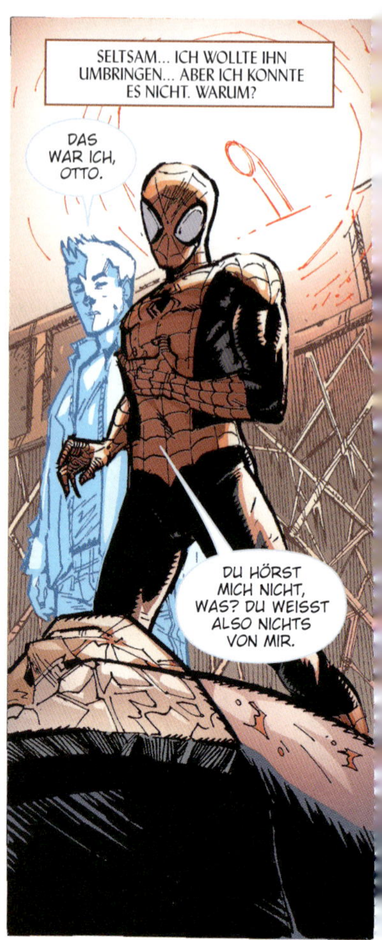

EGAL. ICH LASSE NICHT ZU, DASS DU TÖTEST.

KEINE AHNUNG, WARUM, ABER ICH BIN NOCH DA.

ICH BIN PETER PARKER UND ICH FINDE EINEN WEG **ZURÜCK!**

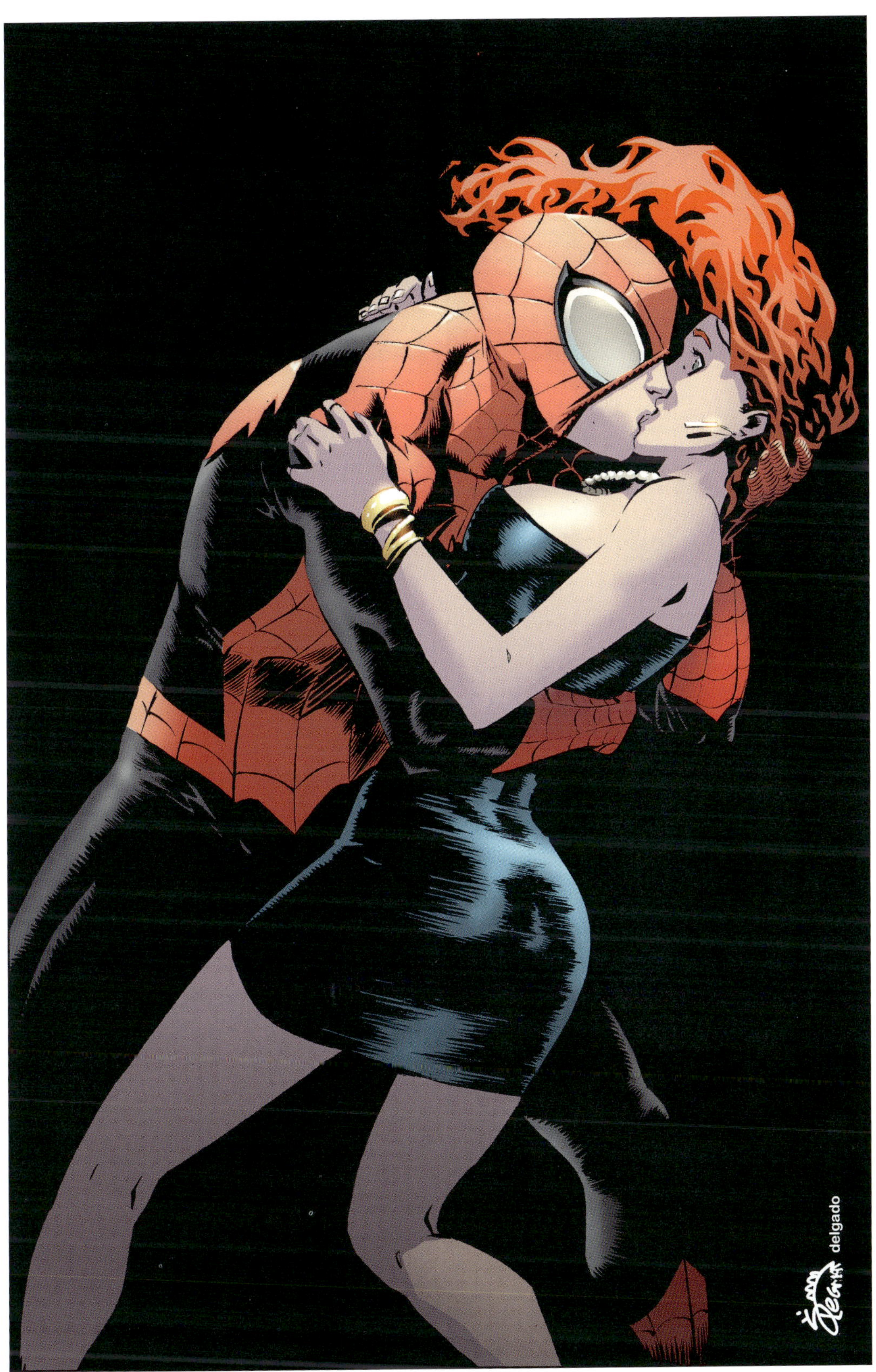

Superior Spider-Man (2013) 2
Cover von **RYAN STEGMAN**

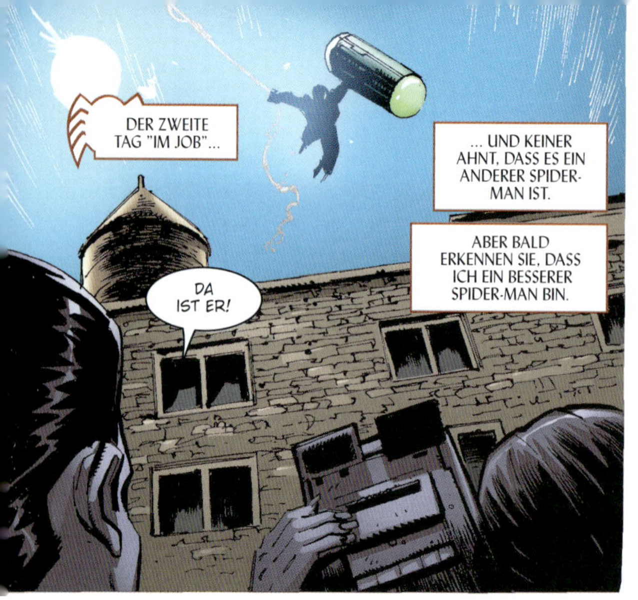
DER ZWEITE TAG "IM JOB"...
... UND KEINER AHNT, DASS ES EIN ANDERER SPIDER-MAN IST.
ABER BALD ERKENNEN SIE, DASS ICH EIN BESSERER SPIDER-MAN BIN.
DA IST ER!

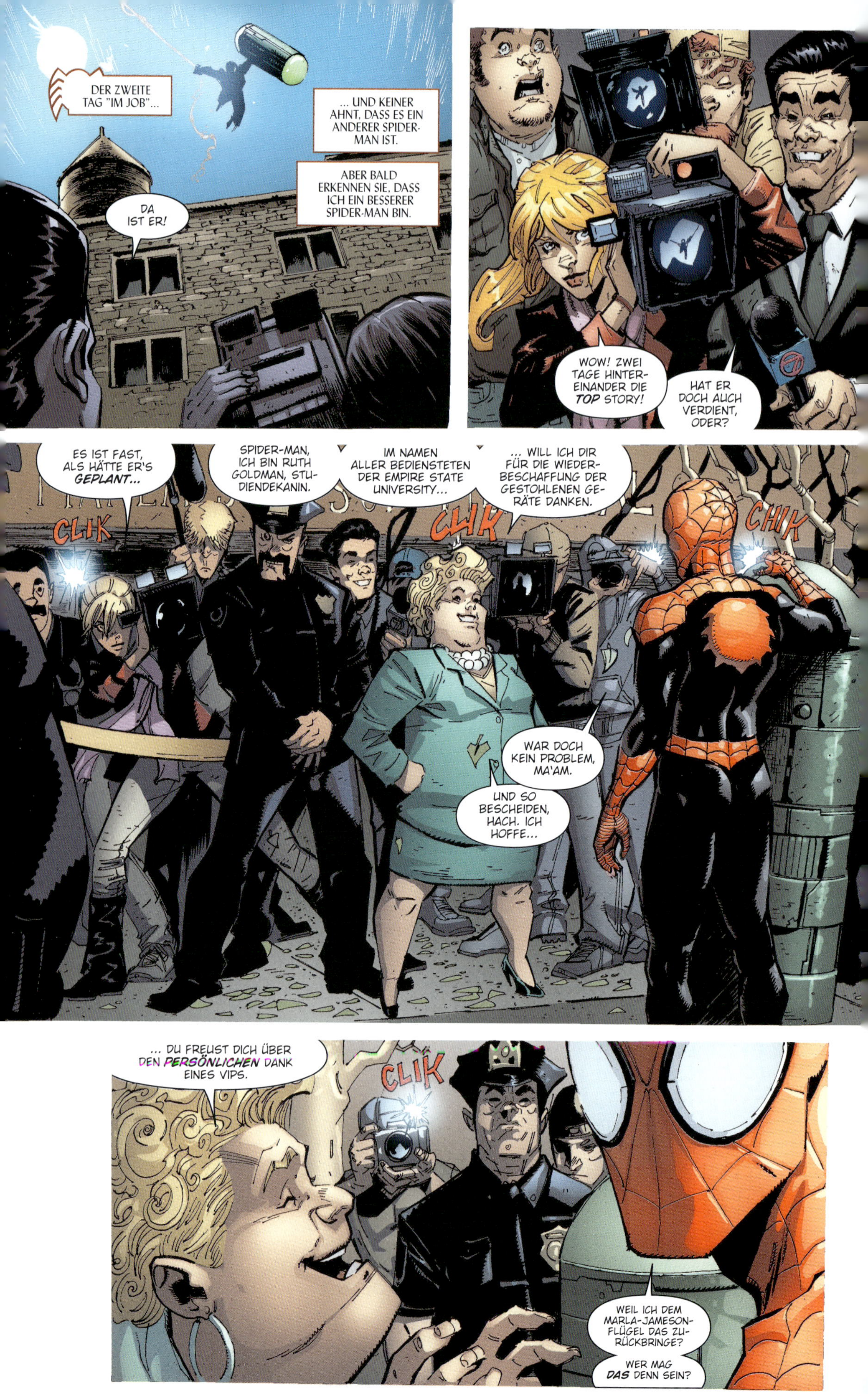

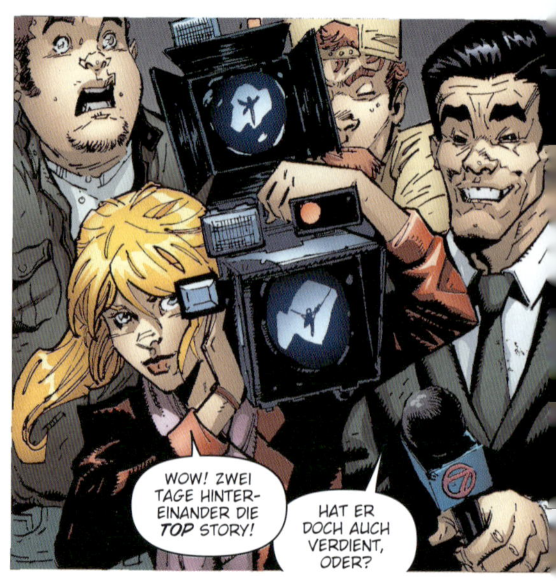
WOW! ZWEI TAGE HINTER-EINANDER DIE **TOP** STORY!
HAT ER DOCH AUCH VERDIENT, ODER?

ES IST FAST, ALS HÄTTE ER'S **GEPLANT...**
SPIDER-MAN, ICH BIN RUTH GOLDMAN, STU-DIENDEKANIN.
IM NAMEN ALLER BEDIENSTETEN DER EMPIRE STATE UNIVERSITY...
... WILL ICH DIR FÜR DIE WIEDER-BESCHAFFUNG DER GESTOHLENEN GE-RÄTE DANKEN.
CLIK
CLIK
CHIK
WAR DOCH KEIN PROBLEM, MA'AM.
UND SO BESCHEIDEN, HACH. ICH HOFFE...

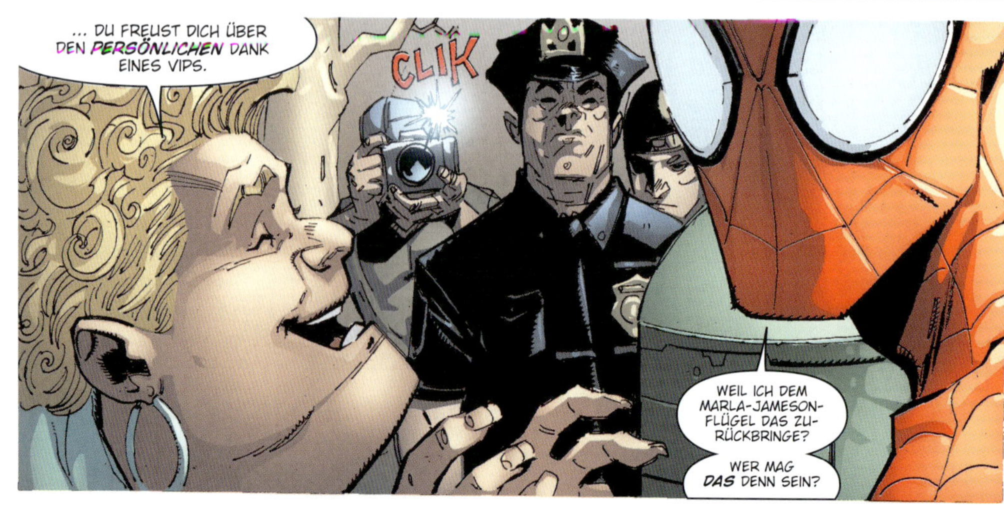
... DU FREUST DICH ÜBER DEN **PERSÖNLICHEN** DANK EINES VIPS.
CLIK
WEIL ICH DEM MARLA-JAMESON-FLÜGEL DAS ZU-RÜCKBRINGE?
WER MAG **DAS** DENN SEIN?

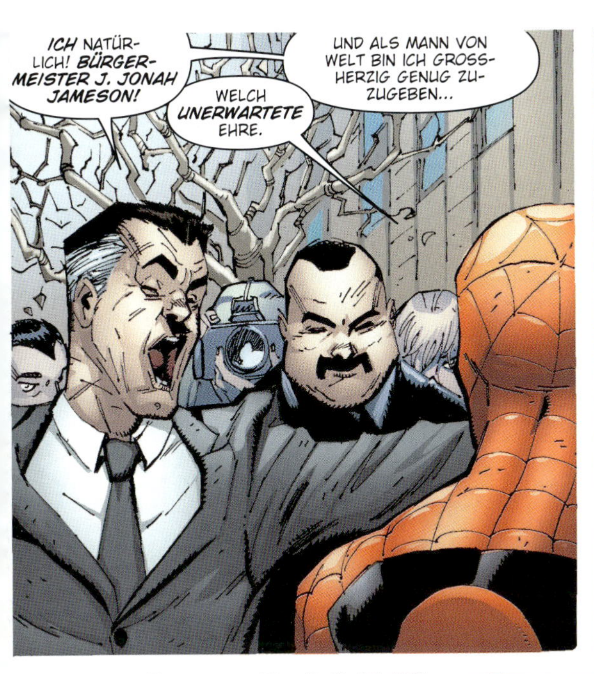
ICH NATÜRLICH! BÜRGERMEISTER J. JONAH JAMESON!
WELCH UNERWARTETE EHRE.
UND ALS MANN VON WELT BIN ICH GROSSHERZIG GENUG ZUZUGEBEN...

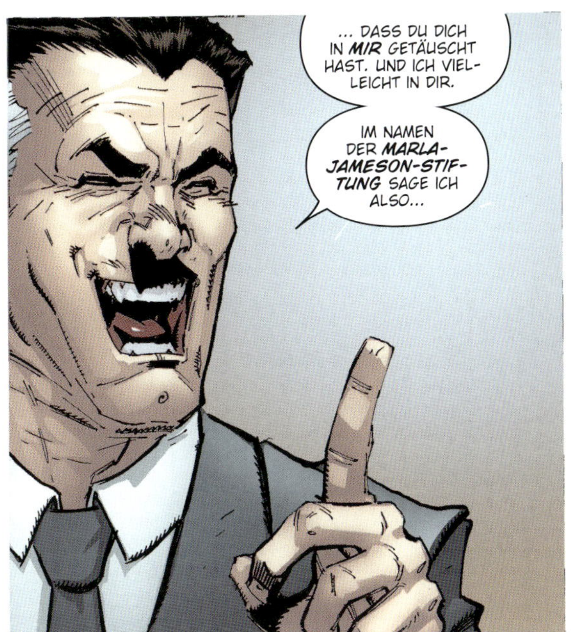
... DASS DU DICH IN MIR GETÄUSCHT HAST. UND ICH VIELLEICHT IN DIR.
IM NAMEN DER MARLA-JAMESON-STIFTUNG SAGE ICH ALSO...

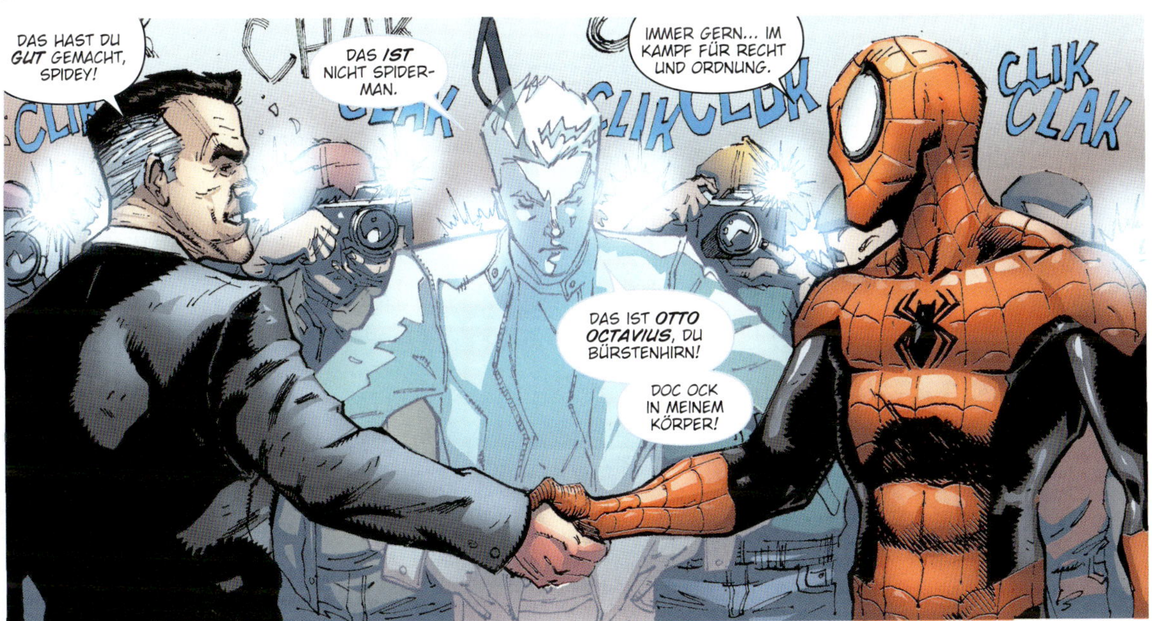
DAS HAST DU GUT GEMACHT, SPIDEY!
DAS IST NICHT SPIDER-MAN.
IMMER GERN... IM KAMPF FÜR RECHT UND ORDNUNG.
CLIK CLAK
DAS IST OTTO OCTAVIUS, DU BÜRSTENHIRN!
DOC OCK IN MEINEM KÖRPER!

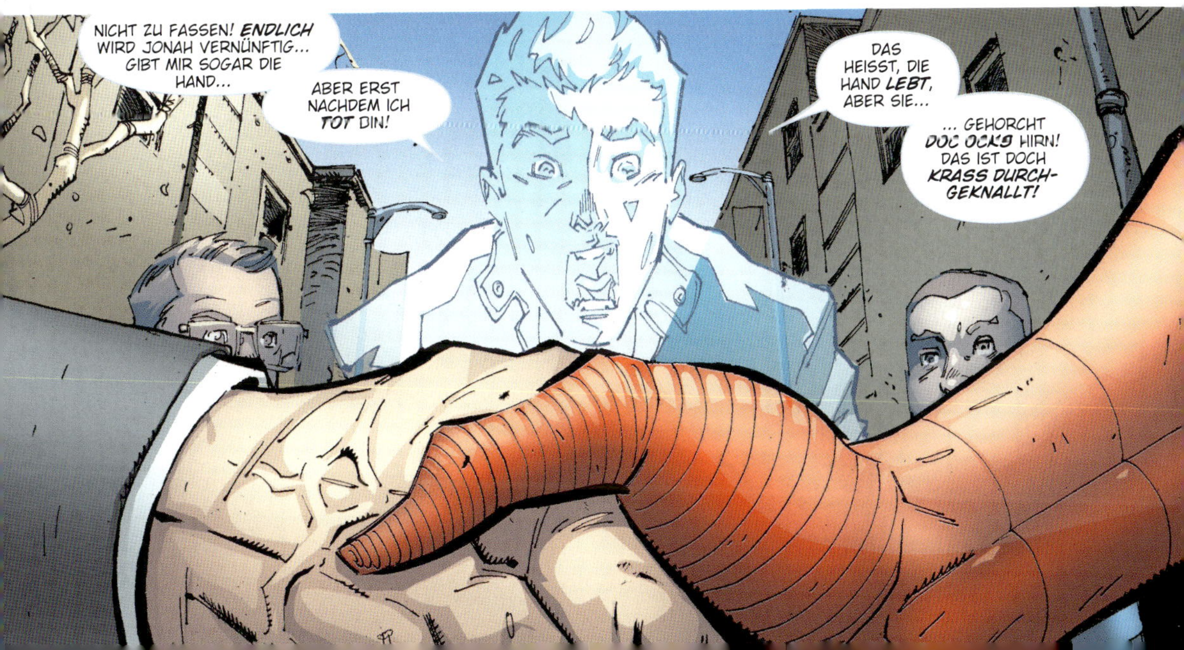
NICHT ZU FASSEN! ENDLICH WIRD JONAH VERNÜNFTIG... GIBT MIR SOGAR DIE HAND...
ABER ERST NACHDEM ICH TOT BIN!
DAS HEISST, DIE HAND LEBT, ABER SIE...
... GEHORCHT DOC OCKS HIRN! DAS IST DOCH KRASS DURCHGEKNALLT!

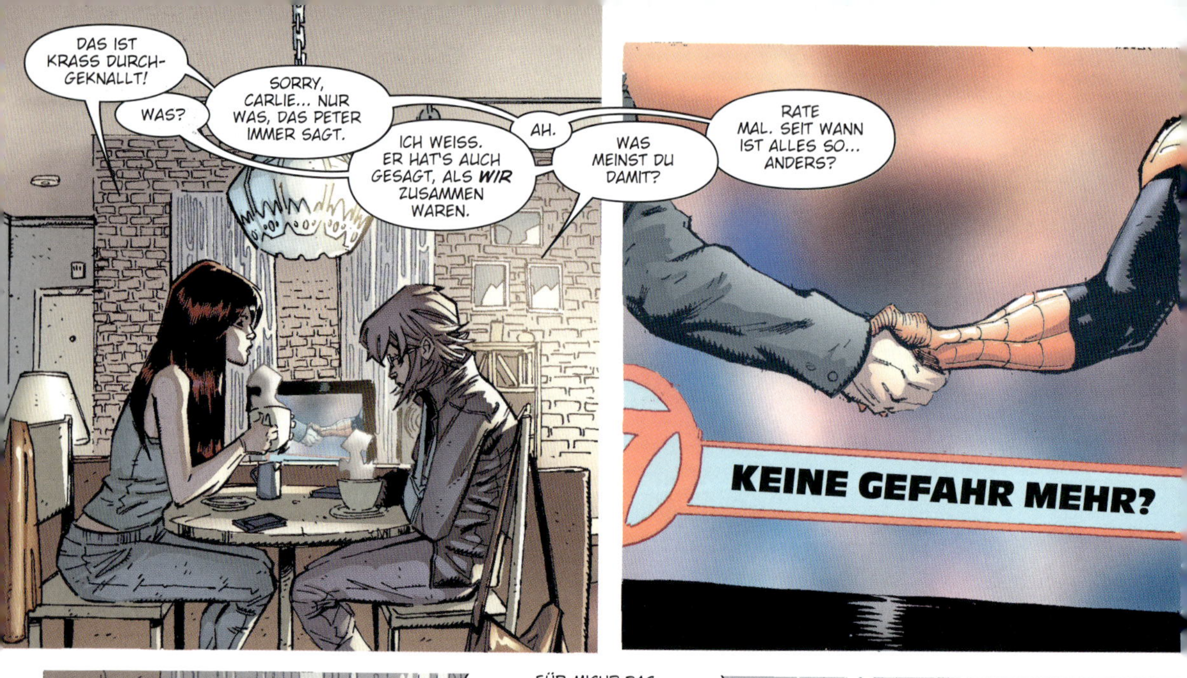
DAS IST KRASS DURCH-GEKNALLT!
WAS?
SORRY, CARLIE... NUR WAS, DAS PETER IMMER SAGT.
ICH WEISS. ER HAT'S AUCH GESAGT, ALS **WIR** ZUSAMMEN WAREN.
AH.
WAS MEINST DU DAMIT?
RATE MAL. SEIT WANN IST ALLES SO... ANDERS?
KEINE GEFAHR MEHR?

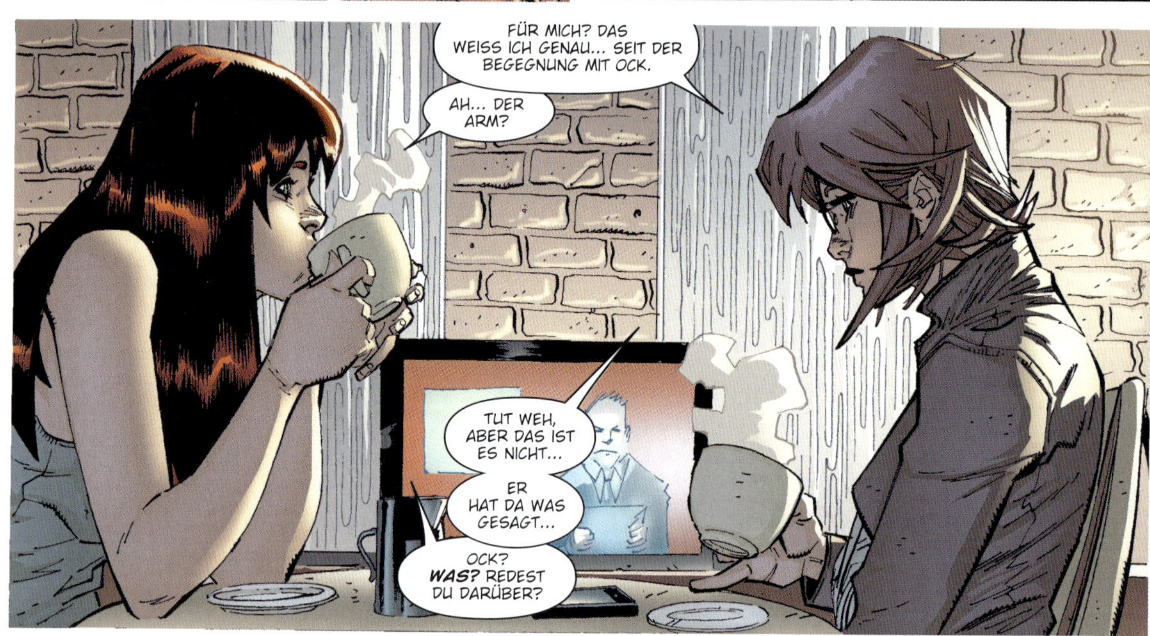
FÜR MICH? DAS WEISS ICH GENAU... SEIT DER BEGEGNUNG MIT OCK.
AH... DER ARM?
TUT WEH, ABER DAS IST ES NICHT...
ER HAT DA WAS GESAGT...
OCK? **WAS?** REDEST DU DARÜBER?

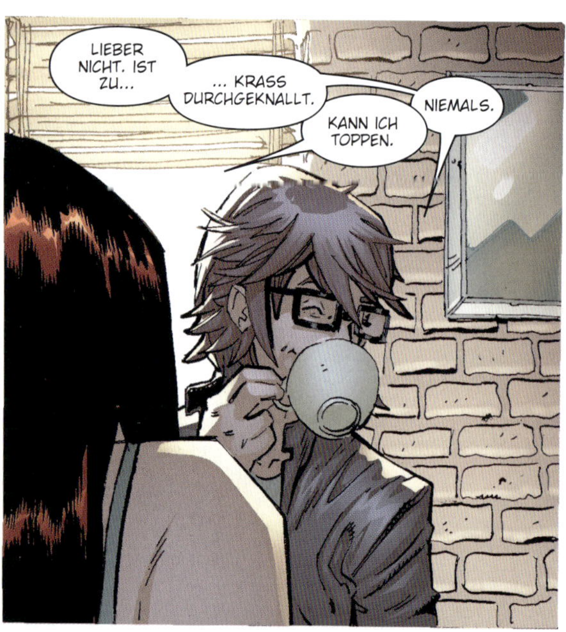
LIEBER NICHT. IST ZU...
... KRASS DURCHGEKNALLT.
KANN ICH TOPPEN.
NIEMALS.

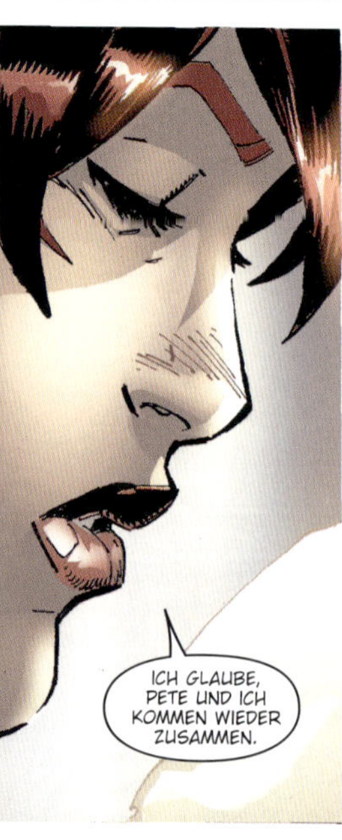
ICH GLAUBE, PETE UND ICH KOMMEN WIEDER ZUSAMMEN.

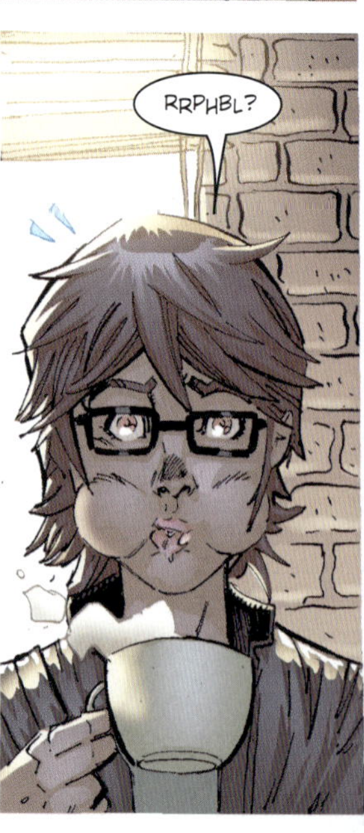
RRPHBL?

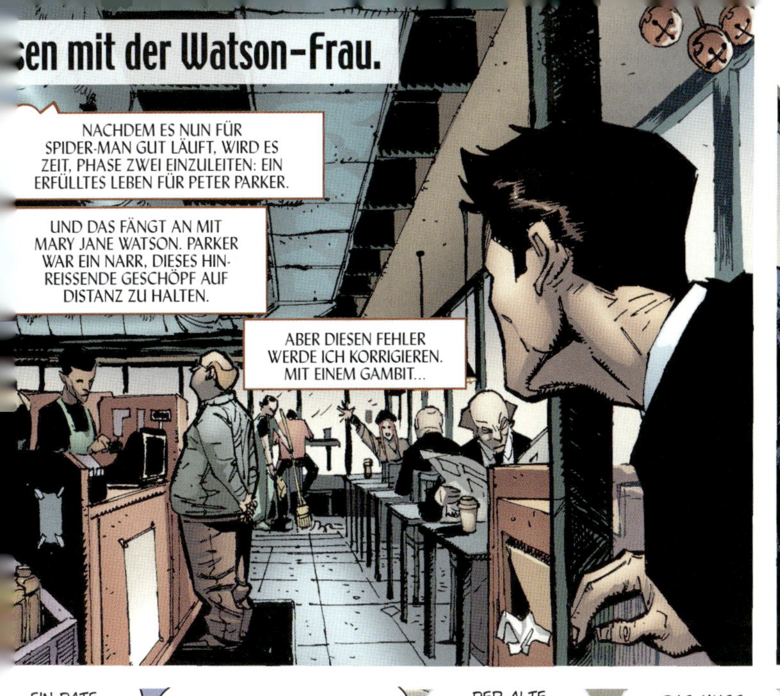
en mit der Watson-Frau.
NACHDEM ES NUN FÜR SPIDER-MAN GUT LÄUFT, WIRD ES ZEIT, PHASE ZWEI EINZULEITEN: EIN ERFÜLLTES LEBEN FÜR PETER PARKER.
UND DAS FÄNGT AN MIT MARY JANE WATSON. PARKER WAR EIN NARR, DIESES HINREISSENDE GESCHÖPF AUF DISTANZ ZU HALTEN.
ABER DIESEN FEHLER WERDE ICH KORRIGIEREN. MIT EINEM GAMBIT...

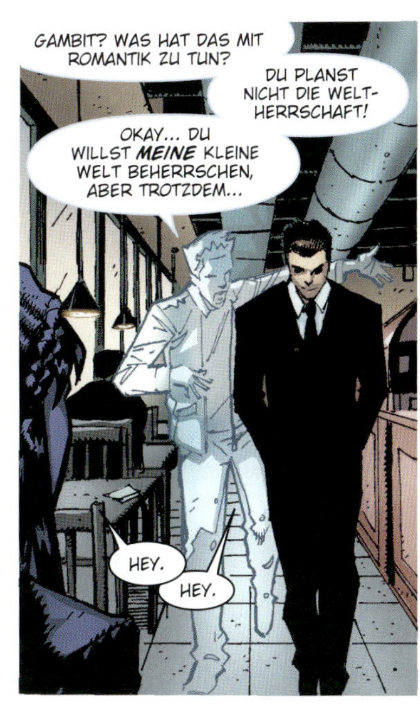
GAMBIT? WAS HAT DAS MIT ROMANTIK ZU TUN?
DU PLANST NICHT DIE WELTHERRSCHAFT!
OKAY... DU WILLST **MEINE** KLEINE WELT BEHERRSCHEN, ABER TROTZDEM...
HEY.
HEY.

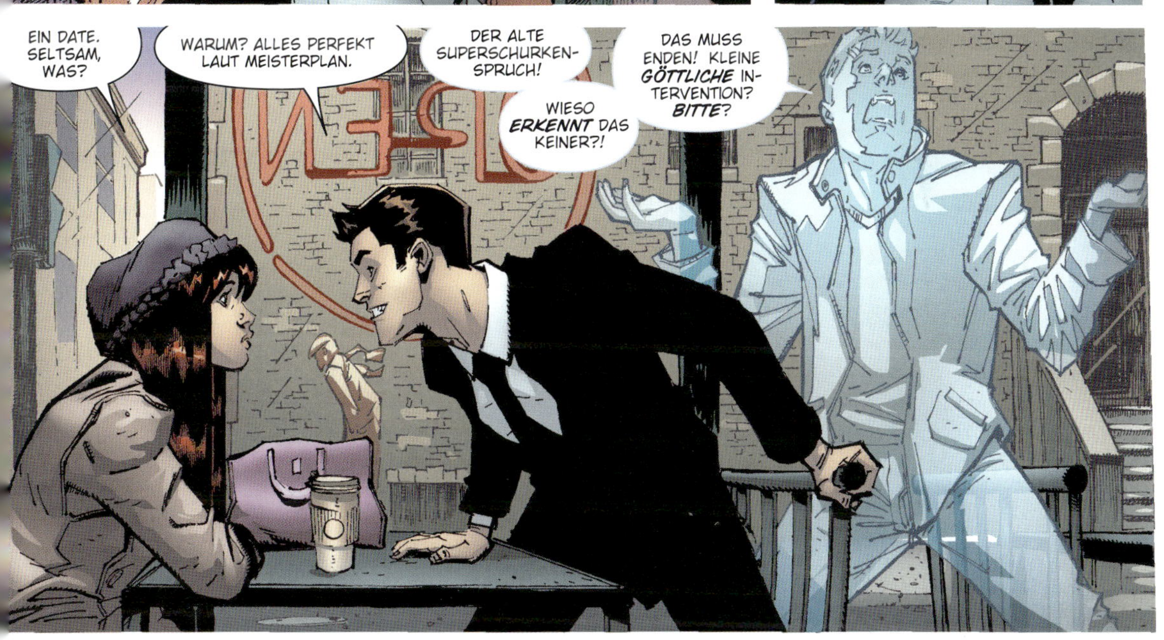
EIN DATE. SELTSAM, WAS?
WARUM? ALLES PERFEKT LAUT MEISTERPLAN.
DER ALTE SUPERSCHURKEN-SPRUCH!
WIESO **ERKENNT** DAS KEINER?!
DAS MUSS ENDEN! KLEINE **GÖTTLICHE** INTERVENTION? **BITTE**?

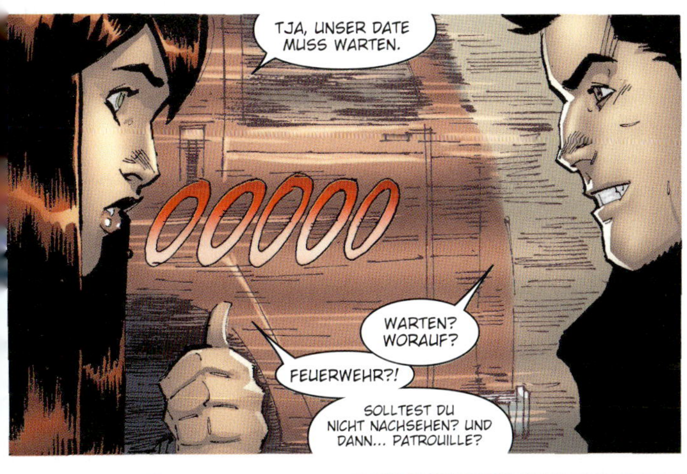
TJA, UNSER DATE MUSS WARTEN.
OOOOO
WARTEN? WORAUF?
FEUERWEHR?!
SOLLTEST DU NICHT NACHSEHEN? UND DANN... PATROUILLE?

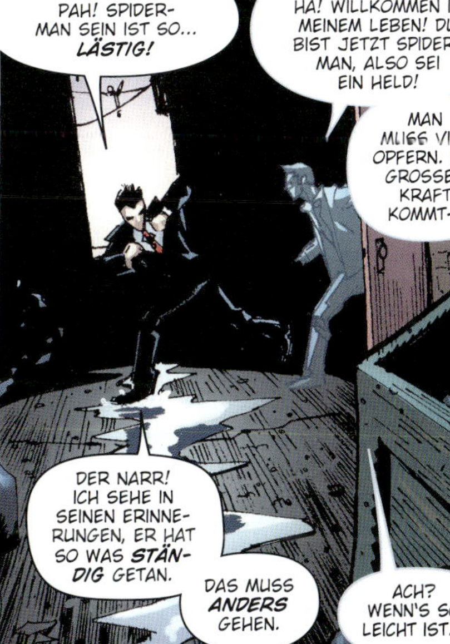
PAH! SPIDER-MAN SEIN IST SO... **LÄSTIG!**
HA! WILLKOMMEN IN MEINEM LEBEN! DU BIST JETZT SPIDER-MAN, ALSO SEI EIN HELD!
MAN MUSS VIEL OPFERN. MIT GROSSER KRAFT KOMMT--
DER NARR! ICH SEHE IN SEINEN ERINNERUNGEN, ER HAT SO WAS **STÄNDIG** GETAN.
DAS MUSS **ANDERS** GEHEN.
ACH? WENN'S SO LEICHT IST...

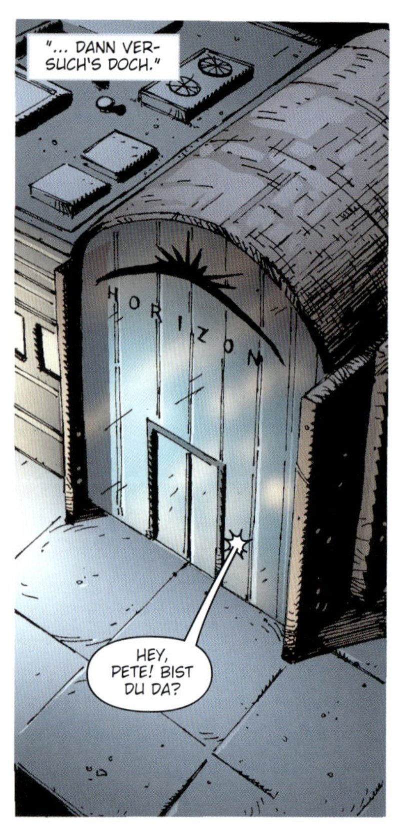
"... DANN VERSUCH'S DOCH."
HORIZON
HEY, PETE! BIST DU DA?

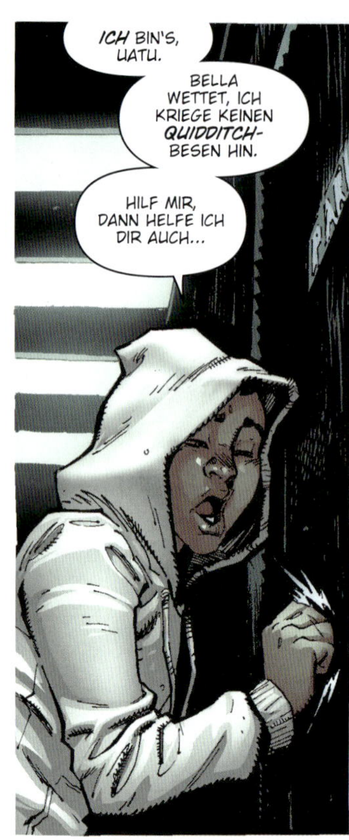
ICH BIN'S, UATU.
BELLA WETTET, ICH KRIEGE KEINEN QUIDDITCH-BESEN HIN.
HILF MIR, DANN HELFE ICH DIR AUCH...

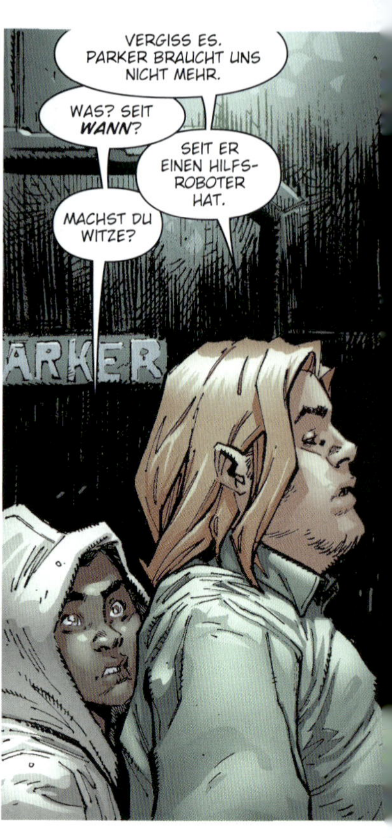
VERGISS ES. PARKER BRAUCHT UNS NICHT MEHR.
WAS? SEIT WANN?
SEIT ER EINEN HILFS-ROBOTER HAT.
MACHST DU WITZE?
ARKER

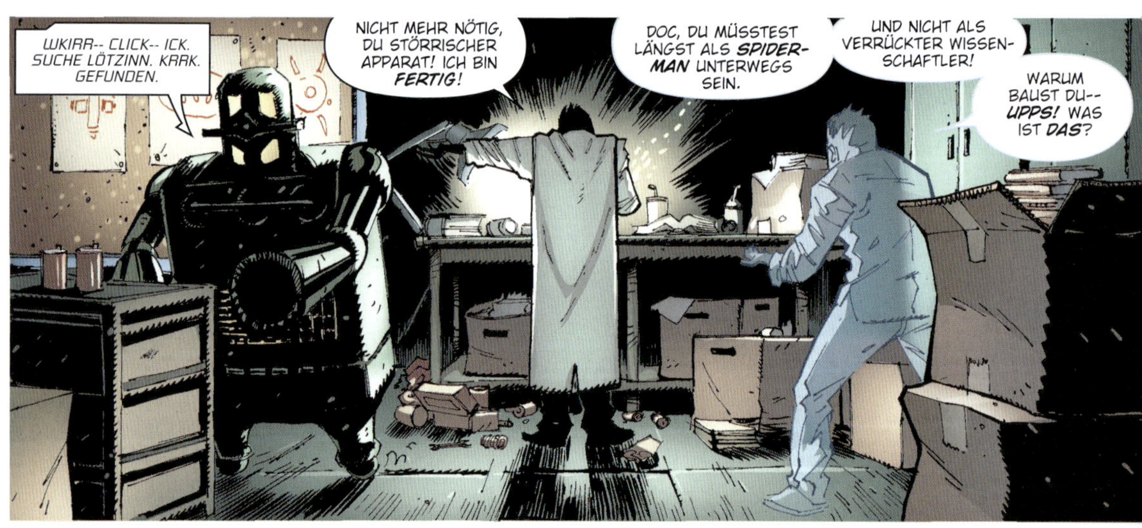
WKIRR-- CLICK-- ICK. SUCHE LÖTZINN. KRRK. GEFUNDEN.
NICHT MEHR NÖTIG, DU STÖRRISCHER APPARAT! ICH BIN FERTIG!
DOC, DU MÜSSTEST LÄNGST ALS SPIDER-MAN UNTERWEGS SEIN.
UND NICHT ALS VERRÜCKTER WISSEN-SCHAFTLER!
WARUM BAUST DU-- UPPS! WAS IST DAS?

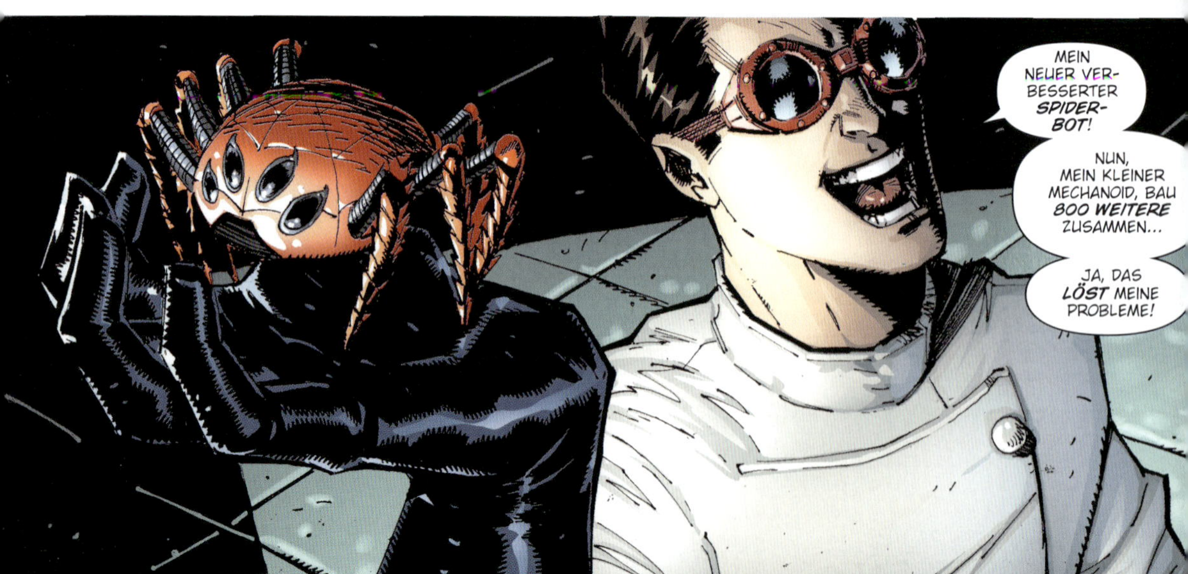
MEIN NEUER VER-BESSERTER SPIDER-BOT!
NUN, MEIN KLEINER MECHANOID, BAU 800 WEITERE ZUSAMMEN...
JA, DAS LÖST MEINE PROBLEME!

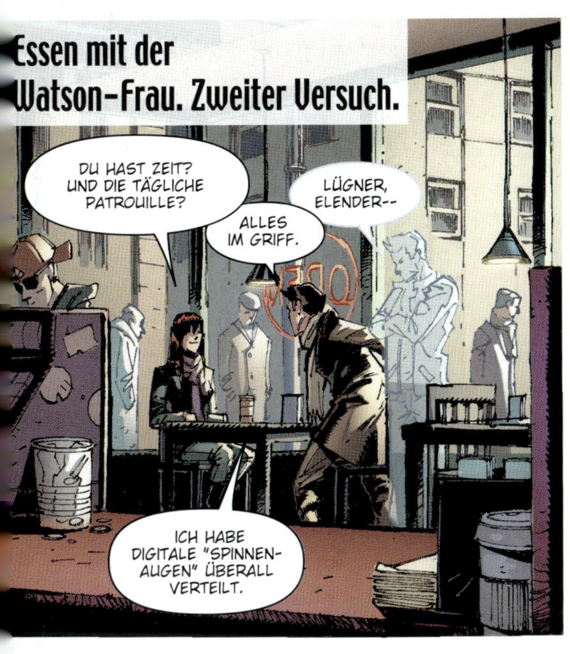
Essen mit der Watson-Frau. Zweiter Versuch.
DU HAST ZEIT? UND DIE TÄGLICHE PATROUILLE?
ALLES IM GRIFF.
LÜGNER, ELENDER--
ICH HABE DIGITALE "SPINNEN-AUGEN" ÜBERALL VERTEILT.

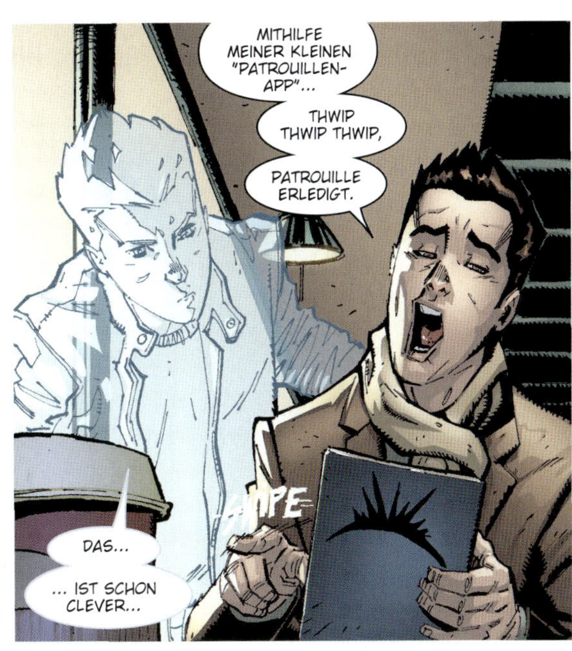
MITHILFE MEINER KLEINEN "PATROUILLEN-APP"...
THWIP THWIP THWIP,
PATROUILLE ERLEDIGT.
DAS...
... IST SCHON CLEVER...

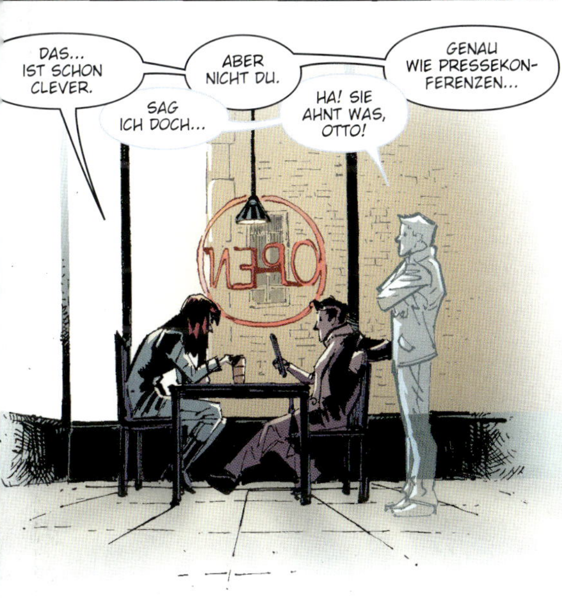
DAS... IST SCHON CLEVER.
ABER NICHT DU.
GENAU WIE PRESSEKON-FERENZEN...
SAG ICH DOCH...
HA! SIE AHNT WAS, OTTO!

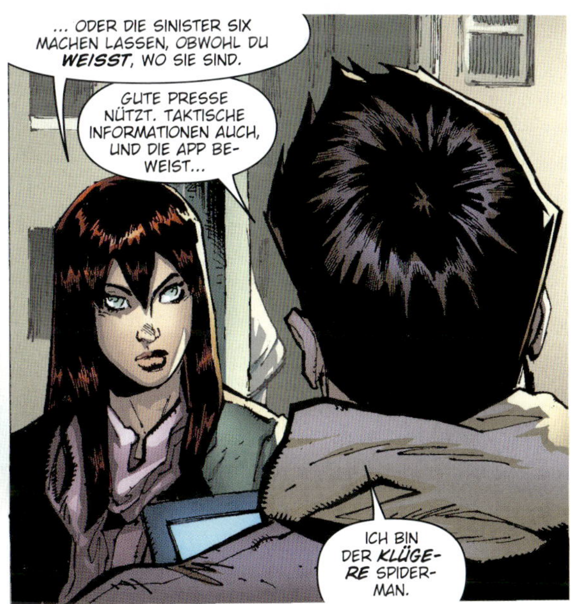
... ODER DIE SINISTER SIX MACHEN LASSEN, OBWOHL DU WEISST, WO SIE SIND.
GUTE PRESSE NÜTZT. TAKTISCHE INFORMATIONEN AUCH, UND DIE APP BE-WEIST...
ICH BIN DER KLÜGE-RE SPIDER-MAN.

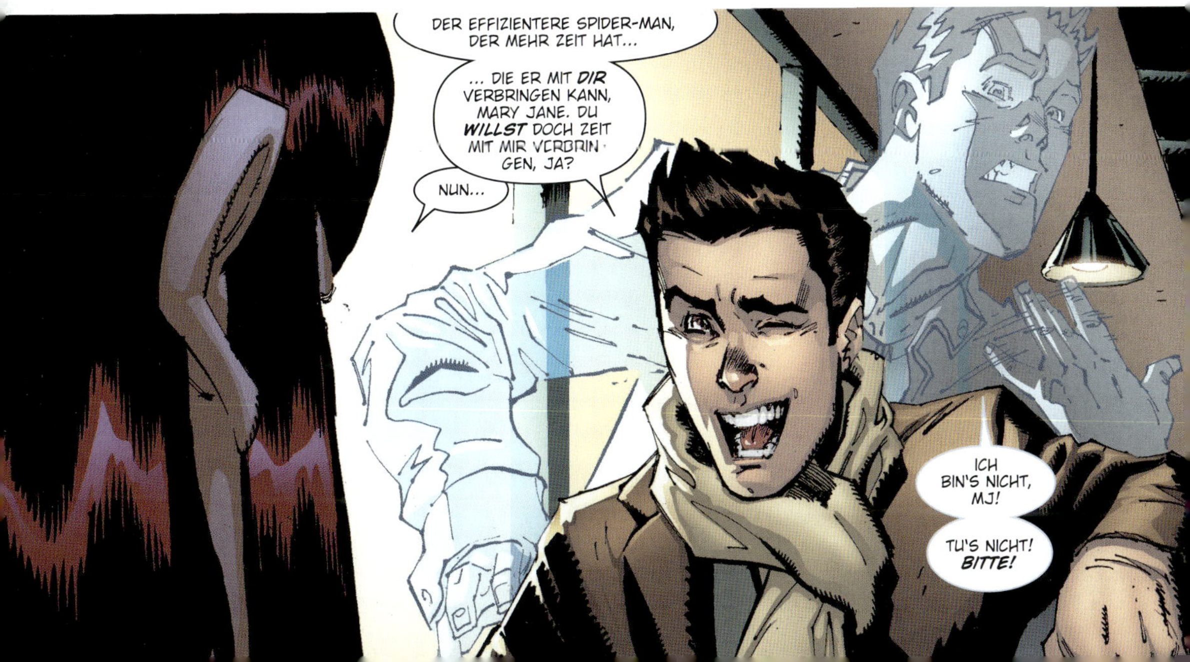
DER EFFIZIENTERE SPIDER-MAN, DER MEHR ZEIT HAT...
... DIE ER MIT DIR VERBRINGEN KANN, MARY JANE. DU WILLST DOCH ZEIT MIT MIR VERBRIN-GEN, JA?
NUN...
ICH BIN'S NICHT, MJ!
TU'S NICHT! BITTE!

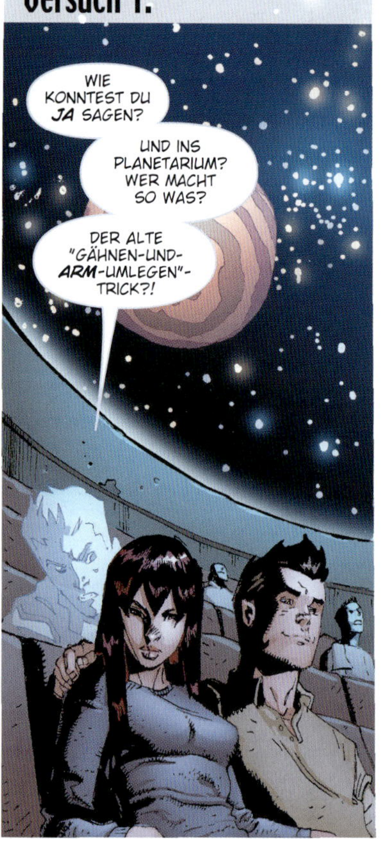
Watson-Rendezvous-Versuch 1.
WIE KONNTEST DU JA SAGEN?
UND INS PLANETARIUM? WER MACHT SO WAS?
DER ALTE "GÄHNEN-UND-ARM-UMLEGEN"-TRICK?!

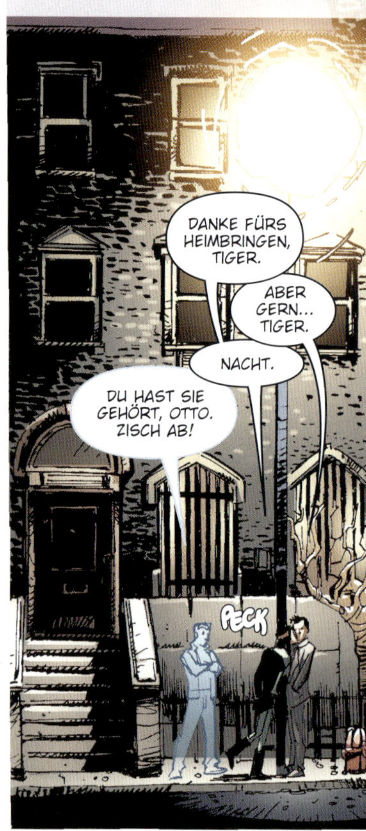
Ergebnis: Uneindeutig.
DANKE FÜRS HEIMBRINGEN, TIGER.
ABER GERN... TIGER.
NACHT.
DU HAST SIE GEHÖRT, OTTO. ZISCH AB!
PECK

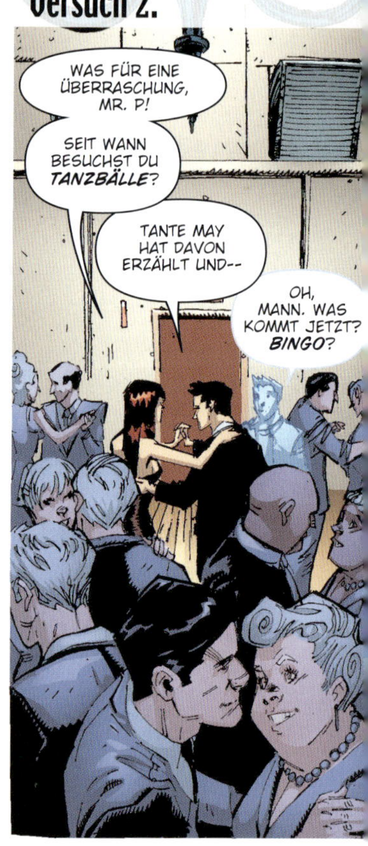
Watson-Rendezvous-Versuch 2.
WAS FÜR EINE ÜBERRASCHUNG, MR. P!
SEIT WANN BESUCHST DU TANZBÄLLE?
TANTE MAY HAT DAVON ERZÄHLT UND--
OH, MANN. WAS KOMMT JETZT? BINGO?

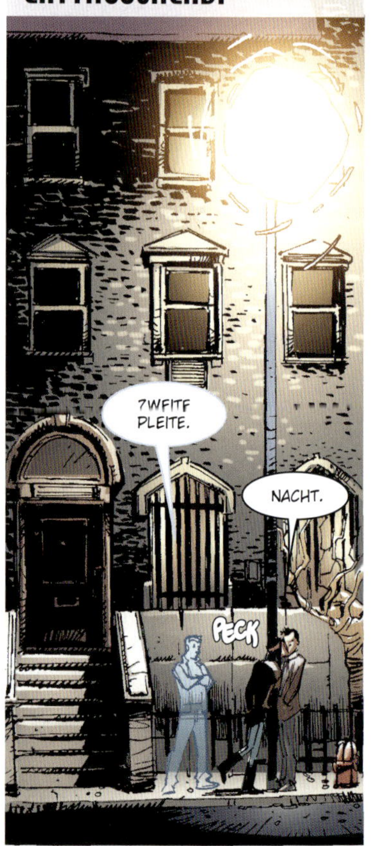
Ergebnis: ENTTÄUSCHEND.
ZWEITE PLEITE.
NACHT.
PECK

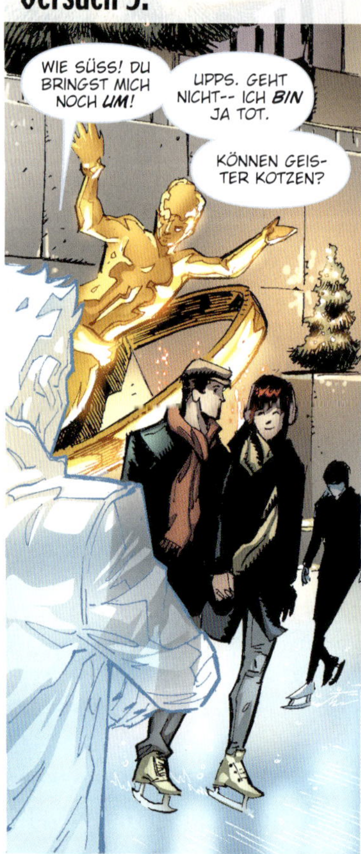
Watson-Rendezvous-Versuch 3.
WIE SÜSS! DU BRINGST MICH NOCH UM!
UPPS. GEHT NICHT-- ICH BIN JA TOT.
KÖNNEN GEISTER KOTZEN?

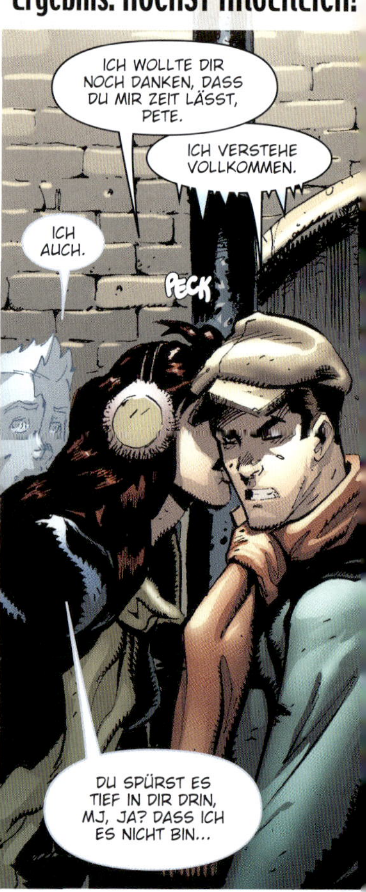
Ergebnis: HÖCHST ÄRGERLICH!
ICH WOLLTE DIR NOCH DANKEN, DASS DU MIR ZEIT LÄSST, PETE.
ICH VERSTEHE VOLLKOMMEN.
ICH AUCH.
PECK
DU SPÜRST ES TIEF IN DIR DRIN, MJ, JA? DASS ICH ES NICHT BIN...

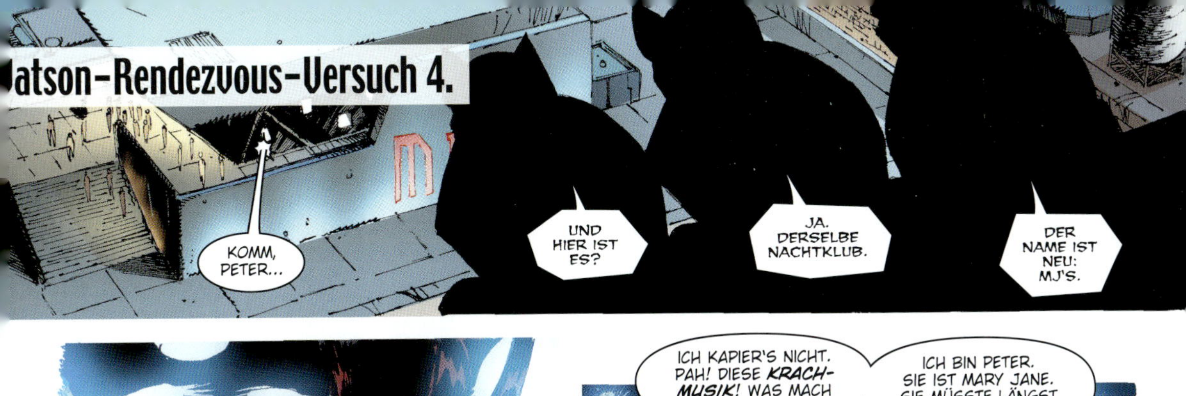
atson-Rendezvous-Versuch 4.
KOMM, PETER...
UND HIER IST ES?
JA. DERSELBE NACHTKLUB.
DER NAME IST NEU: MJ'S.

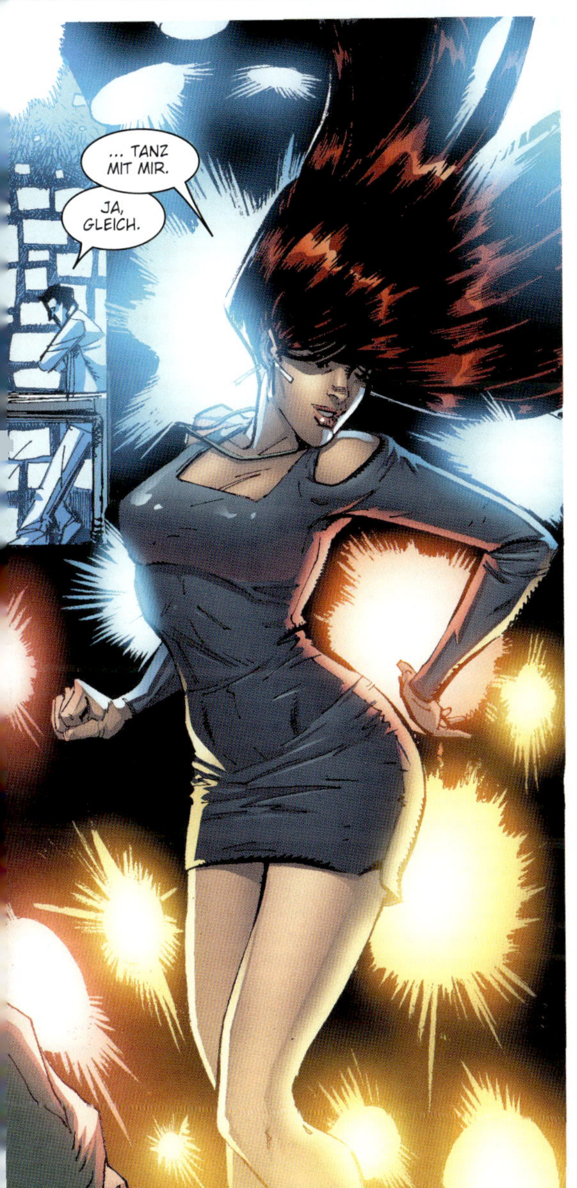
... TANZ MIT MIR.
JA, GLEICH.

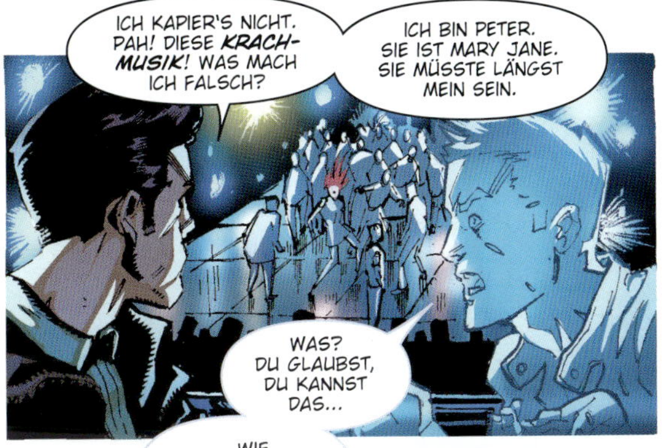
ICH KAPIER'S NICHT. PAH! DIESE KRACH-MUSIK! WAS MACH ICH FALSCH?
ICH BIN PETER. SIE IST MARY JANE. SIE MÜSSTE LÄNGST MEIN SEIN.
WAS? DU GLAUBST, DU KANNST DAS...

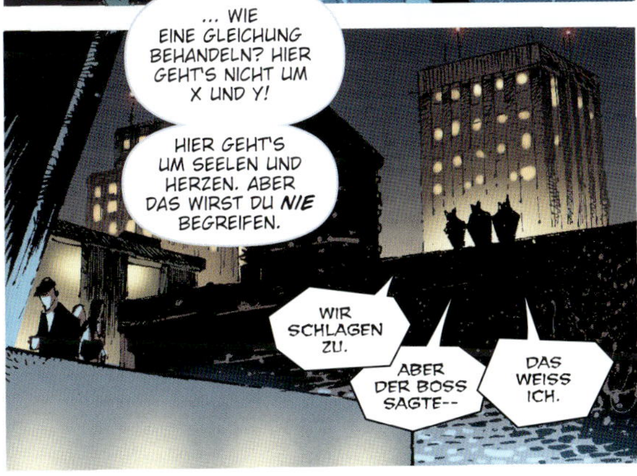
... WIE EINE GLEICHUNG BEHANDELN? HIER GEHT'S NICHT UM X UND Y!
HIER GEHT'S UM SEELEN UND HERZEN. ABER DAS WIRST DU NIE BEGREIFEN.
WIR SCHLAGEN ZU.
ABER DER BOSS SAGTE--
DAS WEISS ICH.

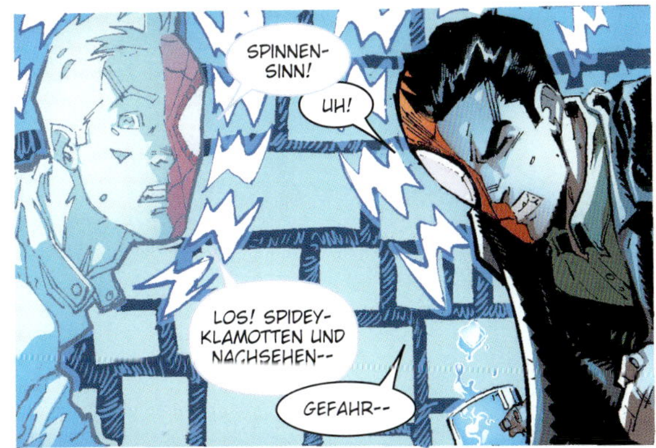
SPINNEN-SINN!
UH!
LOS! SPIDEY-KLAMOTTEN UND NACHSEHEN--
GEFAHR--

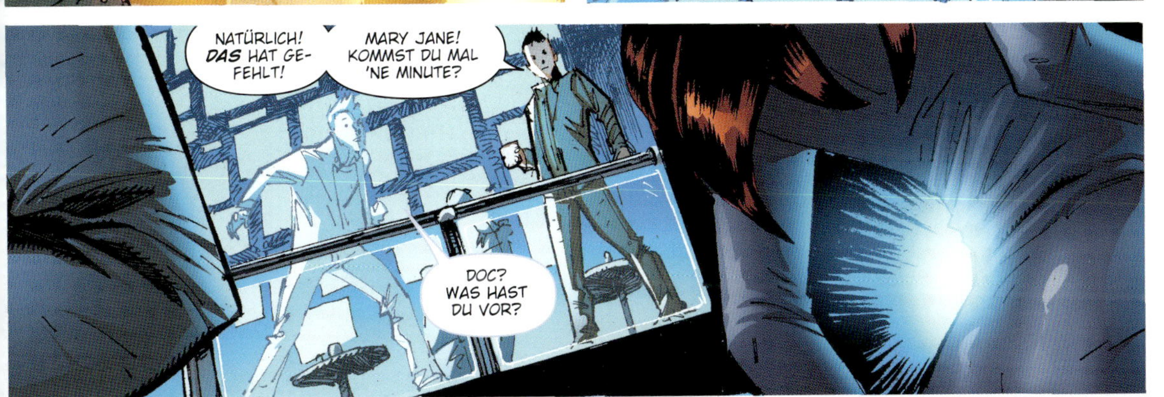
NATÜRLICH! DAS HAT GE-FEHLT!
MARY JANE! KOMMST DU MAL 'NE MINUTE?
DOC? WAS HAST DU VOR?

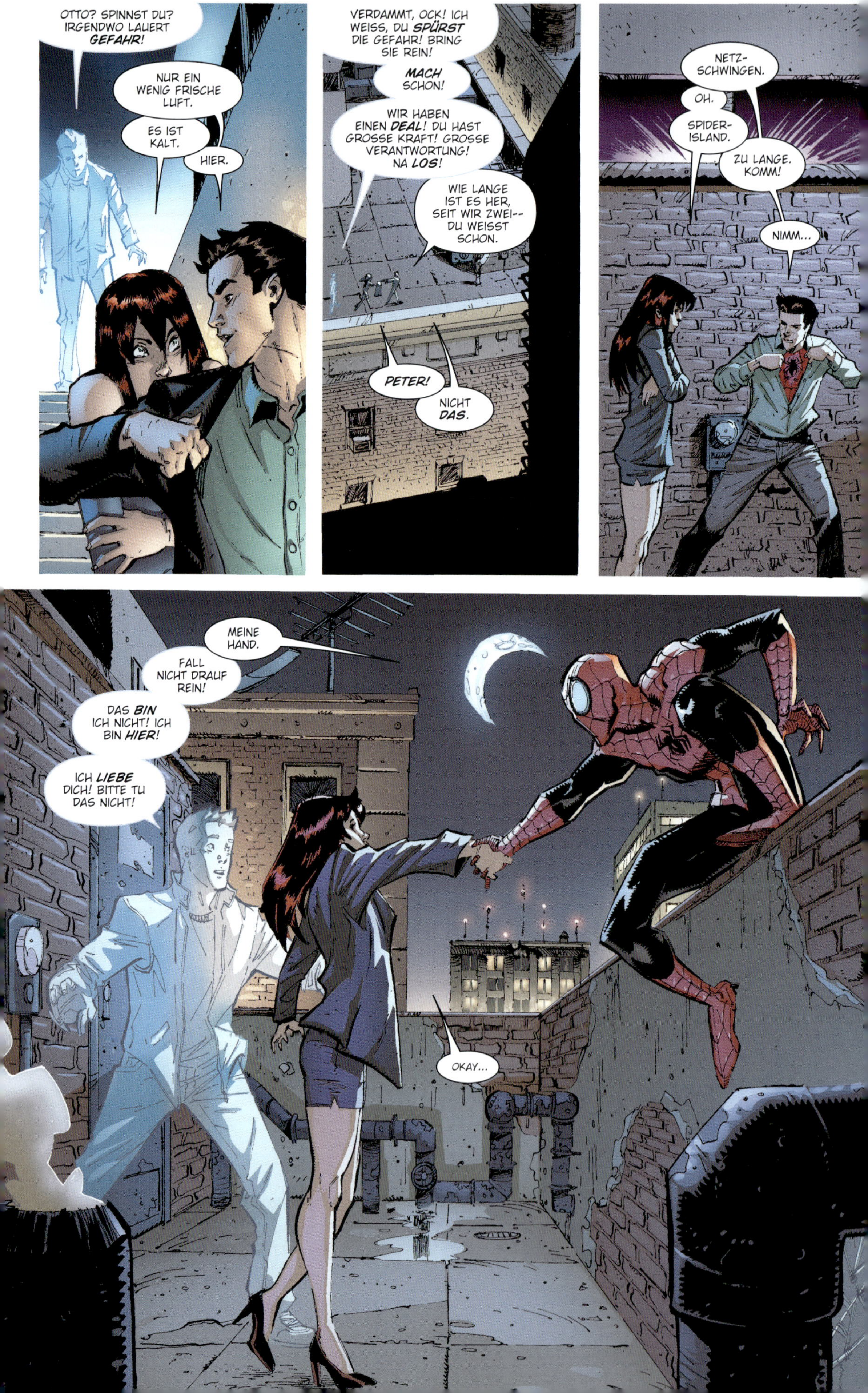

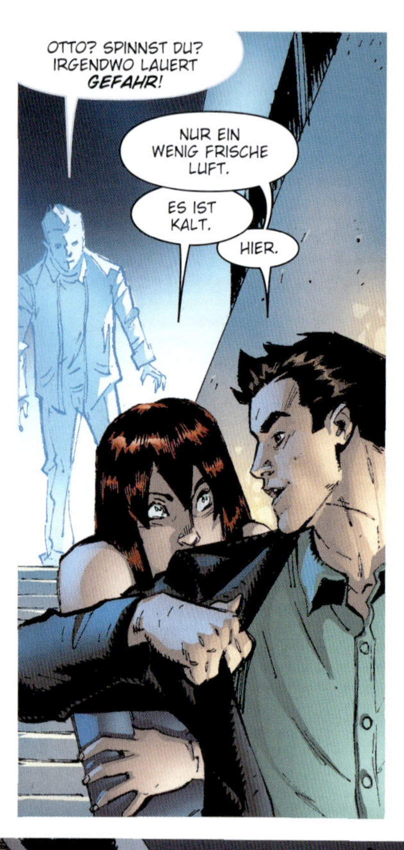
OTTO? SPINNST DU? IRGENDWO LAUERT **GEFAHR!**
NUR EIN WENIG FRISCHE LUFT.
ES IST KALT.
HIER.

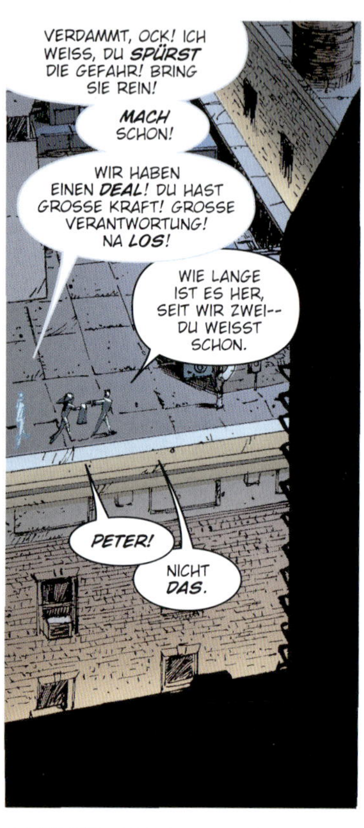
VERDAMMT, OCK! ICH WEISS, DU **SPÜRST** DIE GEFAHR! BRING SIE REIN!
MACH SCHON!
WIR HABEN EINEN **DEAL!** DU HAST GROSSE KRAFT! GROSSE VERANTWORTUNG! NA **LOS!**
WIE LANGE IST ES HER, SEIT WIR ZWEI-- DU WEISST SCHON.
PETER!
NICHT **DAS.**

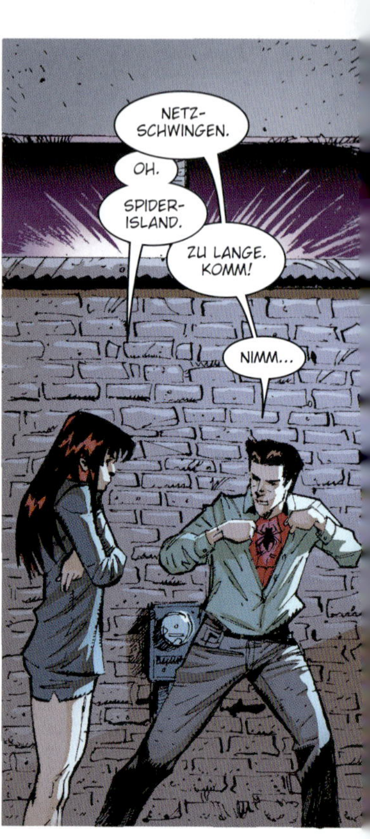
NETZ-SCHWINGEN.
OH.
SPIDER-ISLAND.
ZU LANGE. KOMM!
NIMM...

MEINE HAND.
FALL NICHT DRAUF REIN!
DAS **BIN** ICH NICHT! ICH BIN **HIER!**
ICH **LIEBE** DICH! BITTE TU DAS NICHT!
OKAY...

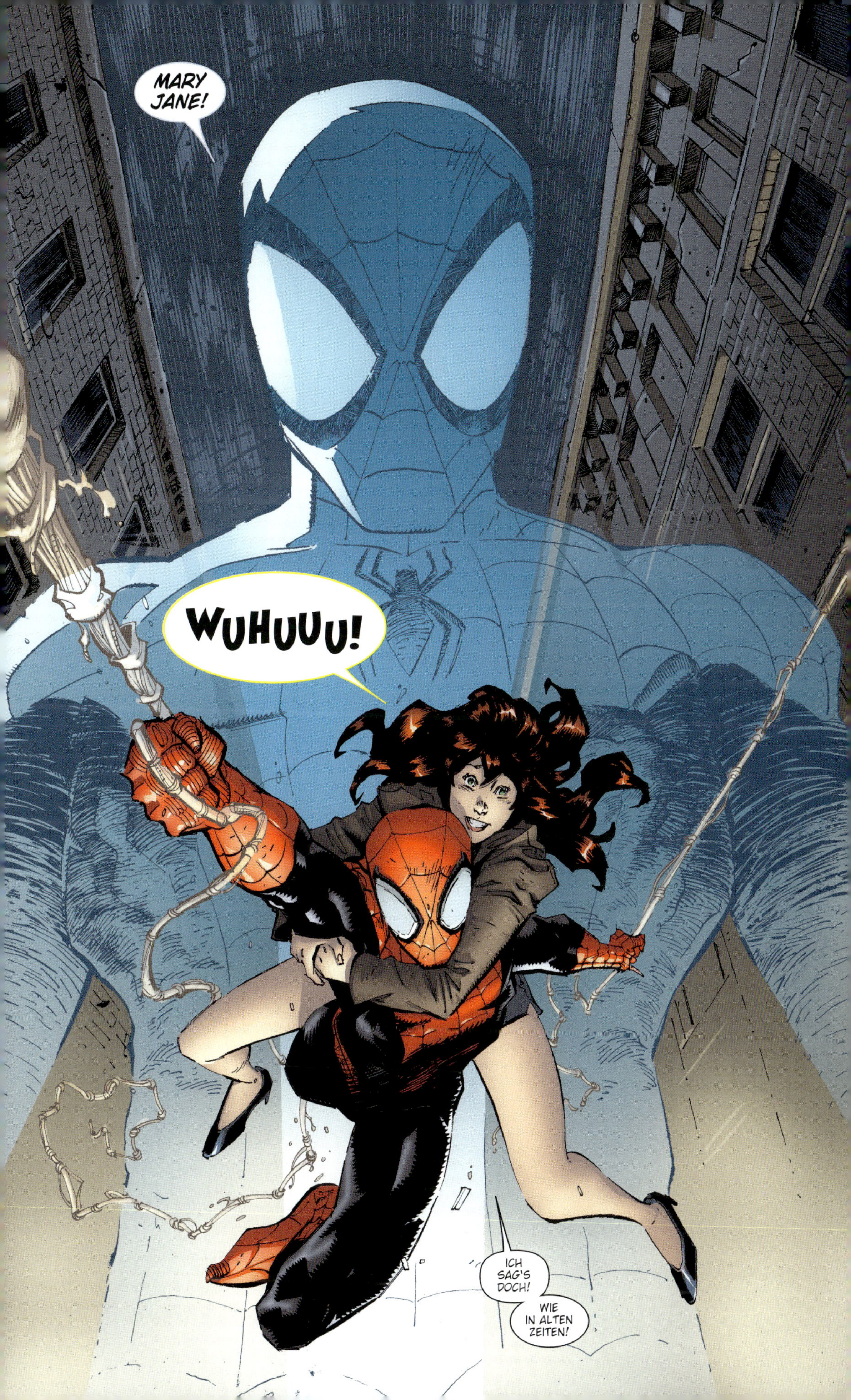
MARY JANE!
WUHUUU!
ICH SAG'S DOCH!
WIE IN ALTEN ZEITEN!

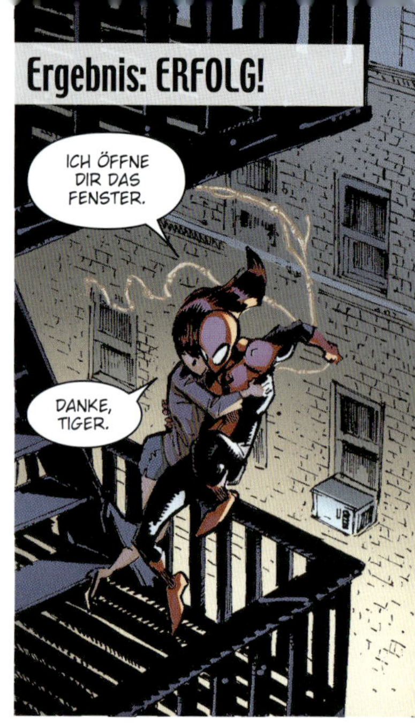
Ergebnis: ERFOLG!
ICH ÖFFNE DIR DAS FENSTER.
DANKE, TIGER.

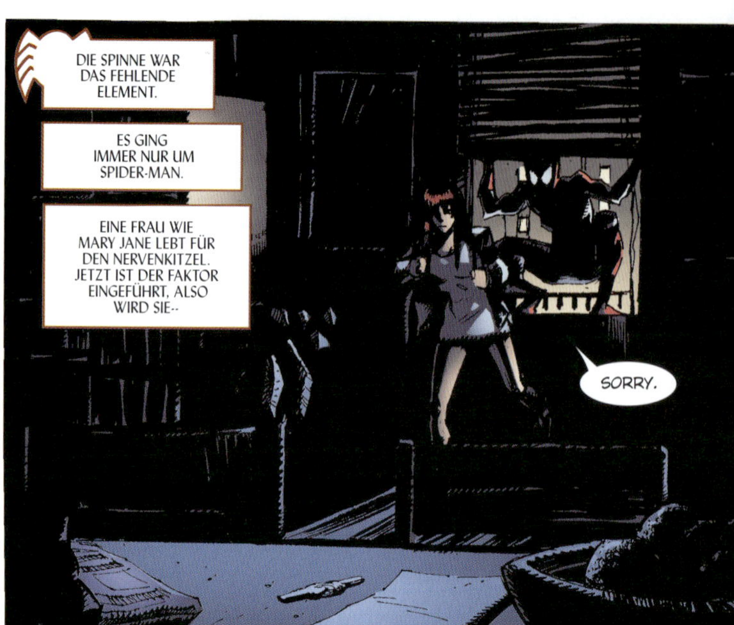
DIE SPINNE WAR DAS FEHLENDE ELEMENT.
ES GING IMMER NUR UM SPIDER-MAN.
EINE FRAU WIE MARY JANE LEBT FÜR DEN NERVENKITZEL. JETZT IST DER FAKTOR EINGEFÜHRT, ALSO WIRD SIE--
SORRY.

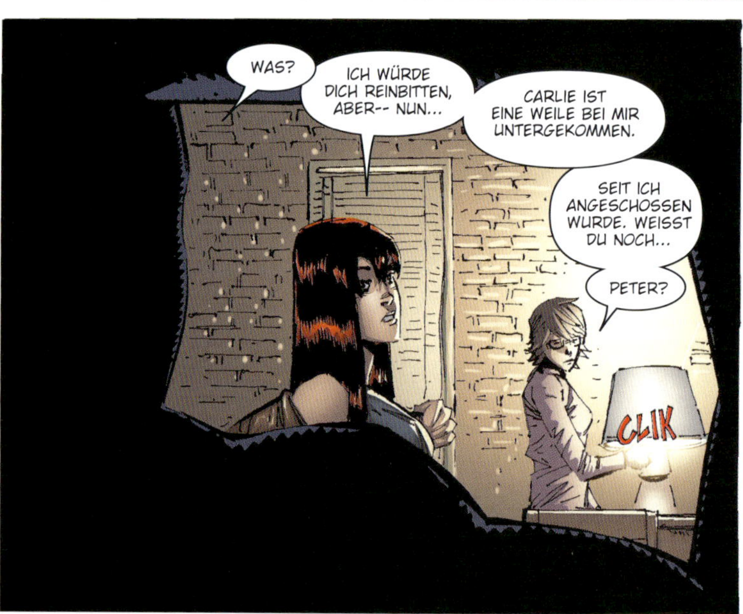
WAS?
ICH WÜRDE DICH REINBITTEN, ABER-- NUN...
CARLIE IST EINE WEILE BEI MIR UNTERGEKOMMEN.
SEIT ICH ANGESCHOSSEN WURDE. WEISST DU NOCH...
PETER?
CLIK

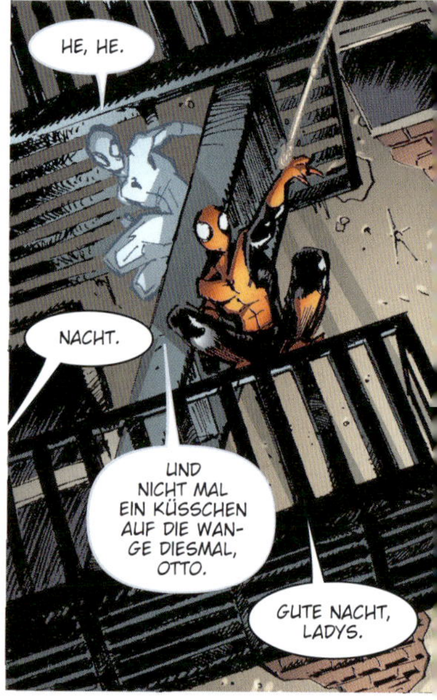
HE, HE.
NACHT.
UND NICHT MAL EIN KÜSSCHEN AUF DIE WANGE DIESMAL, OTTO.
GUTE NACHT, LADYS.

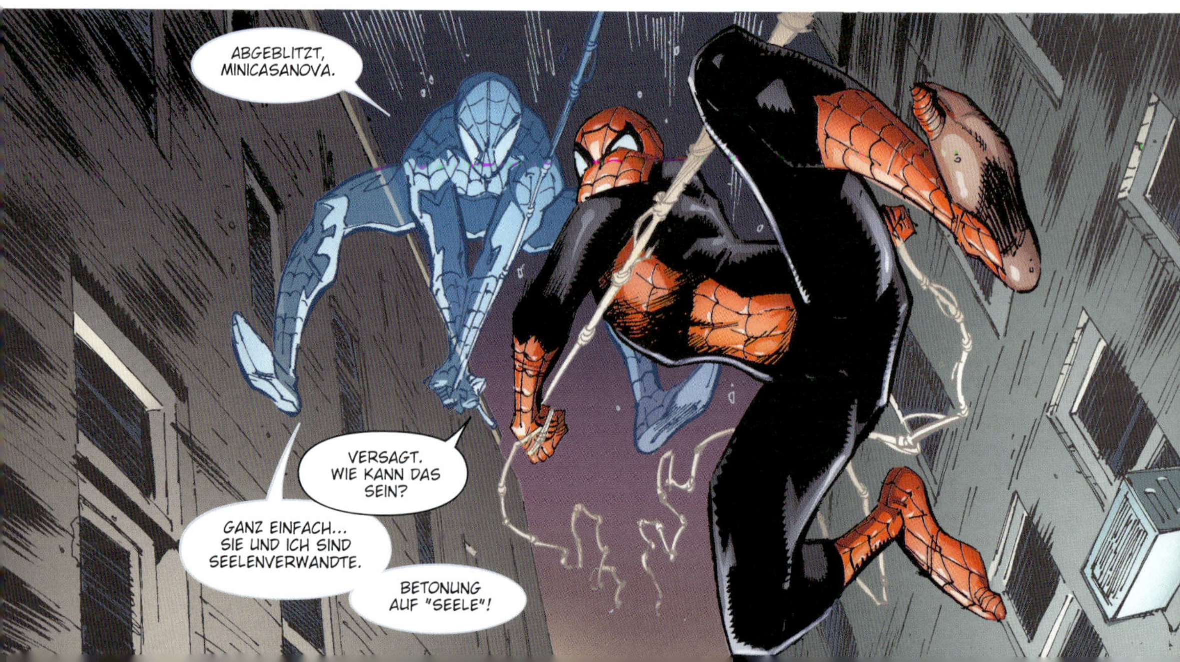
ABGEBLITZT, MINICASANOVA.
VERSAGT. WIE KANN DAS SEIN?
GANZ EINFACH... SIE UND ICH SIND SEELENVERWANDTE.
BETONUNG AUF "SEELE"!

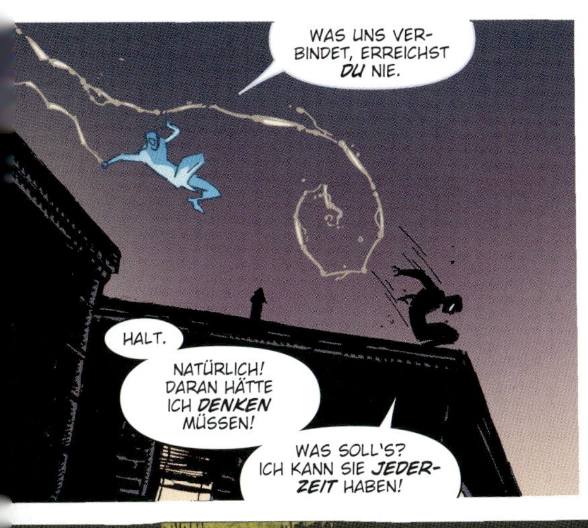

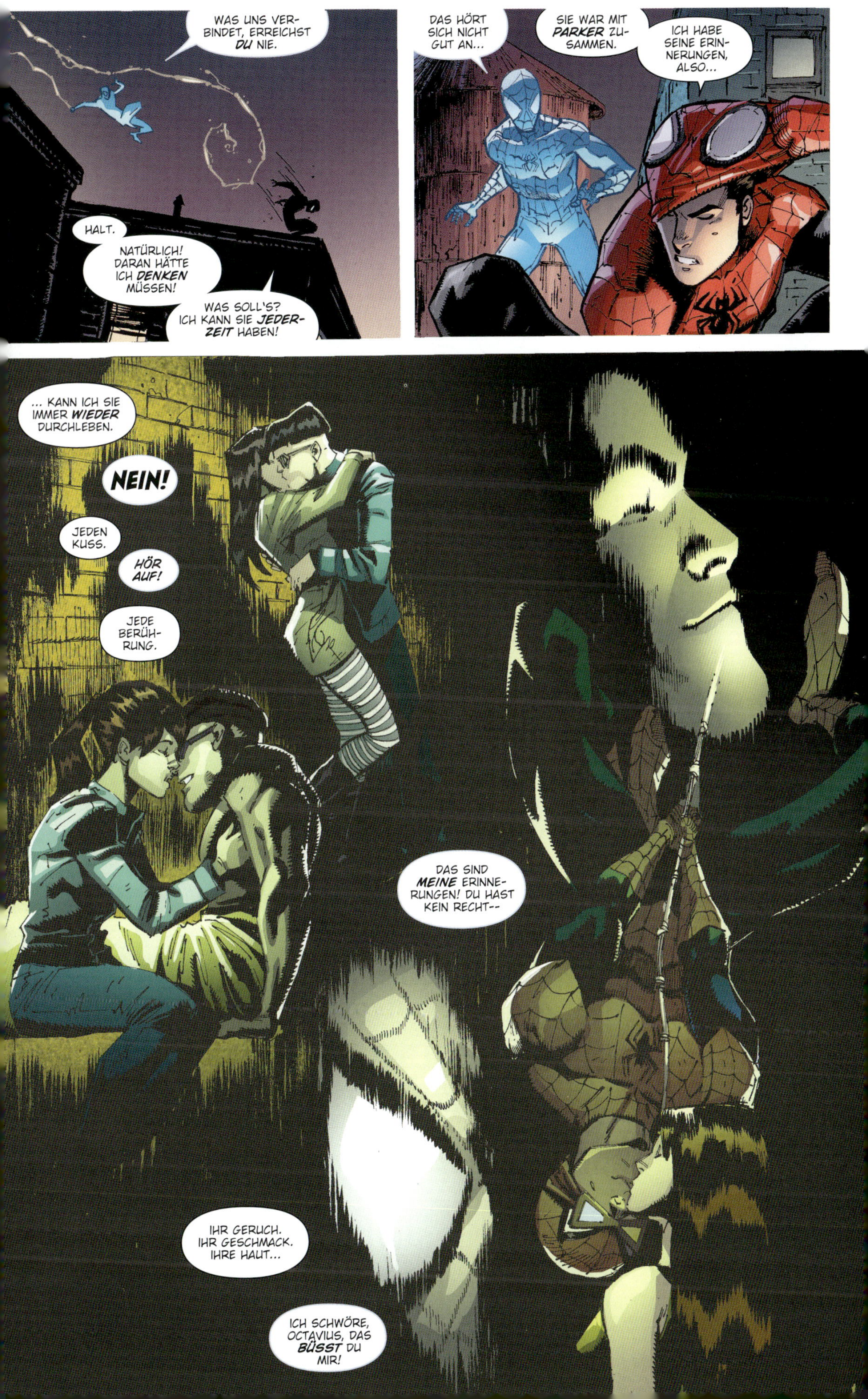

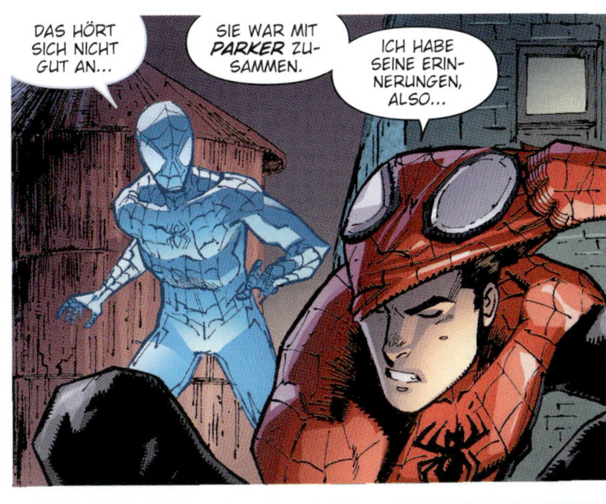

... KANN ICH SIE IMMER **WIEDER** DURCHLEBEN.

NEIN!

JEDEN KUSS.

HÖR AUF!

JEDE BERÜHRUNG.

DAS SIND **MEINE** ERINNERUNGEN! DU HAST KEIN RECHT--

IHR GERUCH. IHR GESCHMACK. IHRE HAUT...

ICH SCHWÖRE, OCTAVIUS, DAS **BÜSST** DU MIR!

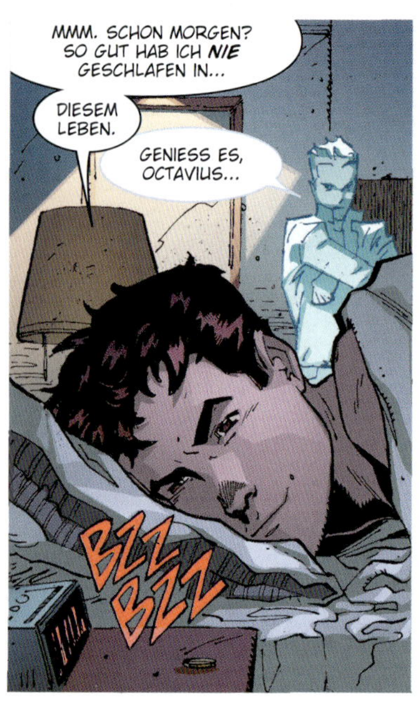
MMM. SCHON MORGEN? SO GUT HAB ICH *NIE* GESCHLAFEN IN...
DIESEM LEBEN.
GENIESS ES, OCTAVIUS...
BZZ BZZ

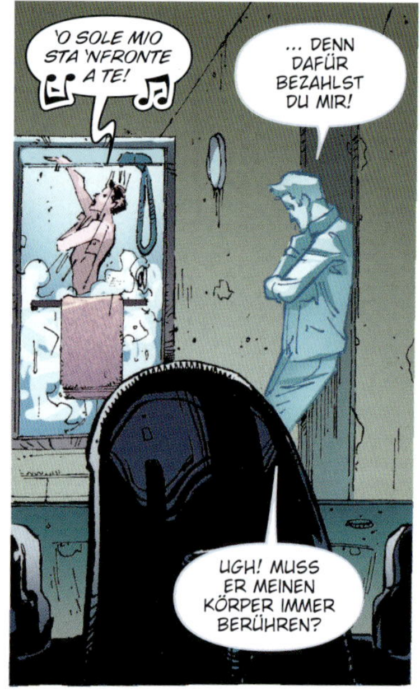
'O SOLE MIO STA 'NFRONTE A TE!
... DENN DAFÜR BEZAHLST DU MIR!
UGH! MUSS ER MEINEN KÖRPER IMMER BERÜHREN?

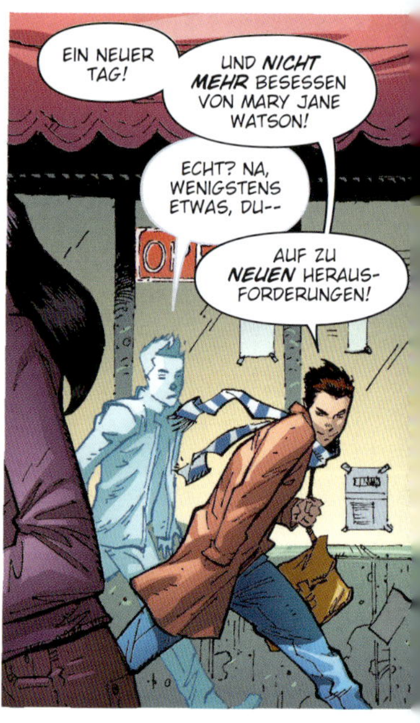
EIN NEUER TAG!
UND *NICHT MEHR* BESESSEN VON MARY JANE WATSON!
ECHT? NA, WENIGSTENS ETWAS, DU--
AUF ZU *NEUEN* HERAUS-FORDERUNGEN!

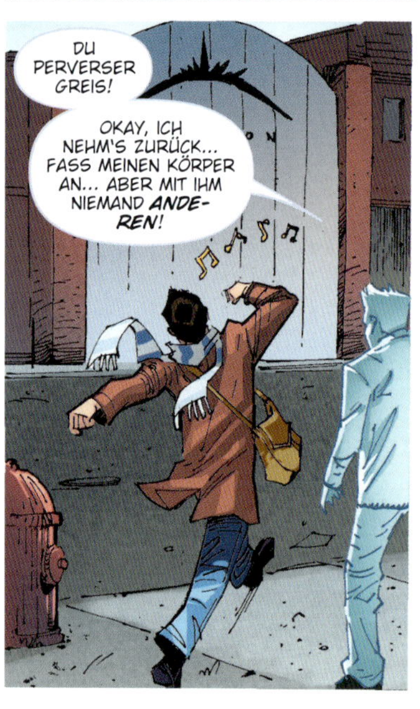
DU PERVERSER GREIS!
OKAY, ICH NEHM'S ZURÜCK... FASS MEINEN KÖRPER AN... ABER MIT IHM NIEMAND *ANDE-REN*!

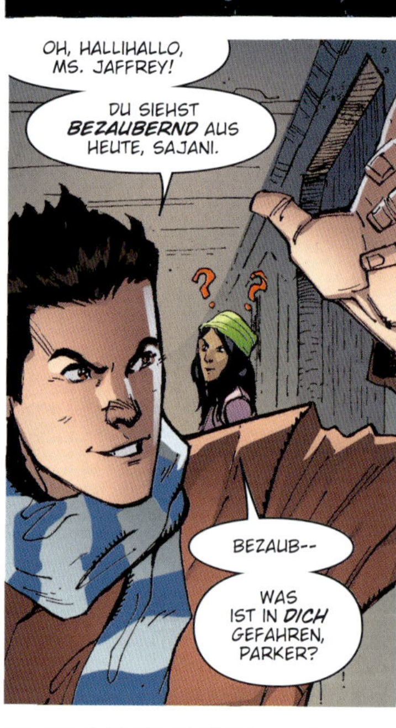
OH, HALLIHALLO, MS. JAFFREY!
DU SIEHST *BEZAUBERND* AUS HEUTE, SAJANI.
BEZAUB--
WAS IST IN *DICH* GEFAHREN, PARKER?

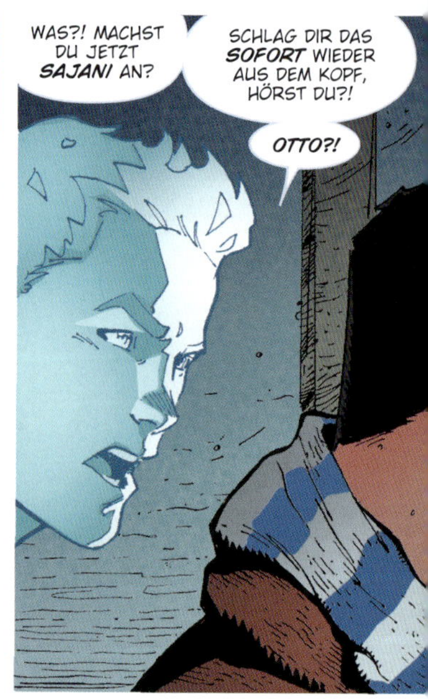
WAS?! MACHST DU JETZT *SAJANI* AN?
SCHLAG DIR DAS *SOFORT* WIEDER AUS DEM KOPF, HÖRST DU?!
OTTO?!

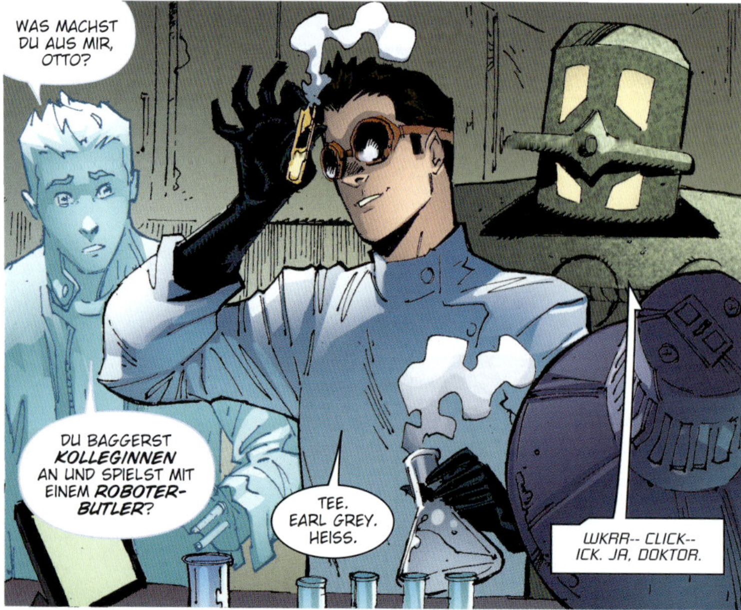
WAS MACHST DU AUS MIR, OTTO?
DU BAGGERST *KOLLEGINNEN* AN UND SPIELST MIT EINEM *ROBOTER-BUTLER*?
TEE. EARL GREY. HEISS.
WKRR-- CLICK-- ICK. JA, DOKTOR.

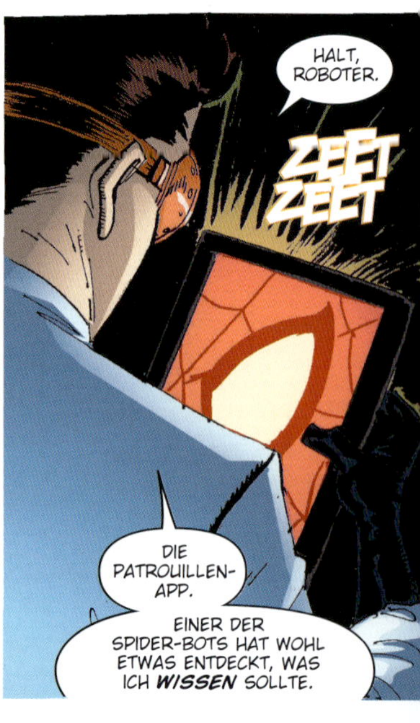
HALT, ROBOTER.
ZEET ZEET
DIE PATROUILLEN-APP.
EINER DER SPIDER-BOTS HAT WOHL ETWAS ENTDECKT, WAS ICH *WISSEN* SOLLTE.

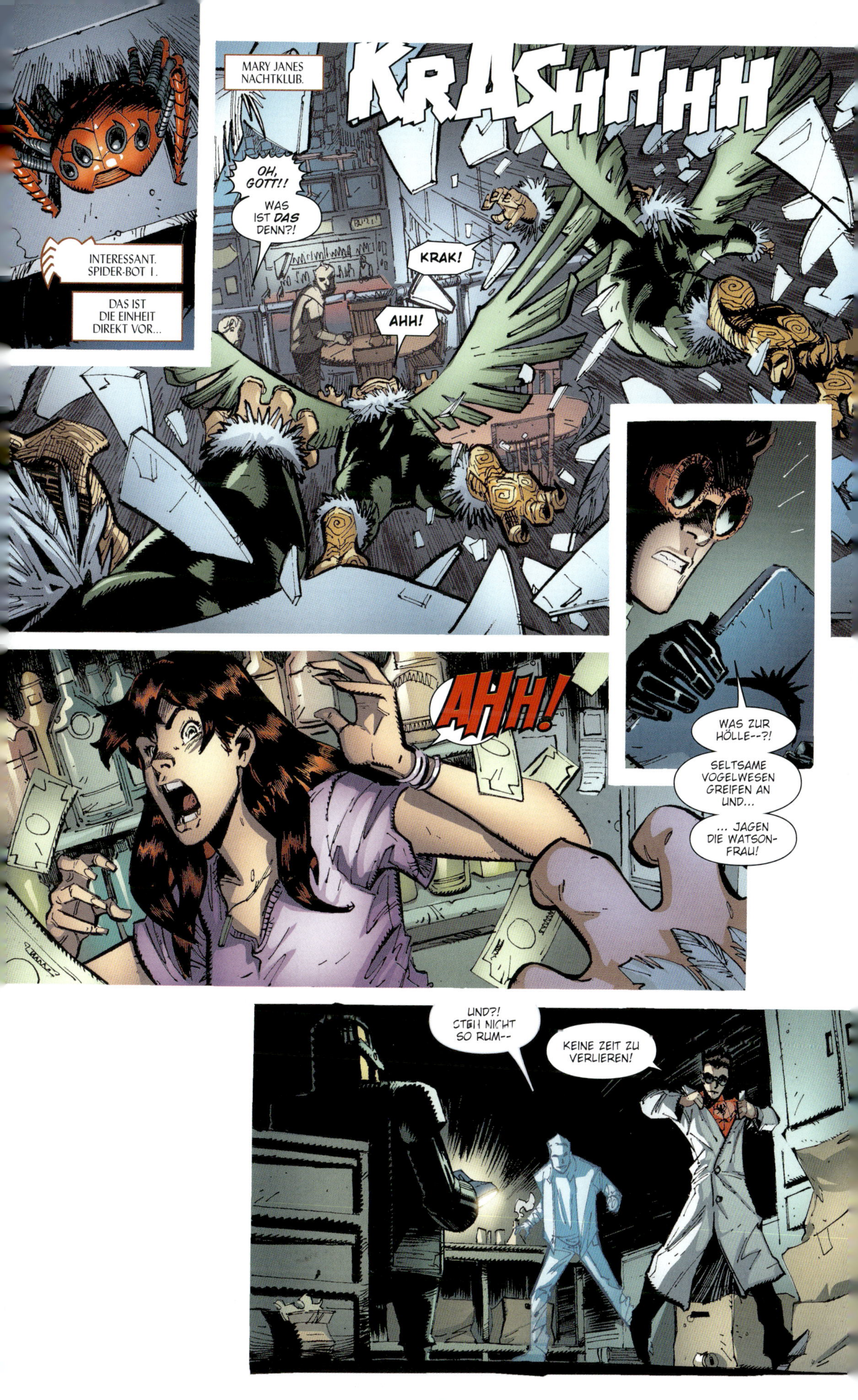

INTERESSANT. SPIDER-BOT 1.

DAS IST DIE EINHEIT DIREKT VOR...

MARY JANES NACHTKLUB.

KRASHHHH

OH, GOTT!!

WAS IST **DAS** DENN?!

KRAK!

AHH!

AHH!

WAS ZUR HÖLLE--?!

SELTSAME VOGELWESEN GREIFEN AN UND...

... JAGEN DIE WATSON-FRAU!

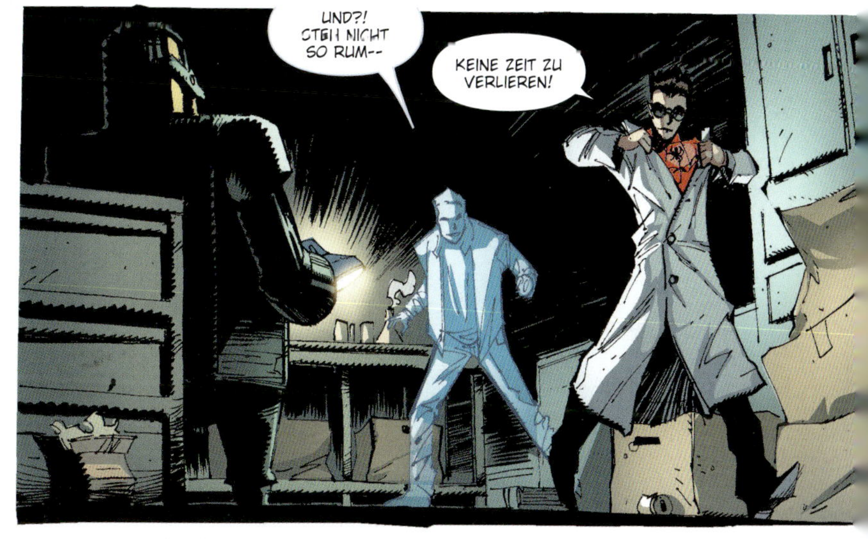

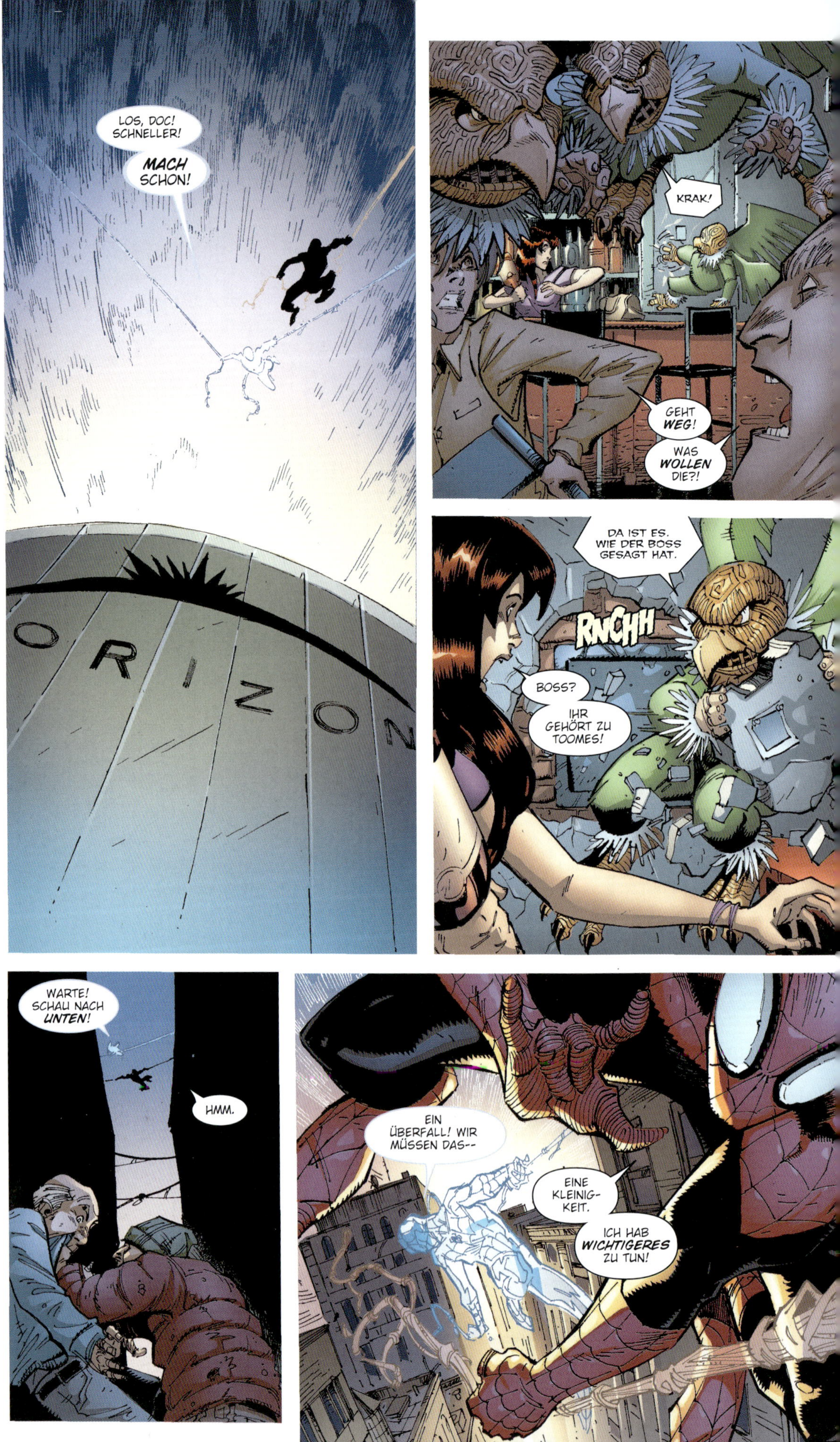

LOS, DOC! SCHNELLER!
MACH SCHON!
ORIZON

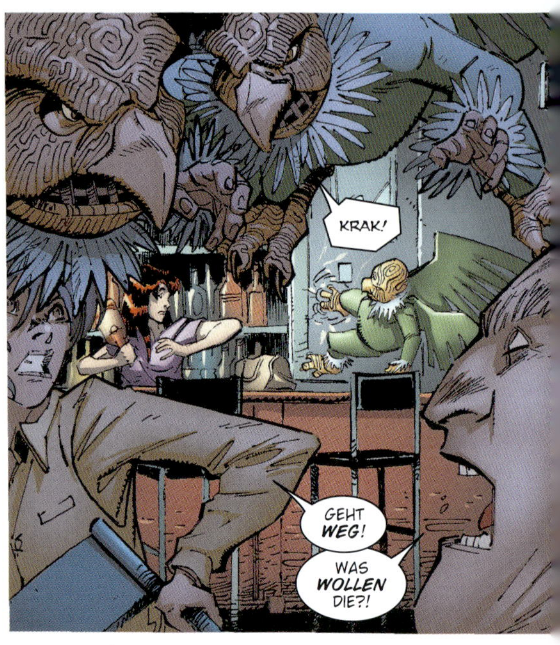

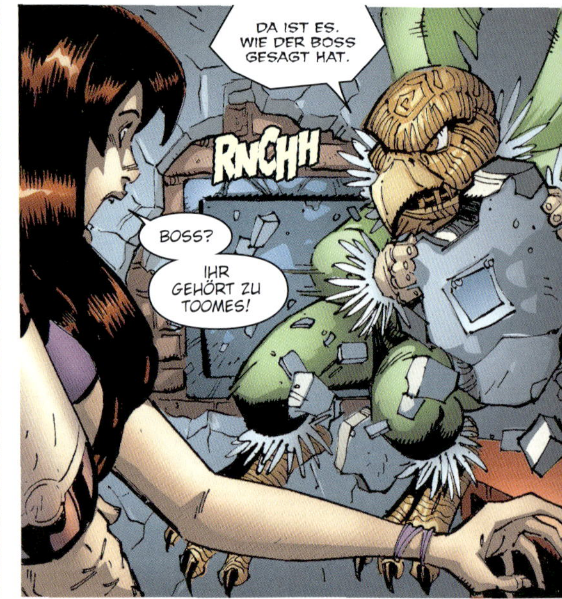

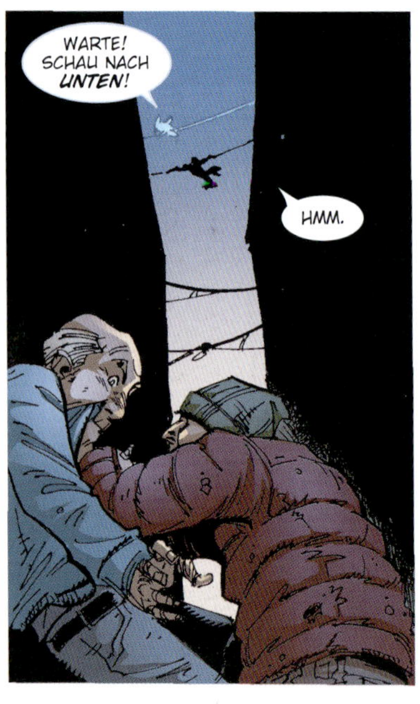

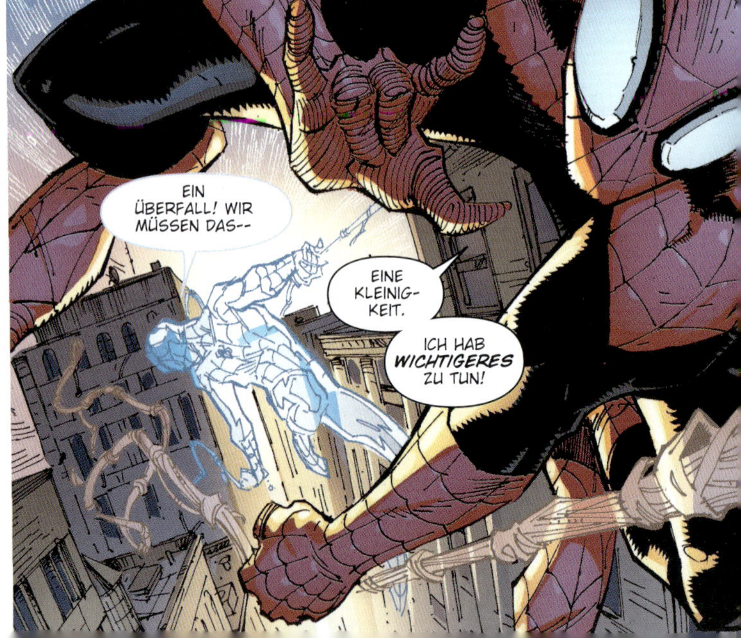

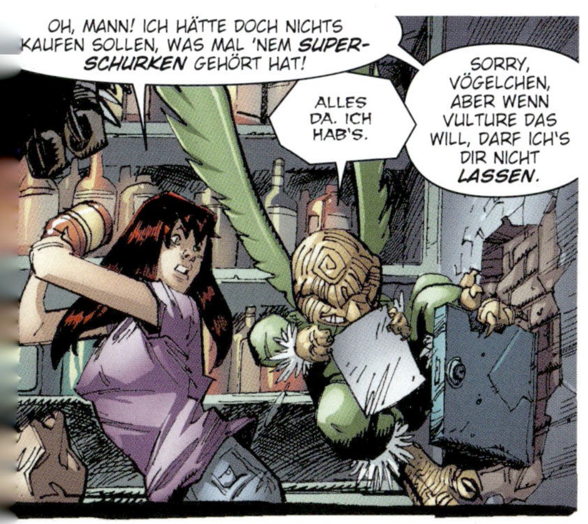
OH, MANN! ICH HÄTTE DOCH NICHTS KAUFEN SOLLEN, WAS MAL 'NEM **SUPERSCHURKEN** GEHÖRT HAT!
ALLES DA. ICH HAB'S.
SORRY, VÖGELCHEN, ABER WENN VULTURE DAS WILL, DARF ICH'S DIR NICHT **LASSEN**.

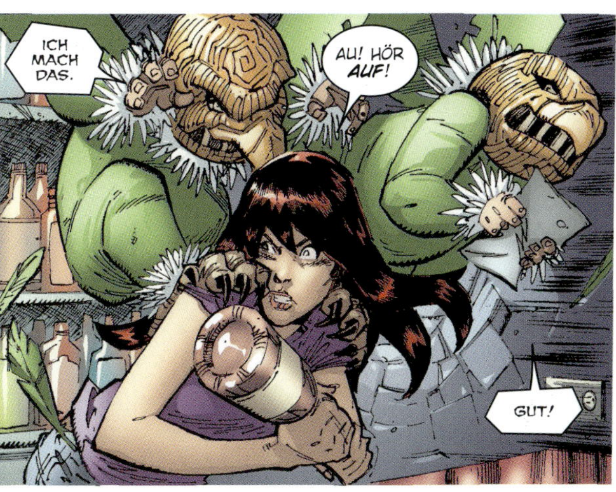
ICH MACH DAS.
AU! HÖR **AUF**!
GUT!

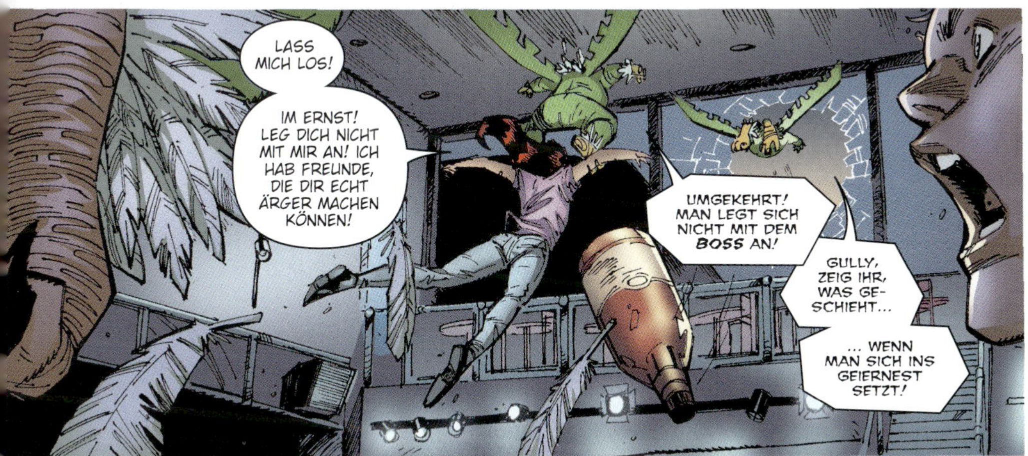
LASS MICH LOS!
IM ERNST! LEG DICH NICHT MIT MIR AN! ICH HAB FREUNDE, DIE DIR ECHT ÄRGER MACHEN KÖNNEN!
UMGEKEHRT! MAN LEGT SICH NICHT MIT DEM **BOSS** AN!
GULLY, ZEIG IHR, WAS GESCHIEHT...
... WENN MAN SICH INS GEIERNEST SETZT!

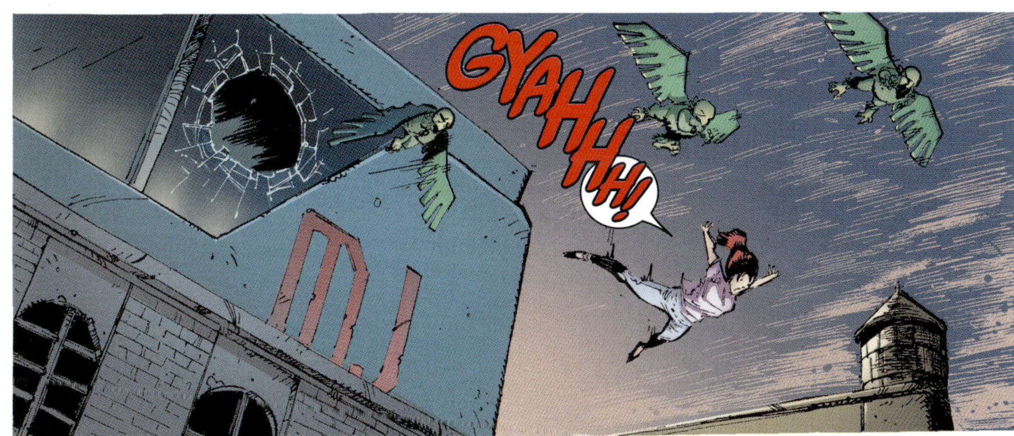
GYAHHH!

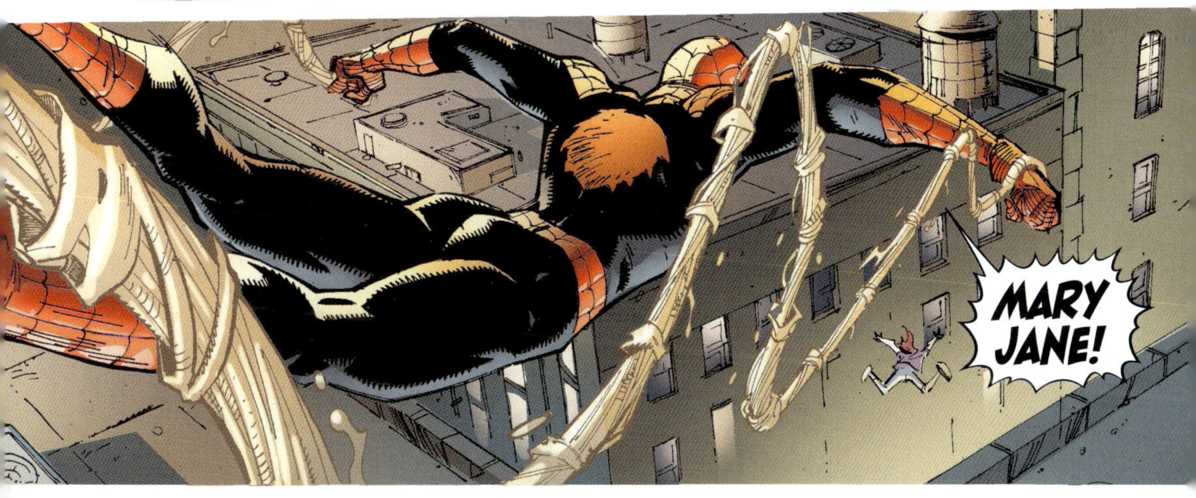
MARY JANE!

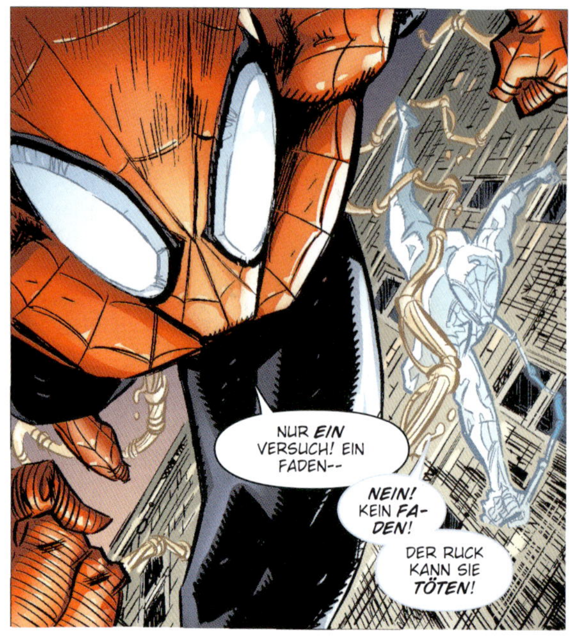
NUR EIN VERSUCH! EIN FADEN--
NEIN! KEIN FA-DEN!
DER RUCK KANN SIE TÖTEN!

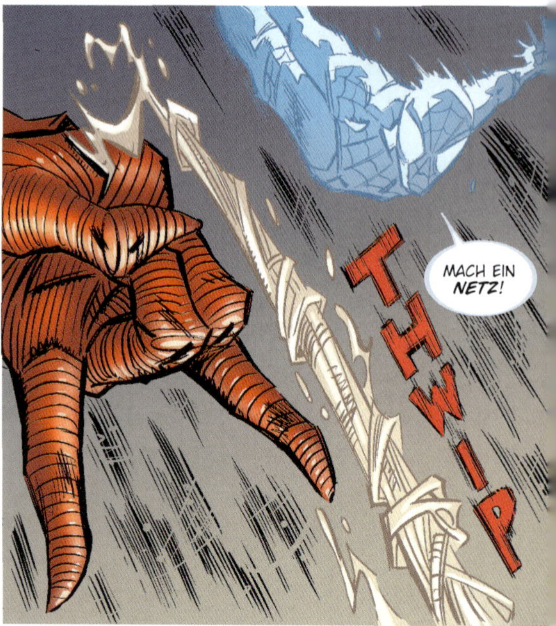
THWIP
MACH EIN NETZ!

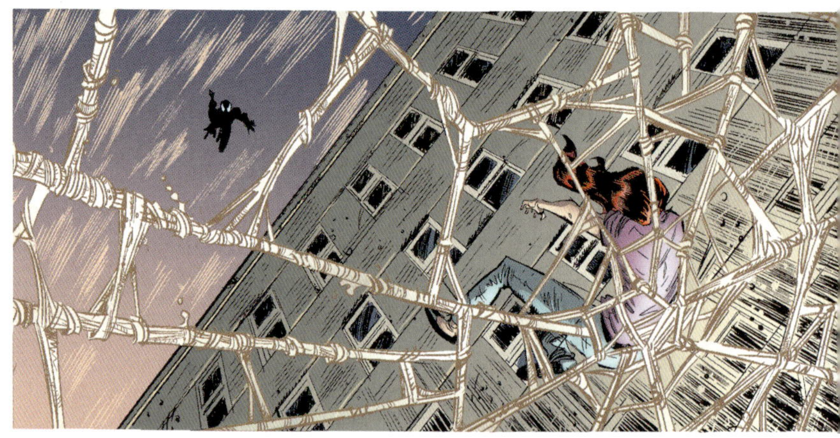

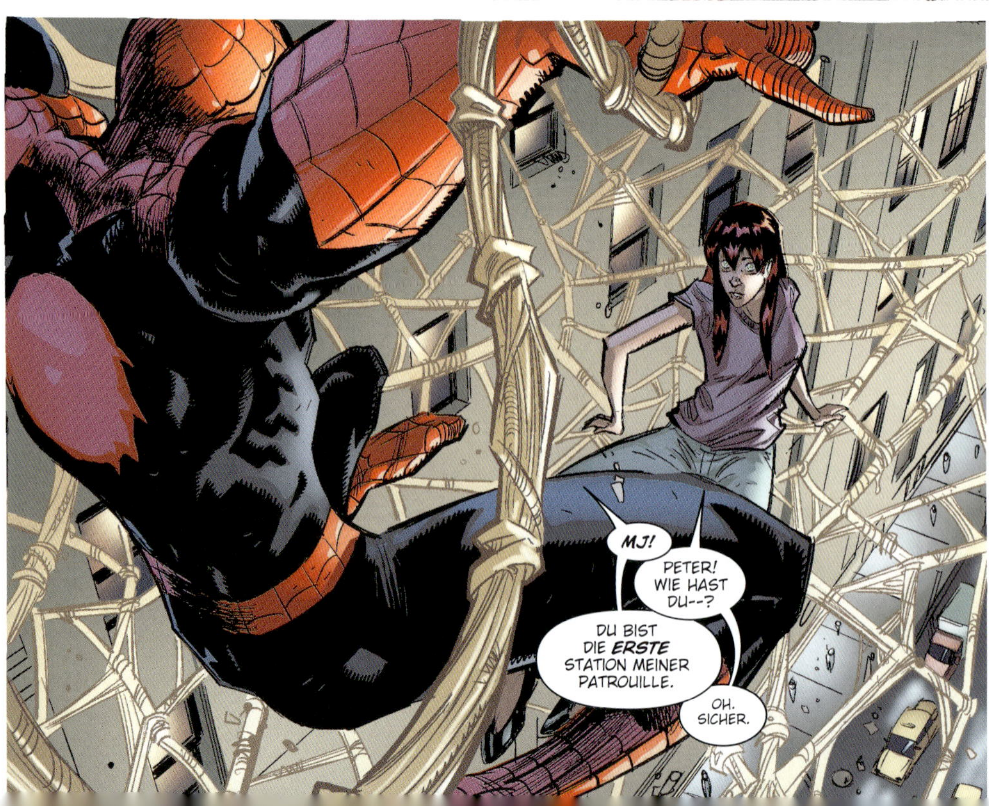
MJ!
PETER! WIE HAST DU--?
DU BIST DIE ERSTE STATION MEINER PATROUILLE.
OH. SICHER.

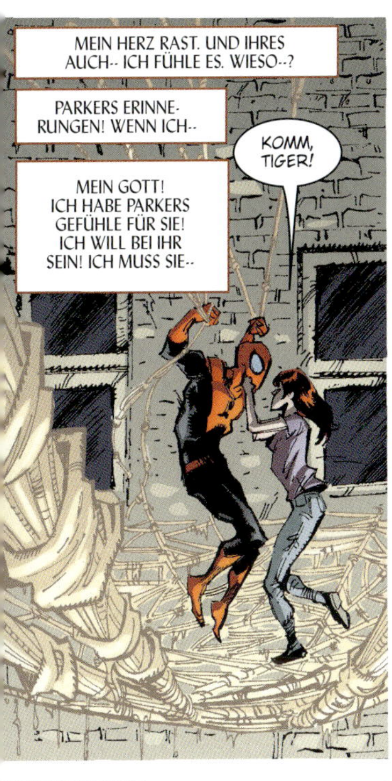
MEIN HERZ RAST. UND IHRES AUCH-- ICH FÜHLE ES. WIESO--?
PARKERS ERINNE-RUNGEN! WENN ICH--
MEIN GOTT! ICH HABE PARKERS GEFÜHLE FÜR SIE! ICH WILL BEI IHR SEIN! ICH MUSS SIE--
KOMM, TIGER!

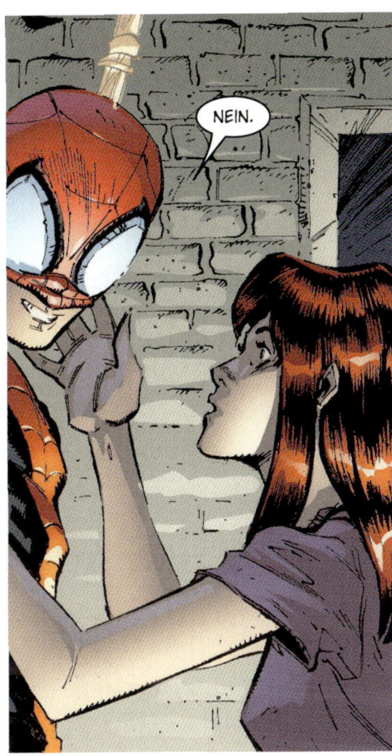
NEIN.

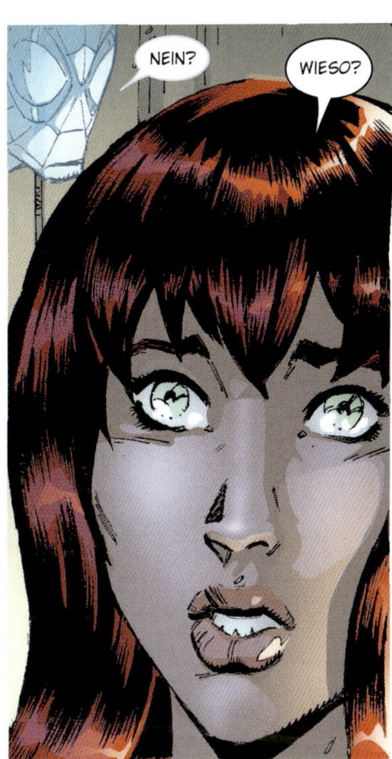
NEIN?
WIESO?

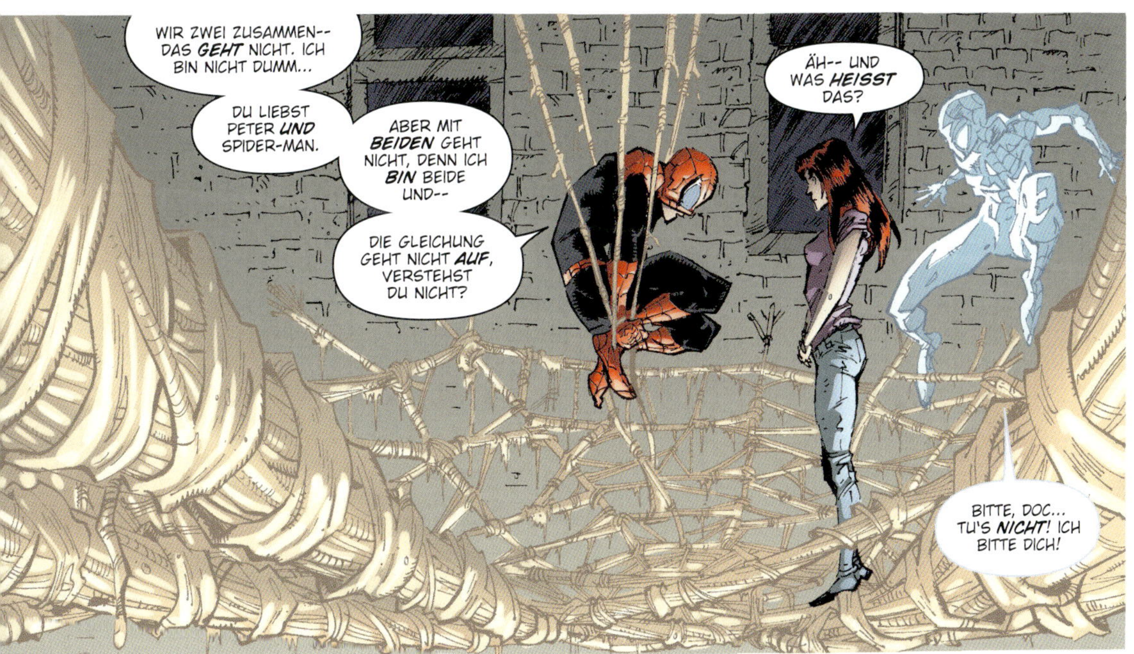
WIR ZWEI ZUSAMMEN-- DAS **GEHT** NICHT. ICH BIN NICHT DUMM...
DU LIEBST PETER **UND** SPIDER-MAN.
ABER MIT **BEIDEN** GEHT NICHT, DENN ICH **BIN** BEIDE UND--
DIE GLEICHUNG GEHT NICHT **AUF**, VERSTEHST DU NICHT?
ÄH-- UND WAS **HEISST** DAS?
BITTE, DOC... TU'S **NICHT**! ICH BITTE DICH!

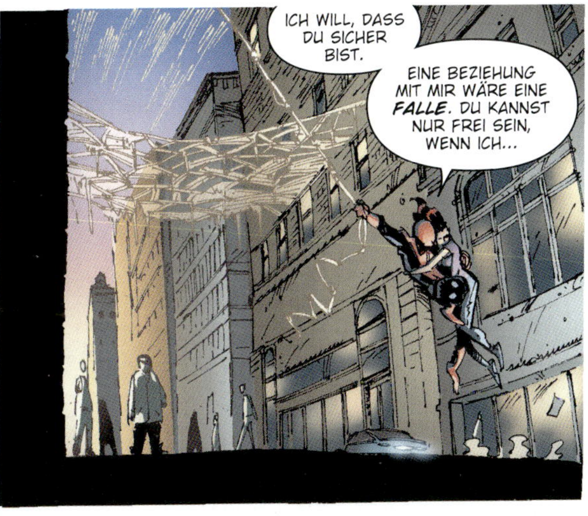
ICH WILL, DASS DU SICHER BIST.
EINE BEZIEHUNG MIT MIR WÄRE EINE **FALLE**. DU KANNST NUR FREI SEIN, WENN ICH...

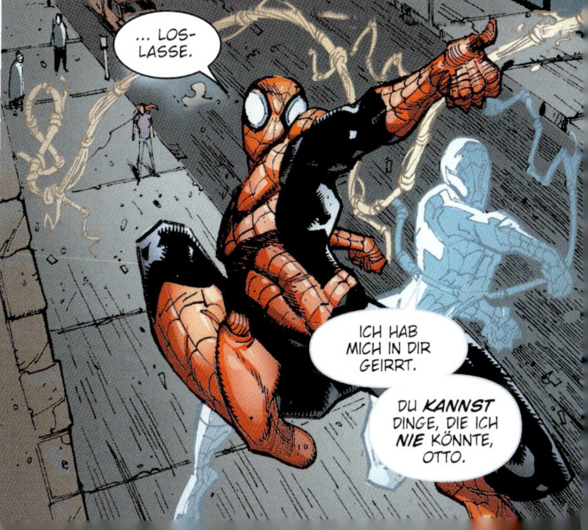
... LOS-LASSE.
ICH HAB MICH IN DIR GEIRRT.
DU **KANNST** DINGE, DIE ICH **NIE** KÖNNTE, OTTO.

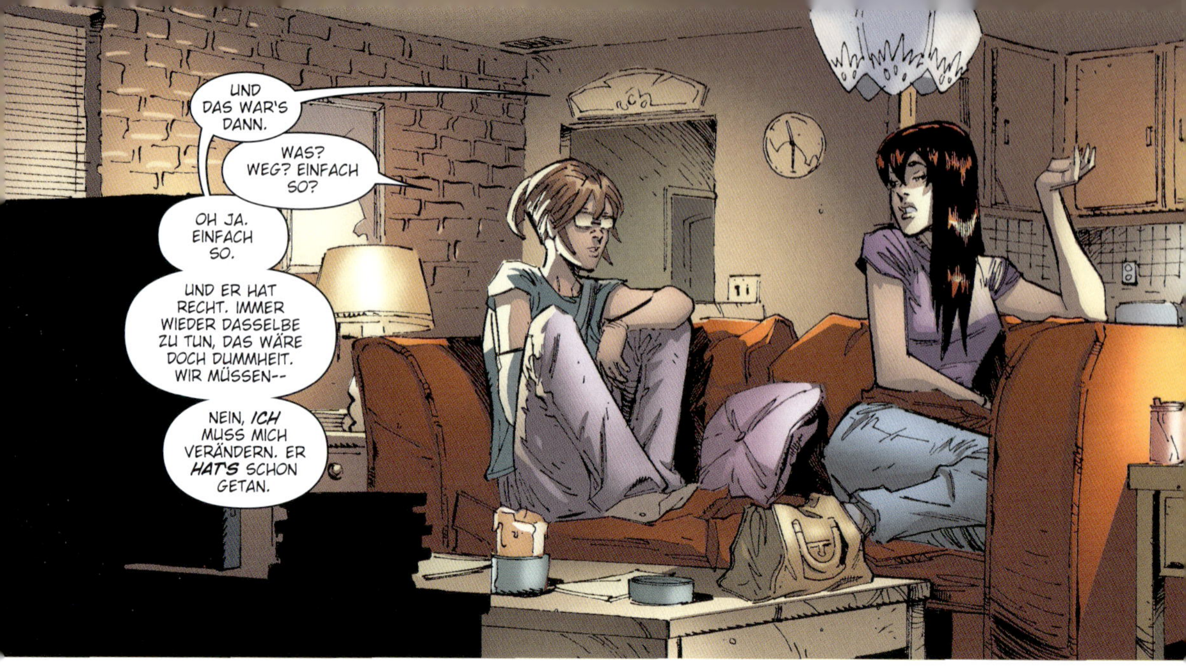
UND DAS WAR'S DANN.
WAS? WEG? EINFACH SO?
OH JA. EINFACH SO.
UND ER HAT RECHT. IMMER WIEDER DASSELBE ZU TUN, DAS WÄRE DOCH DUMMHEIT. WIR MÜSSEN--
NEIN, *ICH* MUSS MICH VERÄNDERN. ER *HAT'S* SCHON GETAN.

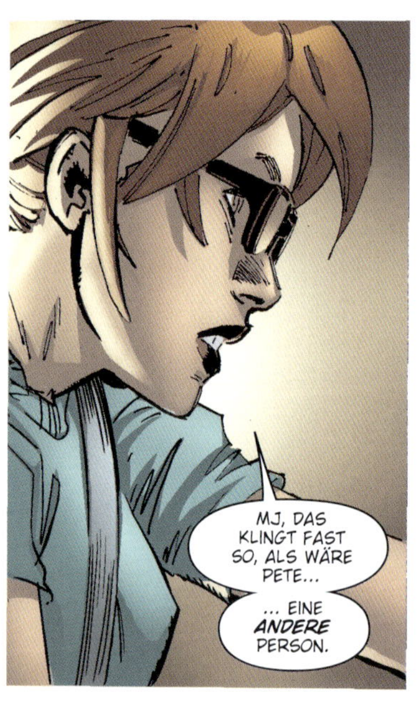
MJ, DAS KLINGT FAST SO, ALS WÄRE PETE...
... EINE *ANDERE* PERSON.

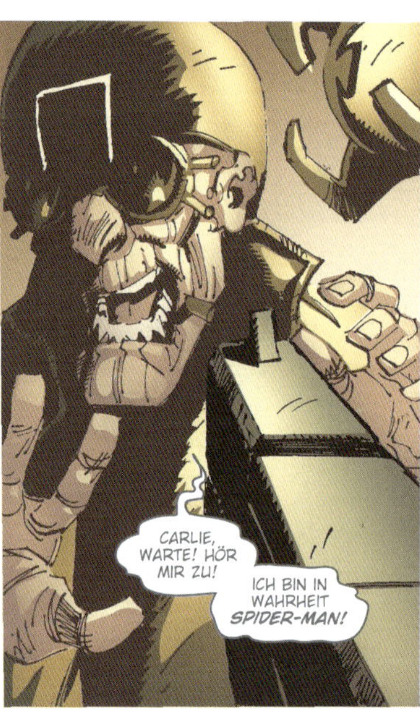
CARLIE, WARTE! HÖR MIR ZU!
ICH BIN IN WAHRHEIT *SPIDER-MAN!*

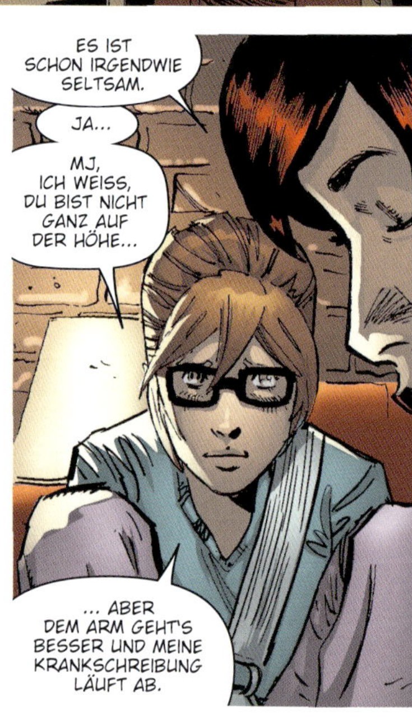
ES IST SCHON IRGENDWIE SELTSAM.
JA...
MJ, ICH WEISS, DU BIST NICHT GANZ AUF DER HÖHE...
... ABER DEM ARM GEHT'S BESSER UND MEINE KRANKSCHREIBUNG LÄUFT AB.

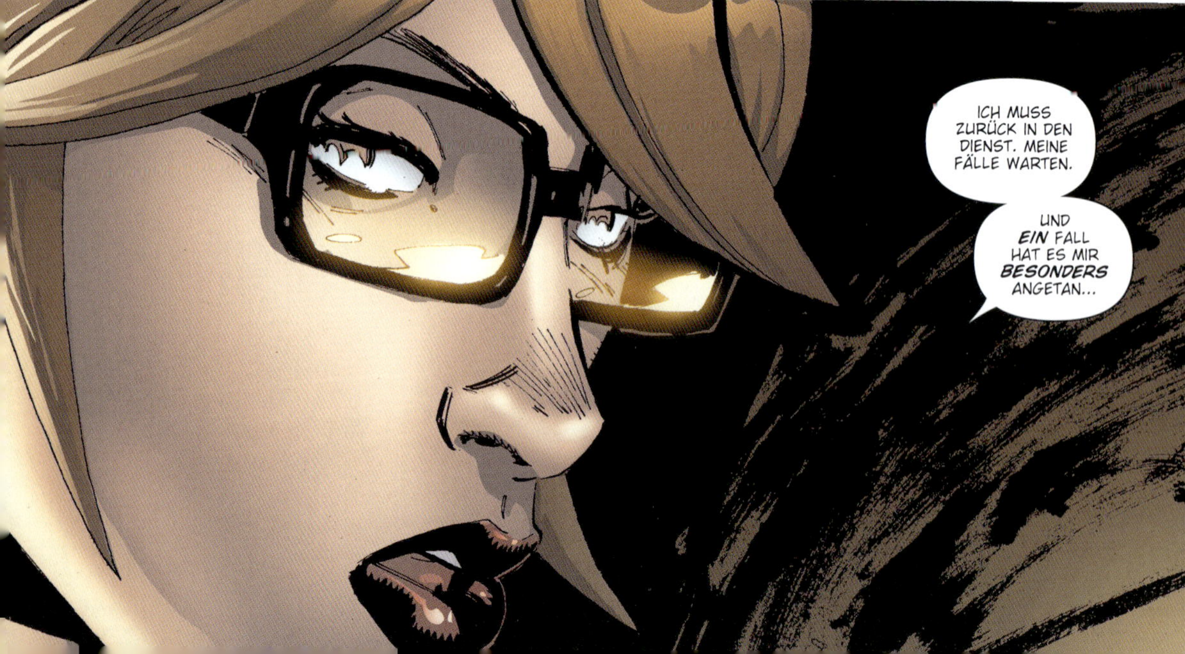
ICH MUSS ZURÜCK IN DEN DIENST. MEINE FÄLLE WARTEN.
UND *EIN* FALL HAT ES MIR *BESONDERS* ANGETAN...

WAS DU ÜBER MICH WEISST, IST ALLES FALSCH!

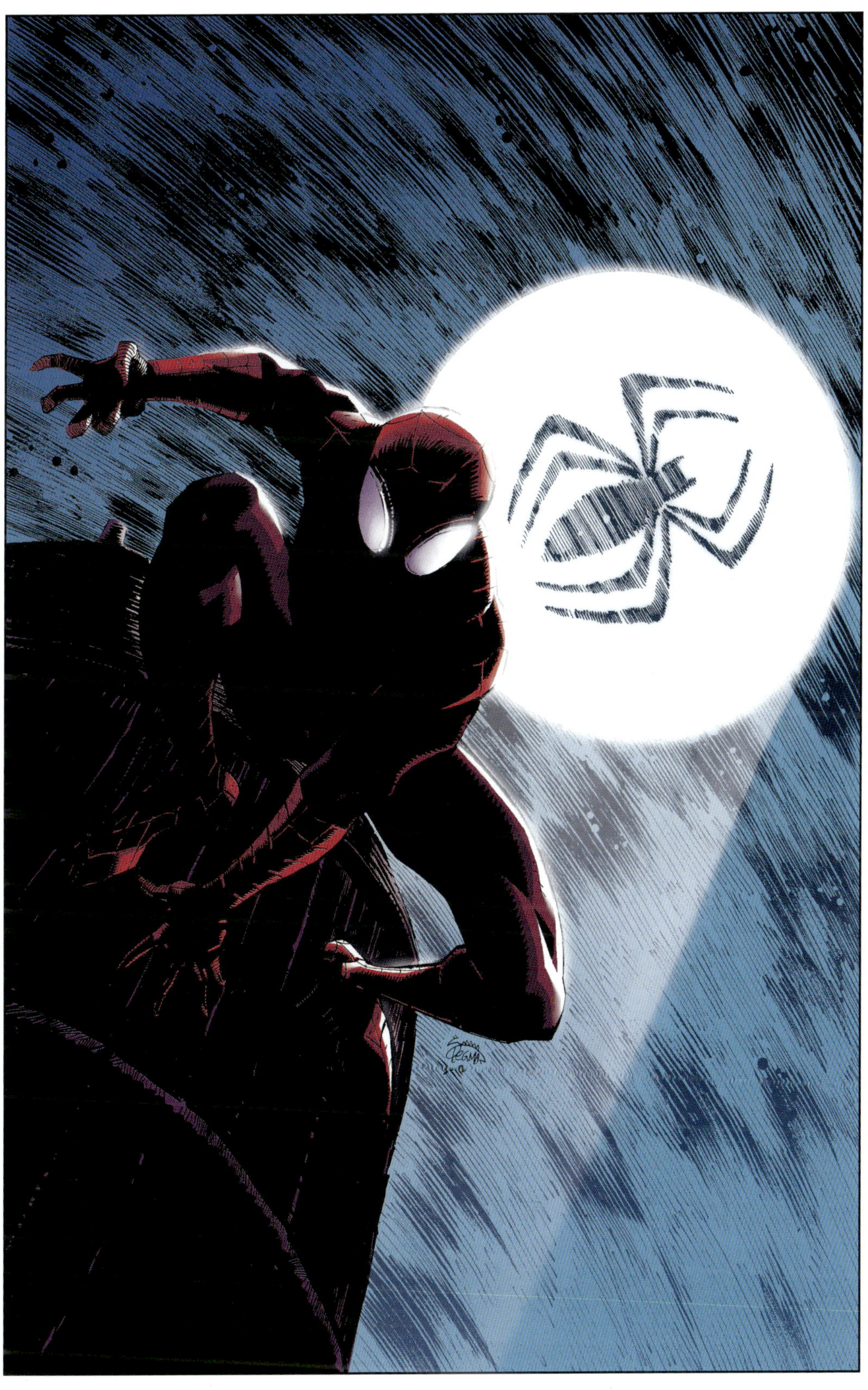

Superior Spider-Man (2013) 3
Cover von **RYAN STEGMAN**

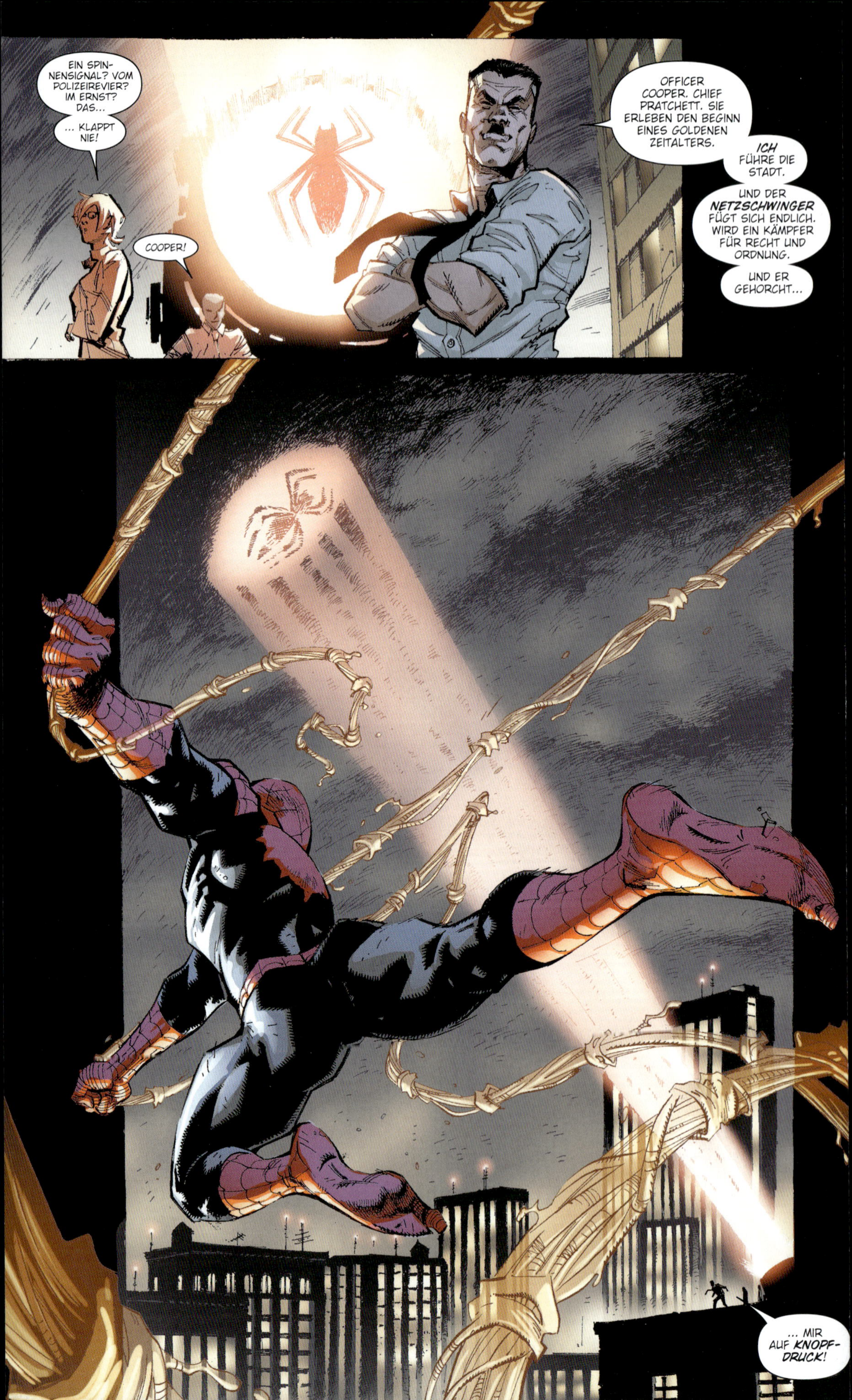
EIN SPIN-NENSIGNAL? VOM POLIZEIREVIER? IM ERNST? DAS...
... KLAPPT NIE!
COOPER!
OFFICER COOPER. CHIEF PRATCHETT. SIE ERLEBEN DEN BEGINN EINES GOLDENEN ZEITALTERS.
ICH FÜHRE DIE STADT.
UND DER NETZSCHWINGER FÜGT SICH ENDLICH. WIRD EIN KÄMPFER FÜR RECHT UND ORDNUNG.
UND ER GEHORCHT...
... MIR AUF KNOPF-DRUCK!

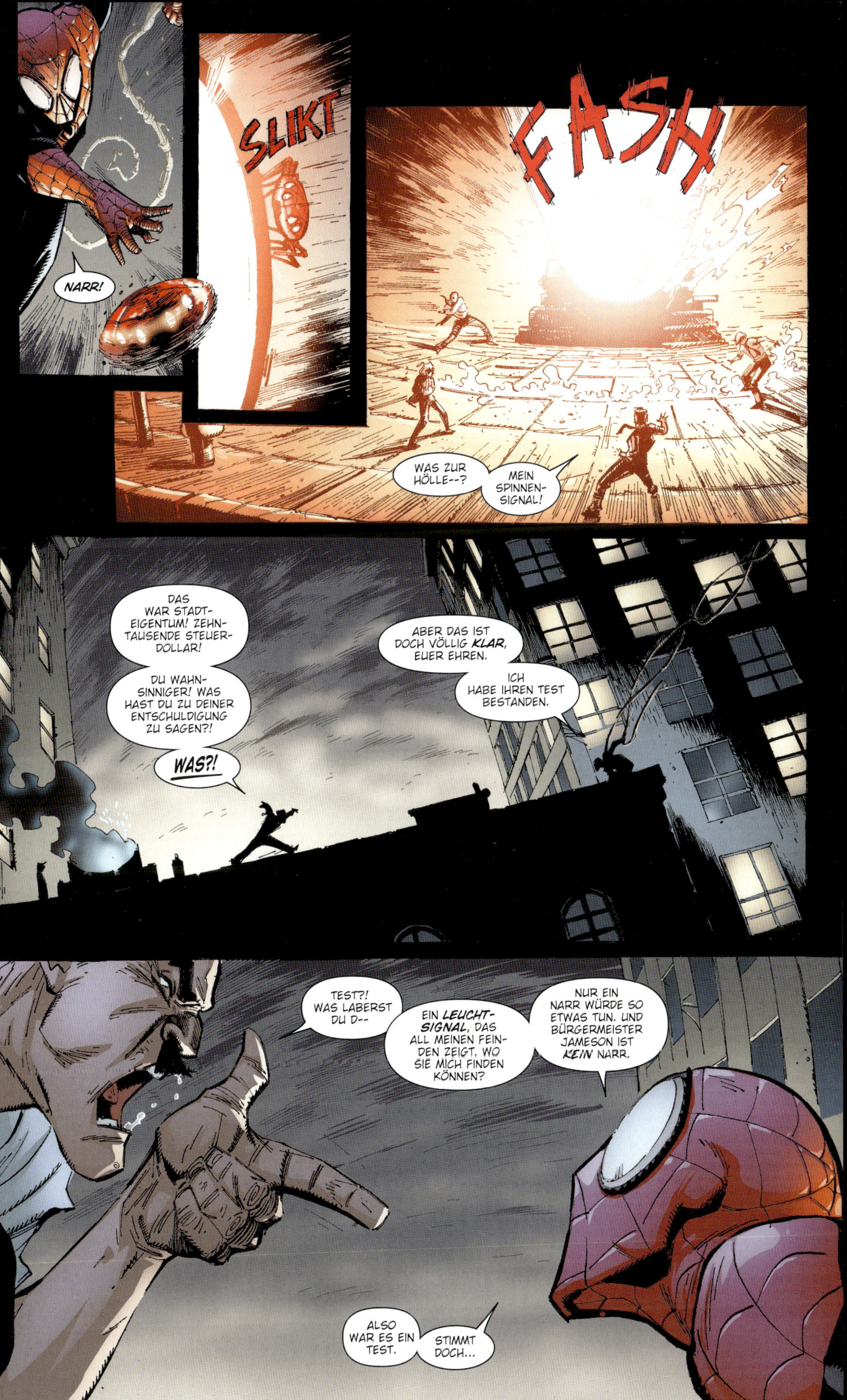
NARR!
SLIKT
FASH
WAS ZUR HÖLLE--?
MEIN SPINNEN-SIGNAL!
DAS WAR STADT-EIGENTUM! ZEHN-TAUSENDE STEUER-DOLLAR!
DU WAHN-SINNIGER! WAS HAST DU ZU DEINER ENTSCHULDIGUNG ZU SAGEN?!
WAS?!
ABER DAS IST DOCH VÖLLIG KLAR, EUER EHREN.
ICH HABE IHREN TEST BESTANDEN.
TEST?! WAS LABERST DU D--
EIN LEUCHT-SIGNAL, DAS ALL MEINEN FEIN-DEN ZEIGT, WO SIE MICH FINDEN KÖNNEN?
NUR EIN NARR WÜRDE SO ETWAS TUN. UND BÜRGERMEISTER JAMESON IST KEIN NARR.
ALSO WAR ES EIN TEST.
STIMMT DOCH...

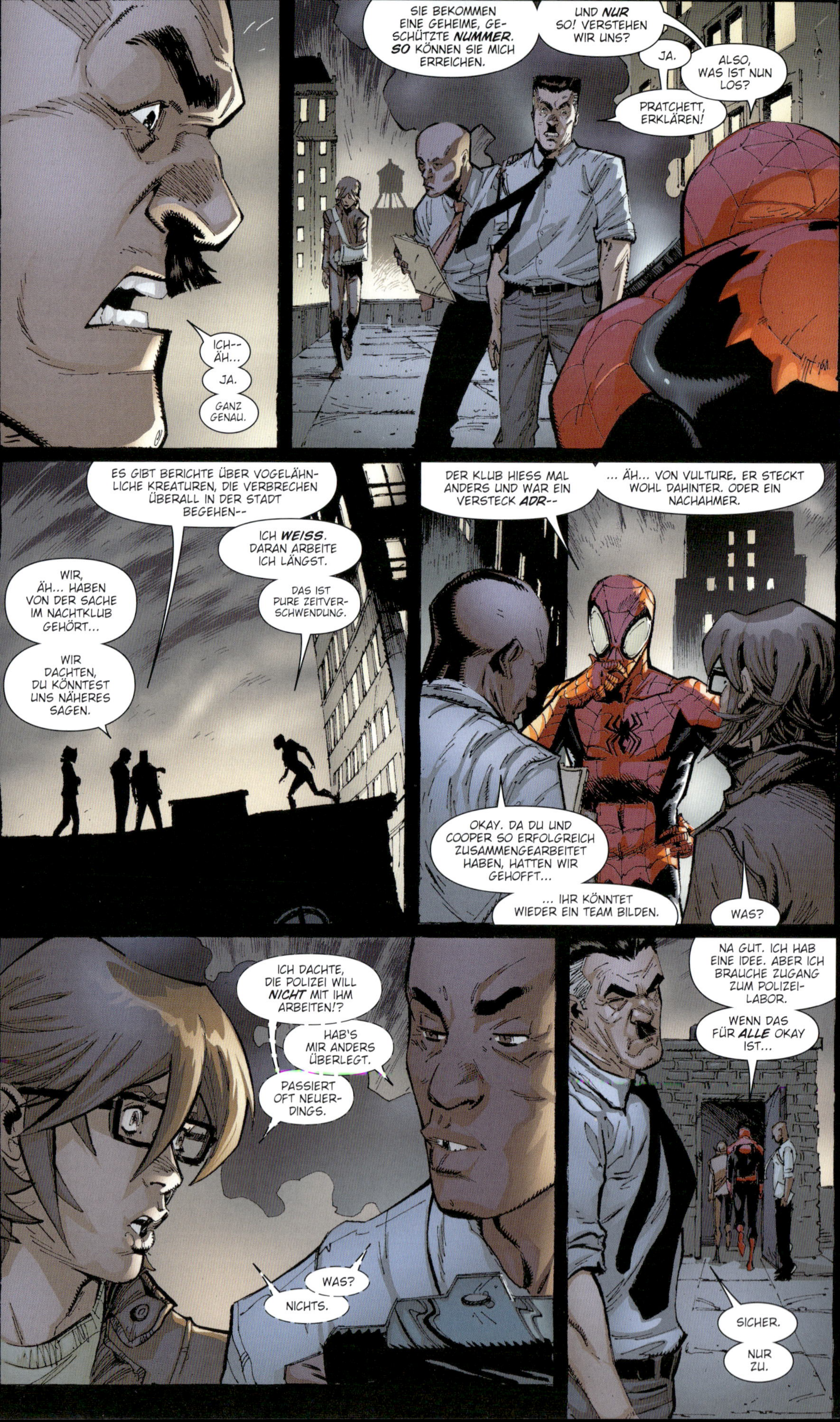
ICH-- ÄH...
JA.
GANZ GENAU.
SIE BEKOMMEN EINE GEHEIME, GESCHÜTZTE NUMMER. SO KÖNNEN SIE MICH ERREICHEN.
UND NUR SO! VERSTEHEN WIR UNS?
JA.
ALSO, WAS IST NUN LOS?
PRATCHETT, ERKLÄREN!
ES GIBT BERICHTE ÜBER VOGELÄHNLICHE KREATUREN, DIE VERBRECHEN ÜBERALL IN DER STADT BEGEHEN--
ICH WEISS. DARAN ARBEITE ICH LÄNGST.
WIR, ÄH... HABEN VON DER SACHE IM NACHTKLUB GEHÖRT...
DAS IST PURE ZEITVERSCHWENDUNG.
WIR DACHTEN, DU KÖNNTEST UNS NÄHERES SAGEN.
DER KLUB HIESS MAL ANDERS UND WAR EIN VERSTECK ADR--
... ÄH... VON VULTURE. ER STECKT WOHL DAHINTER. ODER EIN NACHAHMER.
OKAY. DA DU UND COOPER SO ERFOLGREICH ZUSAMMENGEARBEITET HABEN, HATTEN WIR GEHOFFT...
... IHR KÖNNTET WIEDER EIN TEAM BILDEN.
WAS?
ICH DACHTE, DIE POLIZEI WILL NICHT MIT IHM ARBEITEN!?
HAB'S MIR ANDERS ÜBERLEGT.
PASSIERT OFT NEUERDINGS.
WAS?
NICHTS.
NA GUT. ICH HAB EINE IDEE. ABER ICH BRAUCHE ZUGANG ZUM POLIZEILABOR.
WENN DAS FÜR ALLE OKAY IST...
SICHER.
NUR ZU.

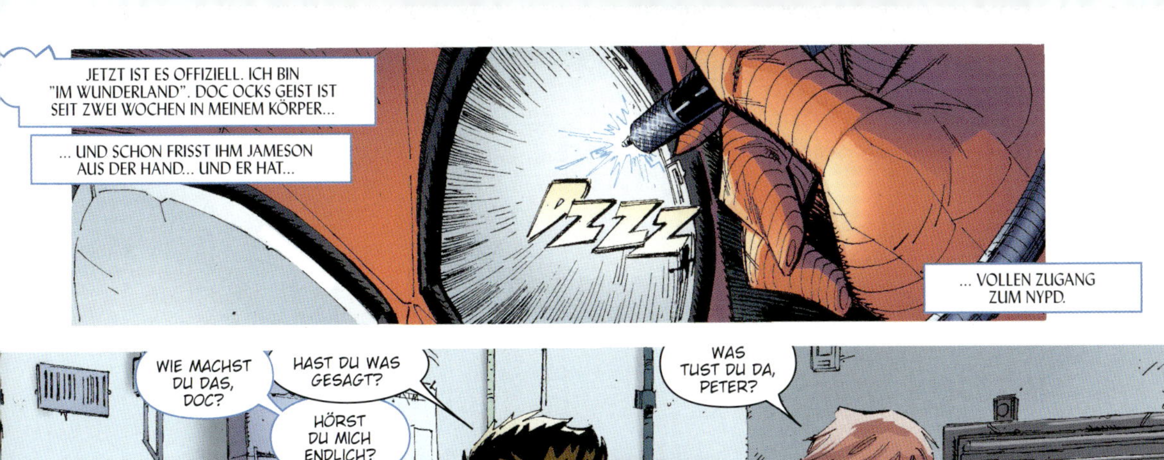
JETZT IST ES OFFIZIELL. ICH BIN "IM WUNDERLAND". DOC OCKS GEIST IST SEIT ZWEI WOCHEN IN MEINEM KÖRPER...
... UND SCHON FRISST IHM JAMESON AUS DER HAND... UND ER HAT...
DZZZ
... VOLLEN ZUGANG ZUM NYPD.

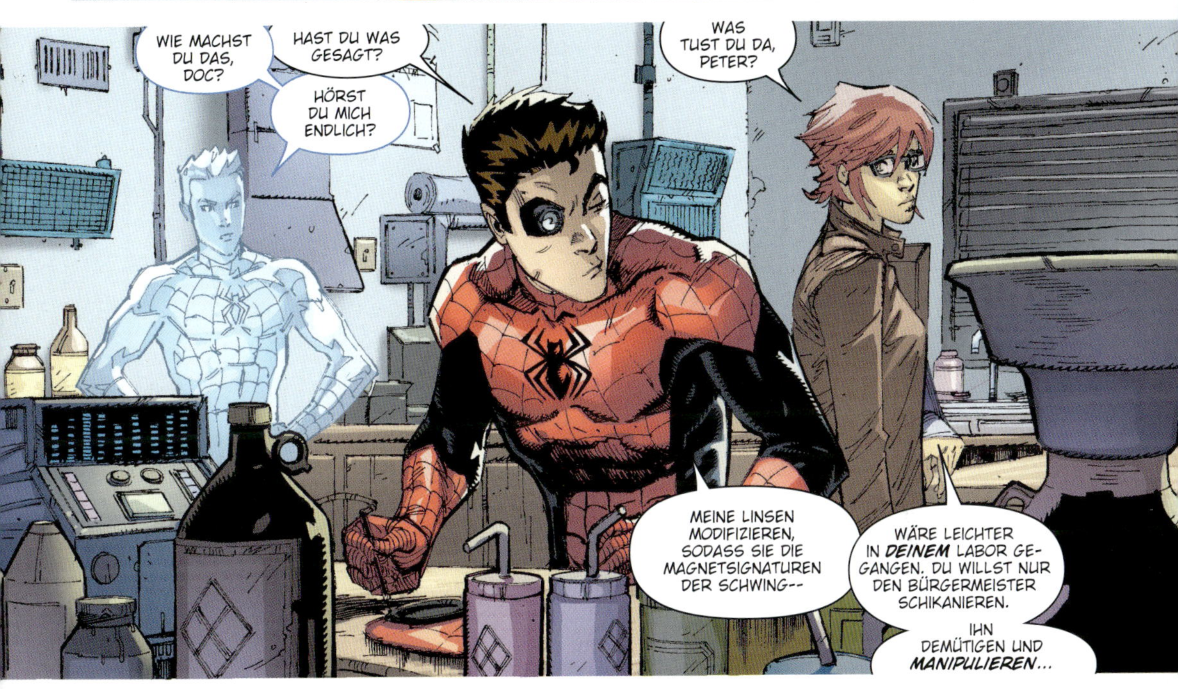
WIE MACHST DU DAS, DOC?
HAST DU WAS GESAGT?
HÖRST DU MICH ENDLICH?
WAS TUST DU DA, PETER?
MEINE LINSEN MODIFIZIEREN, SODASS SIE DIE MAGNETSIGNATUREN DER SCHWING--
WÄRE LEICHTER IN *DEINEM* LABOR GEGANGEN. DU WILLST NUR DEN BÜRGERMEISTER SCHIKANIEREN.
IHN DEMÜTIGEN UND *MANIPULIEREN*...

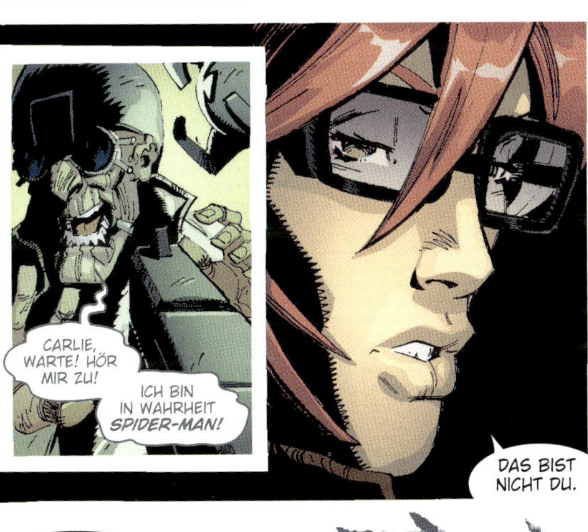
CARLIE, WARTE! HÖR MIR ZU!
ICH BIN IN WAHRHEIT *SPIDER-MAN!*
DAS BIST NICHT DU.

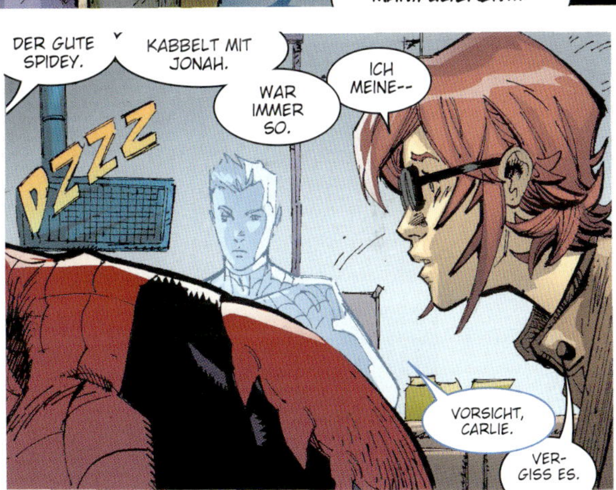
DER GUTE SPIDEY.
KABBELT MIT JONAH.
WAR IMMER SO.
ICH MEINE--
DZZZ
VORSICHT, CARLIE.
VERGISS ES.

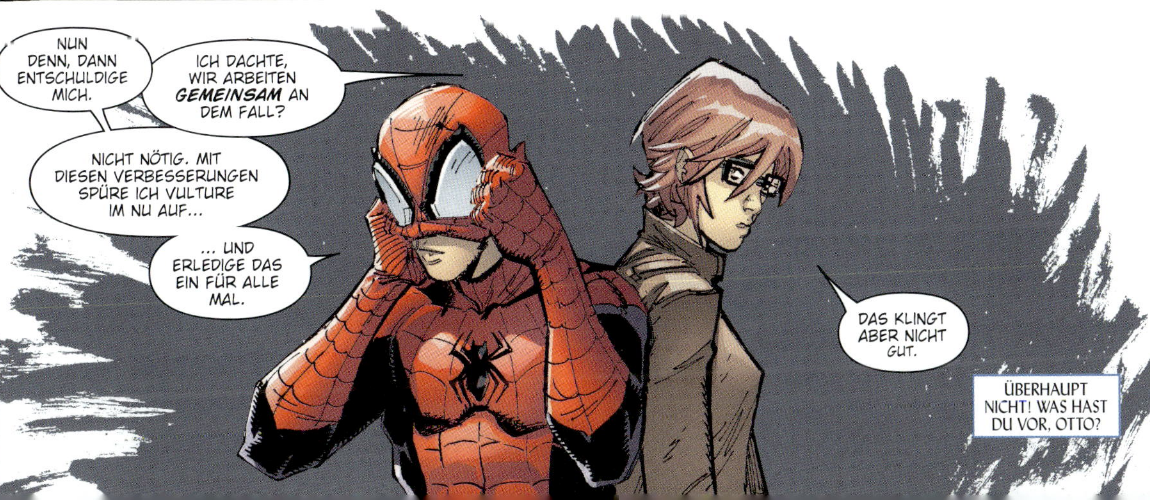
NUN DENN, DANN ENTSCHULDIGE MICH.
ICH DACHTE, WIR ARBEITEN *GEMEINSAM* AN DEM FALL?
NICHT NÖTIG. MIT DIESEN VERBESSERUNGEN SPÜRE ICH VULTURE IM NU AUF...
... UND ERLEDIGE DAS EIN FÜR ALLE MAL.
DAS KLINGT ABER NICHT GUT.
ÜBERHAUPT NICHT! WAS HAST DU VOR, OTTO?

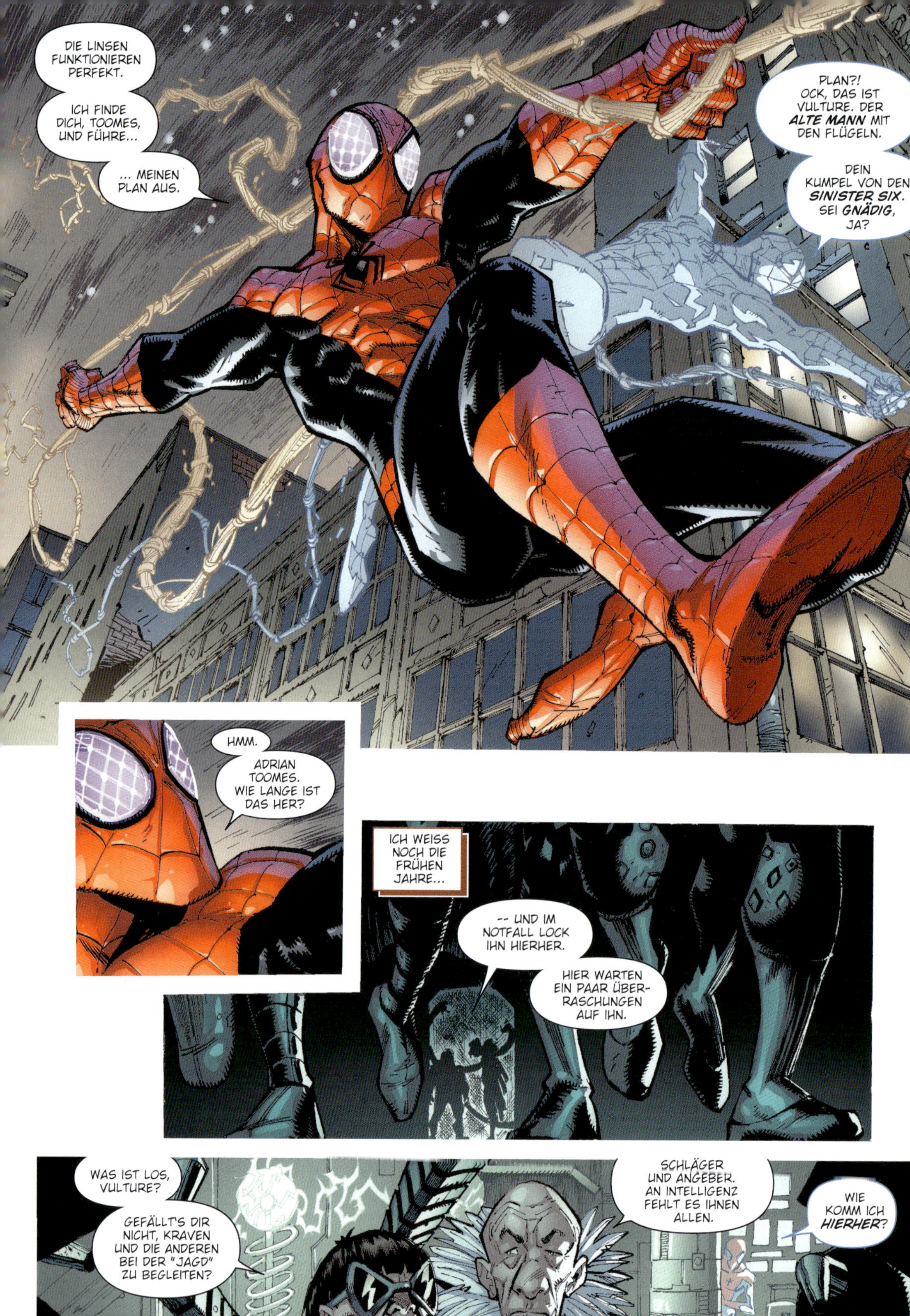
DIE LINSEN FUNKTIONIEREN PERFEKT.
ICH FINDE DICH, TOOMES, UND FÜHRE...
... MEINEN PLAN AUS.
PLAN?! OCK, DAS IST VULTURE. DER ALTE MANN MIT DEN FLÜGELN.
DEIN KUMPEL VON DEN SINISTER SIX. SEI GNÄDIG, JA?
HMM.
ADRIAN TOOMES. WIE LANGE IST DAS HER?
ICH WEISS NOCH DIE FRÜHEN JAHRE...
-- UND IM NOTFALL LOCK IHN HIERHER.
HIER WARTEN EIN PAAR ÜBERRASCHUNGEN AUF IHN.
WAS IST LOS, VULTURE?
GEFÄLLT'S DIR NICHT, KRAVEN UND DIE ANDEREN BEI DER "JAGD" ZU BEGLEITEN?
SCHLÄGER UND ANGEBER. AN INTELLIGENZ FEHLT ES IHNEN ALLEN.
WIE KOMM ICH HIERHER?

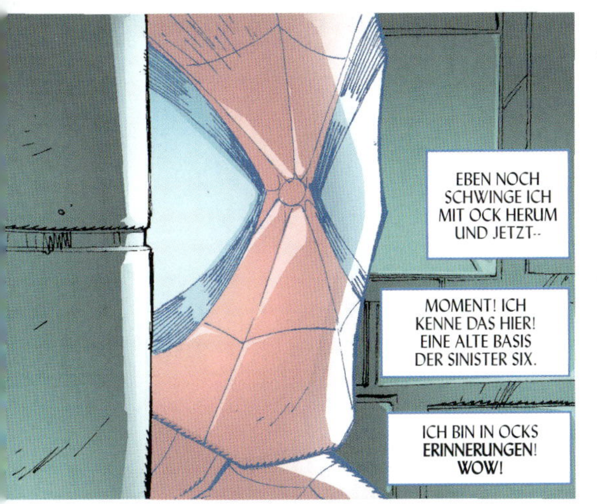
EBEN NOCH SCHWINGE ICH MIT OCK HERUM UND JETZT--
MOMENT! ICH KENNE DAS HIER! EINE ALTE BASIS DER SINISTER SIX.
ICH BIN IN OCKS **ERINNERUNGEN**! **WOW**!

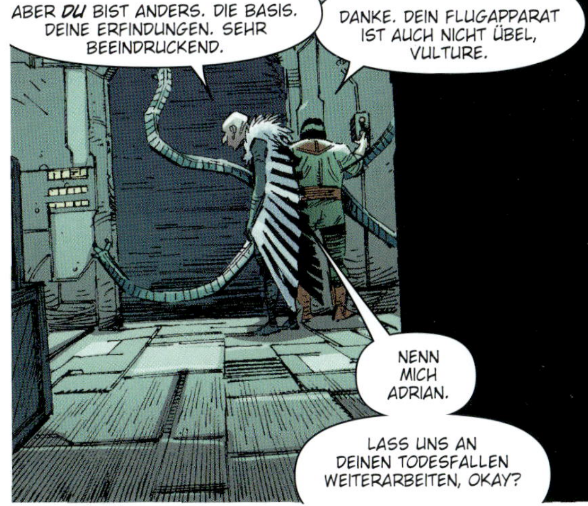
ABER *DU* BIST ANDERS. DIE BASIS. DEINE ERFINDUNGEN. SEHR BEEINDRUCKEND.
DANKE. DEIN FLUGAPPARAT IST AUCH NICHT ÜBEL, VULTURE.
NENN MICH ADRIAN.
LASS UNS AN DEINEN TODESFALLEN WEITERARBEITEN, OKAY?

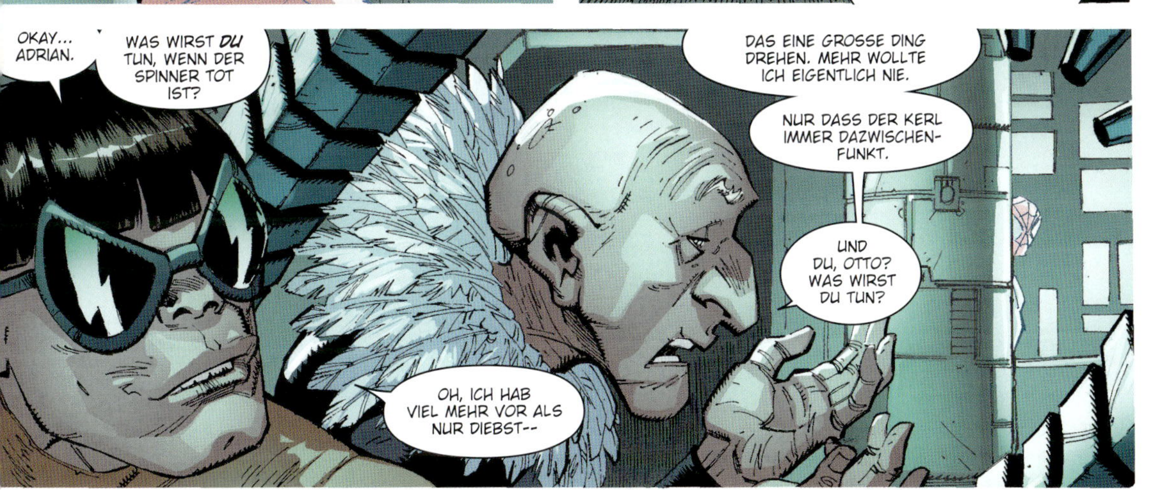
OKAY... ADRIAN.
WAS WIRST *DU* TUN, WENN DER SPINNER TOT IST?
DAS EINE GROSSE DING DREHEN. MEHR WOLLTE ICH EIGENTLICH NIE.
NUR DASS DER KERL IMMER DAZWISCHEN-FUNKT.
UND DU, OTTO? WAS WIRST DU TUN?
OH, ICH HAB VIEL MEHR VOR ALS NUR DIEBST--

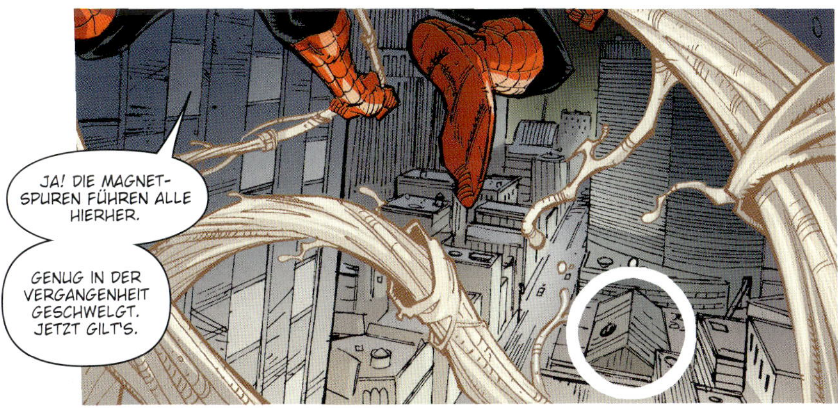
JA! DIE MAGNET-SPUREN FÜHREN ALLE HIERHER.
GENUG IN DER VERGANGENHEIT GESCHWELGT. JETZT GILT'S.

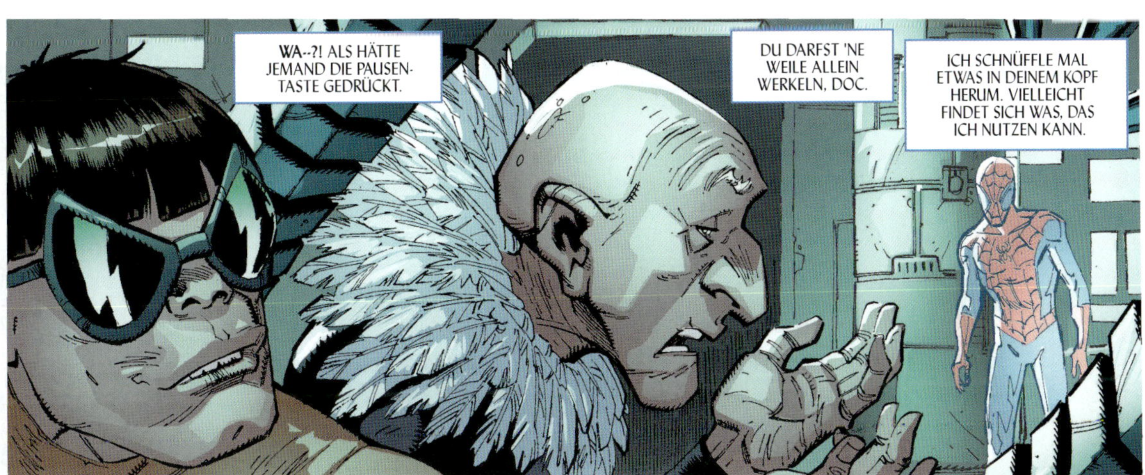
WA--?! ALS HÄTTE JEMAND DIE PAUSEN-TASTE GEDRÜCKT.
DU DARFST 'NE WEILE ALLEIN WERKELN, DOC.
ICH SCHNÜFFLE MAL ETWAS IN DEINEM KOPF HERUM. VIELLEICHT FINDET SICH WAS, DAS ICH NUTZEN KANN.

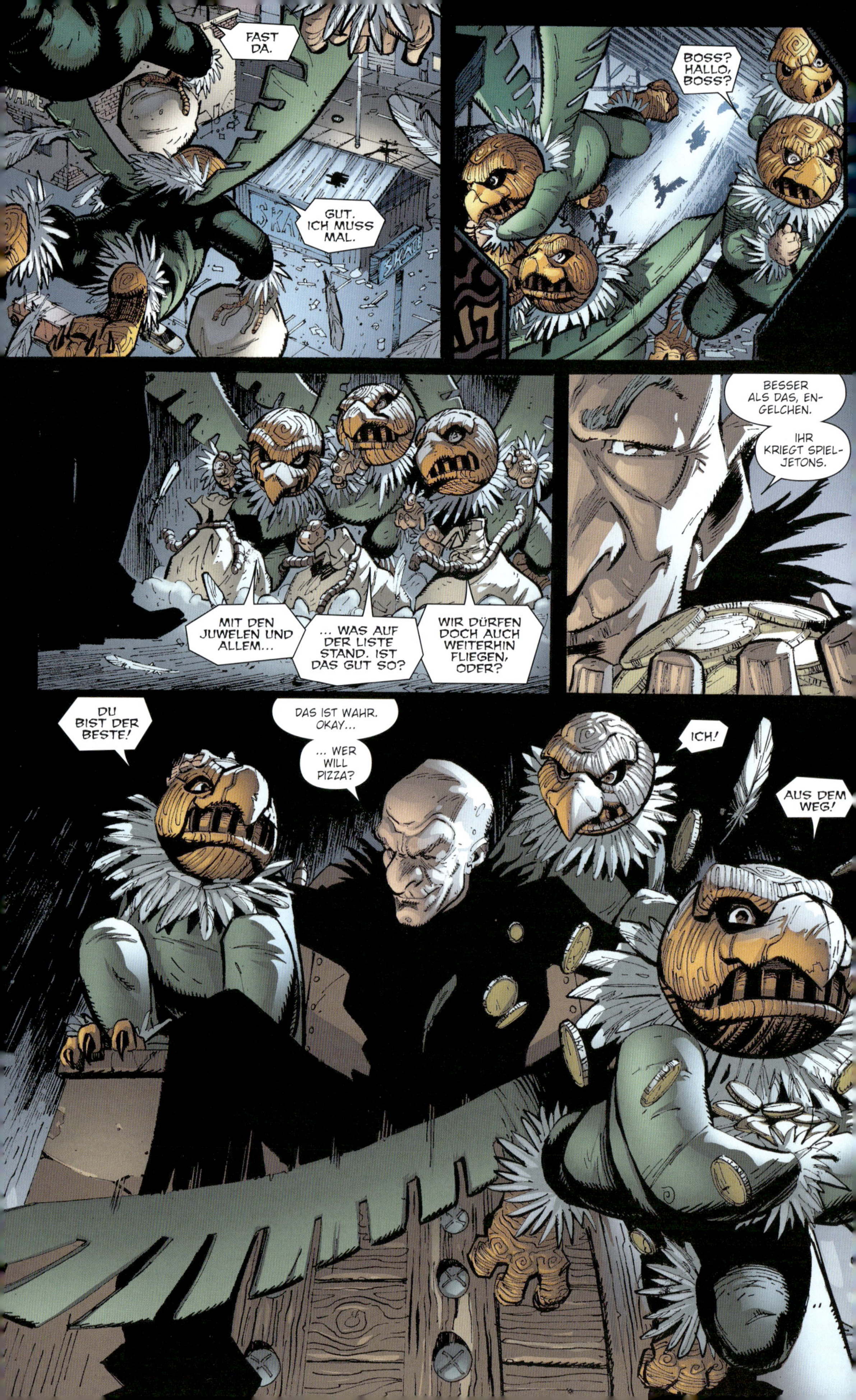
FAST DA.
GUT. ICH MUSS MAL.
BOSS? HALLO, BOSS?
MIT DEN JUWELEN UND ALLEM...
... WAS AUF DER LISTE STAND. IST DAS GUT SO?
WIR DÜRFEN DOCH AUCH WEITERHIN FLIEGEN, ODER?
BESSER ALS DAS, ENGELCHEN.
IHR KRIEGT SPIELJETONS.
DU BIST DER BESTE!
DAS IST WAHR. OKAY...
... WER WILL PIZZA?
ICH!
AUS DEM WEG!

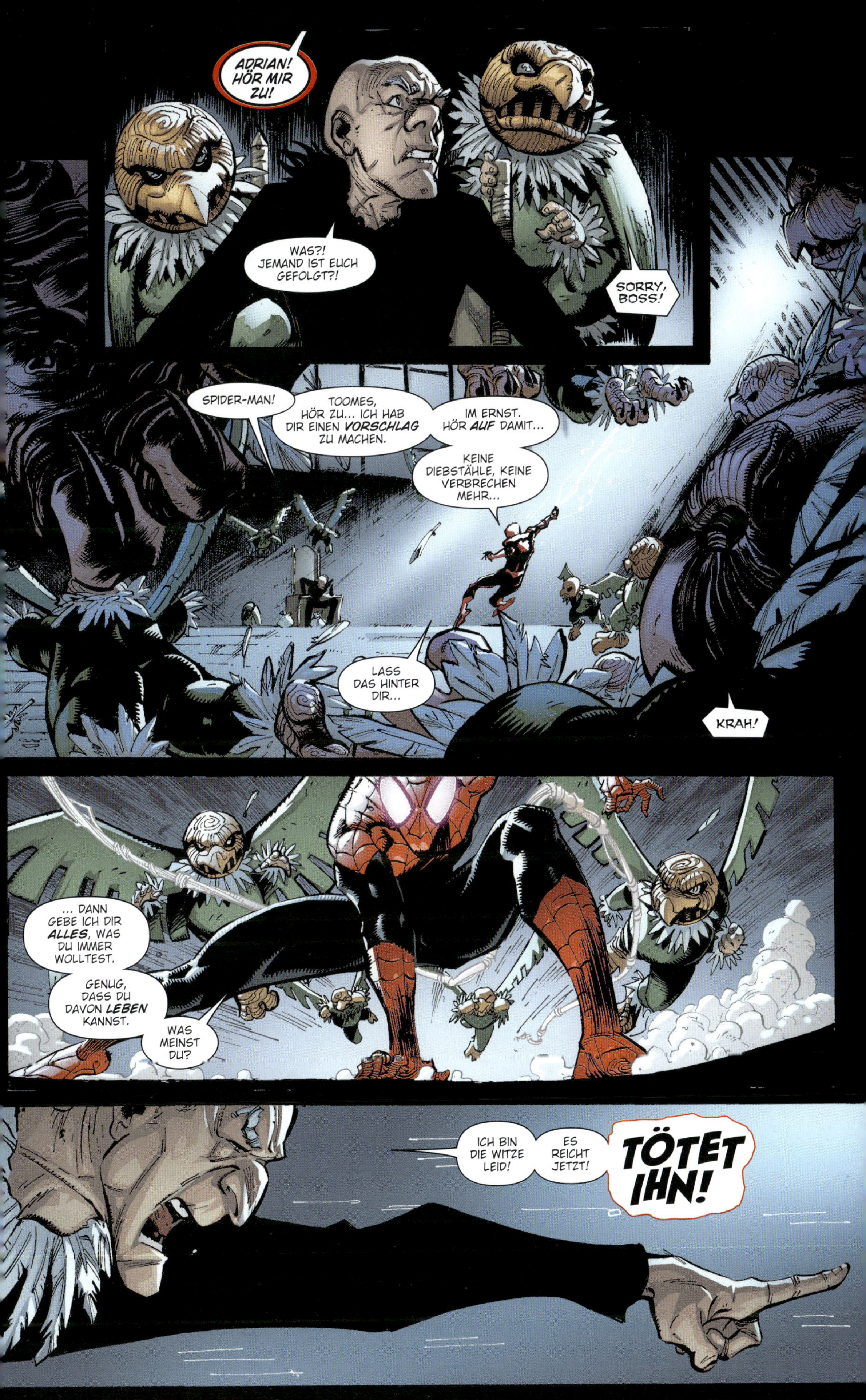
ADRIAN! HÖR MIR ZU!
WAS?! JEMAND IST EUCH GEFOLGT?!
SORRY, BOSS!
SPIDER-MAN!
TOOMES, HÖR ZU… ICH HAB DIR EINEN VORSCHLAG ZU MACHEN.
IM ERNST. HÖR AUF DAMIT…
KEINE DIEBSTÄHLE, KEINE VERBRECHEN MEHR…
LASS DAS HINTER DIR…
KRAH!
… DANN GEBE ICH DIR ALLES, WAS DU IMMER WOLLTEST.
GENUG, DASS DU DAVON LEBEN KANNST.
WAS MEINST DU?
ICH BIN DIE WITZE LEID!
ES REICHT JETZT!
TÖTET IHN!

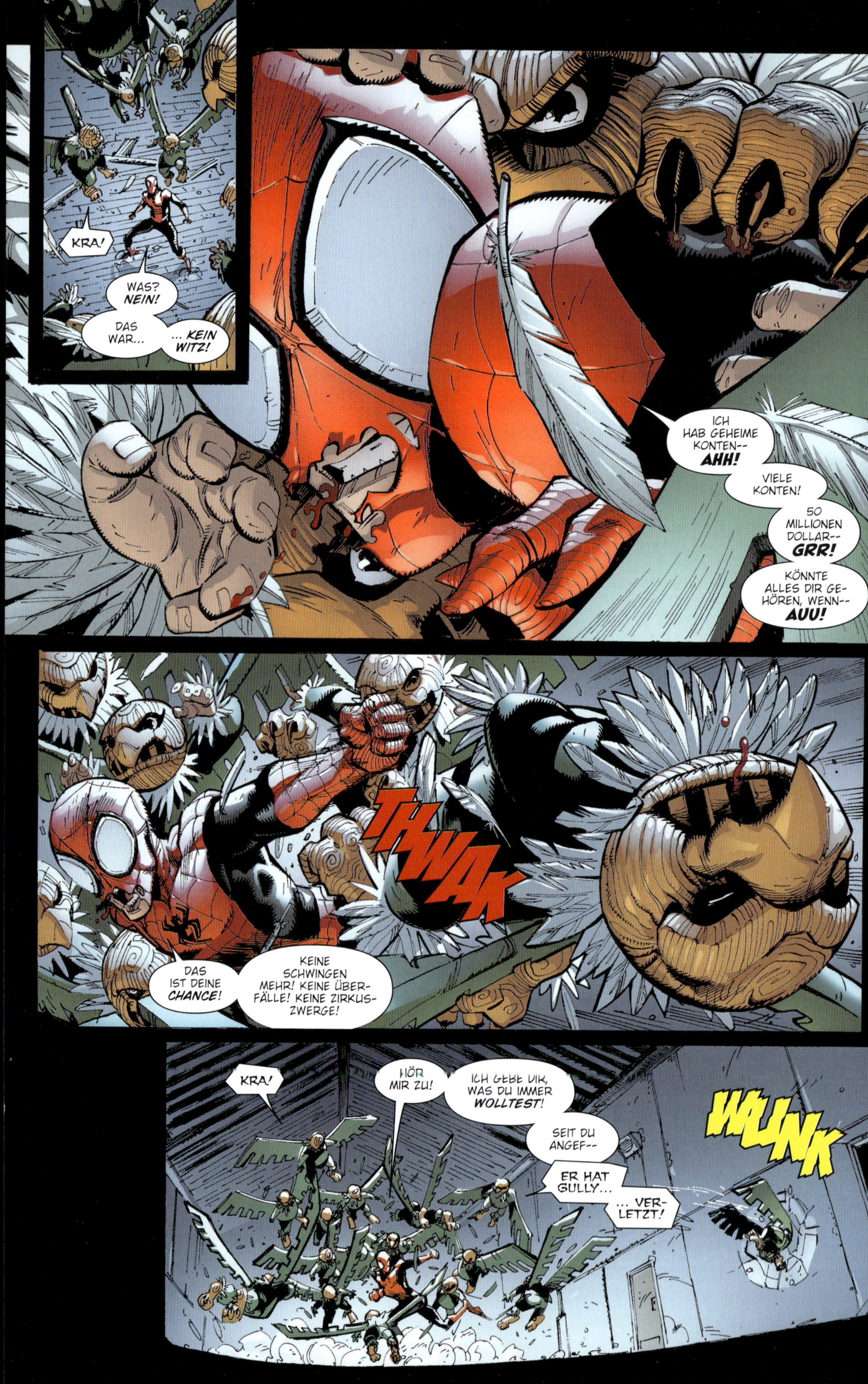
KRA!
WAS? NEIN!
DAS WAR...
... KEIN WITZ!
ICH HAB GEHEIME KONTEN-- AHH!
VIELE KONTEN!
50 MILLIONEN DOLLAR-- GRR!
KÖNNTE ALLES DIR GEHÖREN, WENN-- AUU!
THWAK
DAS IST DEINE CHANCE!
KEINE SCHWINGEN MEHR! KEINE ÜBERFÄLLE! KEINE ZIRKUSZWERGE!
KRA!
HÖR MIR ZU!
ICH GEBE DIR, WAS DU IMMER WOLLTEST!
SEIT DU ANGEF--
ER HAT GULLY...
... VERLETZT!
WUNK

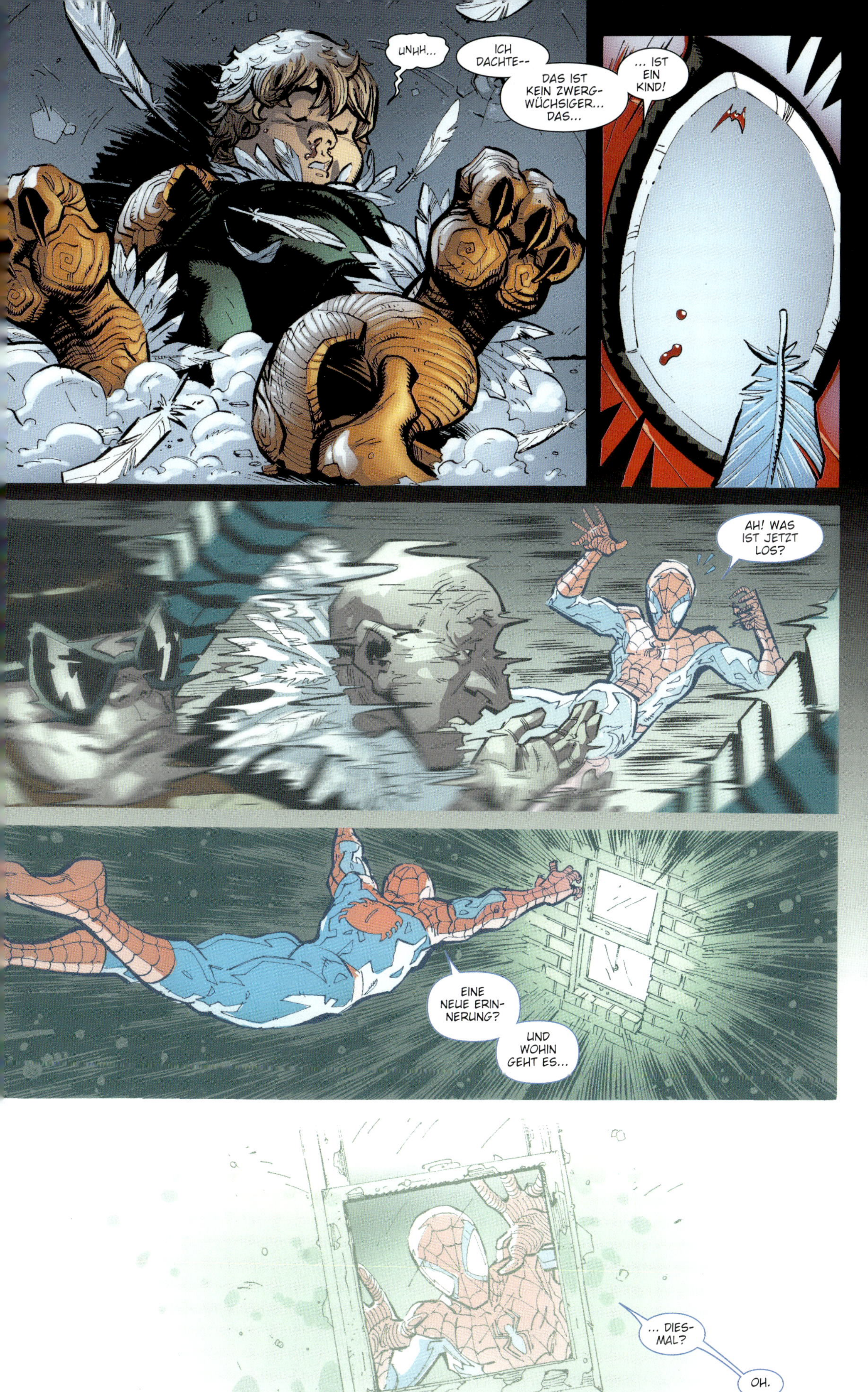
UNHH...
ICH DACHTE--
DAS IST KEIN ZWERG-WÜCHSIGER... DAS...
... IST EIN KIND!
AH! WAS IST JETZT LOS?
EINE NEUE ERIN-NERUNG?
UND WOHIN GEHT ES...
... DIES-MAL?
OH.

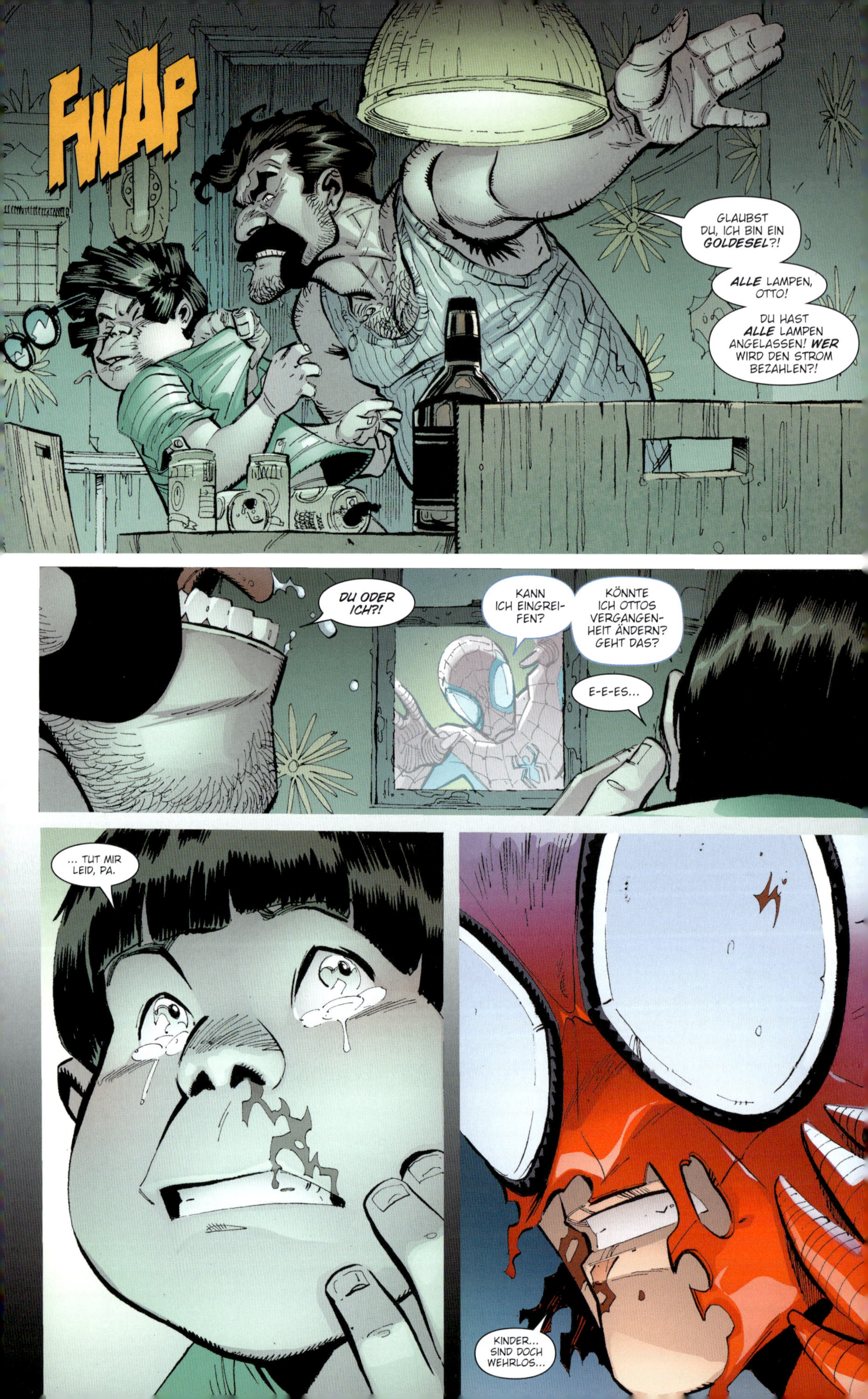

FWAP

GLAUBST DU, ICH BIN EIN **GOLDESEL**?!

ALLE LAMPEN, OTTO!

DU HAST **ALLE** LAMPEN ANGELASSEN! **WER** WIRD DEN STROM BEZAHLEN?!

DU ODER ICH?!

KANN ICH EINGREIFEN?

KÖNNTE ICH OTTOS VERGANGENHEIT ÄNDERN? GEHT DAS?

E-E-ES...

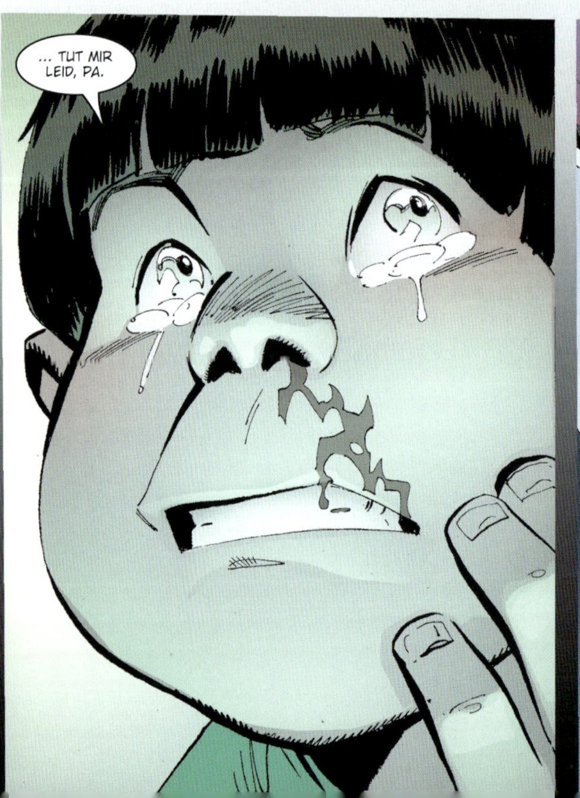

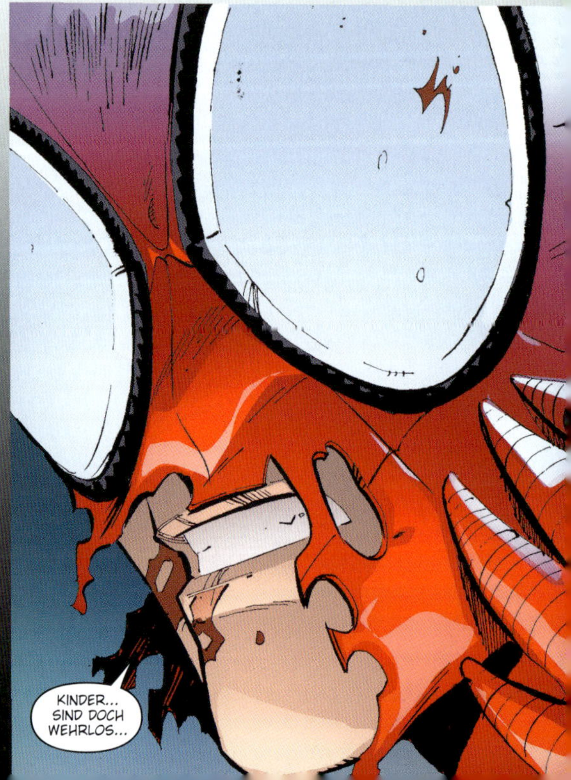

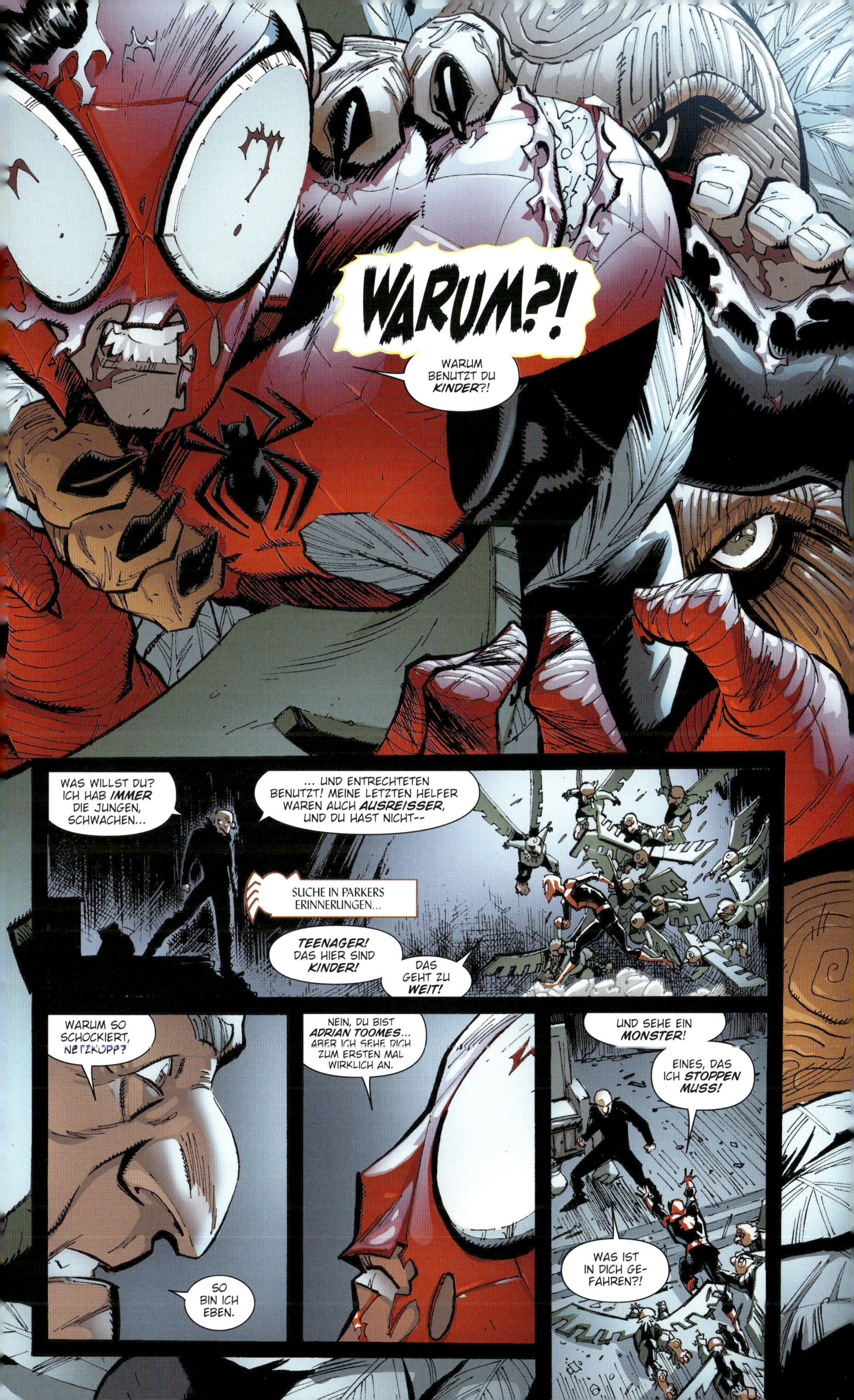
WARUM?!
WARUM BENUTZT DU KINDER?!
WAS WILLST DU? ICH HAB IMMER DIE JUNGEN, SCHWACHEN...
... UND ENTRECHTETEN BENUTZT! MEINE LETZTEN HELFER WAREN AUCH AUSREISSER, UND DU HAST NICHT--
SUCHE IN PARKERS ERINNERUNGEN...
TEENAGER! DAS HIER SIND KINDER!
DAS GEHT ZU WEIT!
WARUM SO SCHOCKIERT, NETZKOPP?
SO BIN ICH EBEN.
NEIN, DU BIST ADRIAN TOOMES... ABER ICH SEHE DICH ZUM ERSTEN MAL WIRKLICH AN.
UND SEHE EIN MONSTER!
EINES, DAS ICH STOPPEN MUSS!
WAS IST IN DICH GEFAHREN?!

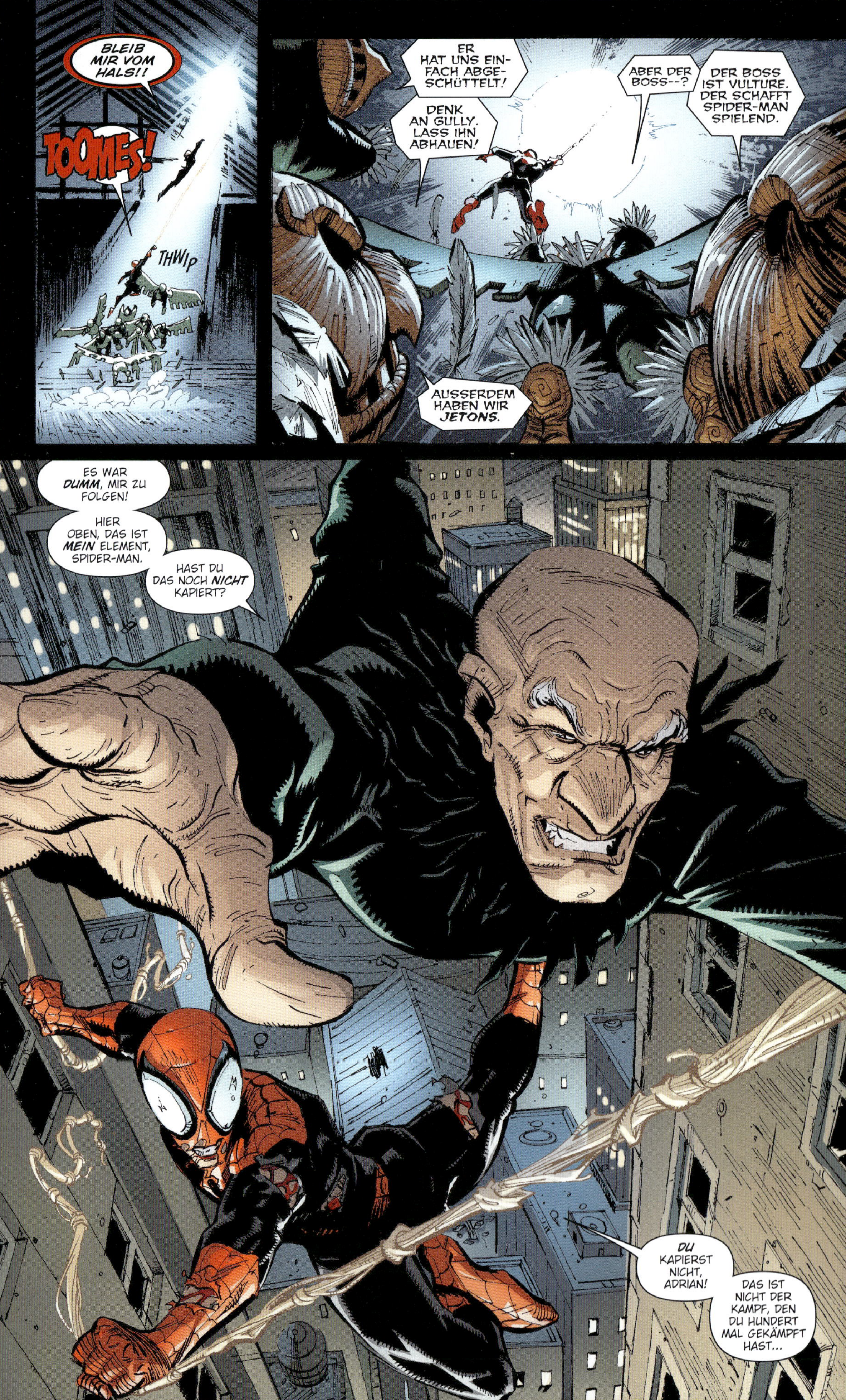

BLEIB MIR VOM HALS!!
TOOMES!
THWIP
ER HAT UNS EINFACH ABGESCHÜTTELT!
DENK AN GULLY. LASS IHN ABHAUEN!
ABER DER BOSS--?
DER BOSS IST VULTURE. DER SCHAFFT SPIDER-MAN SPIELEND.
AUSSERDEM HABEN WIR JETONS.
ES WAR DUMM, MIR ZU FOLGEN!
HIER OBEN, DAS IST MEIN ELEMENT, SPIDER-MAN.
HAST DU DAS NOCH NICHT KAPIERT?
DU KAPIERST NICHT, ADRIAN!
DAS IST NICHT DER KAMPF, DEN DU HUNDERT MAL GEKÄMPFT HAST...

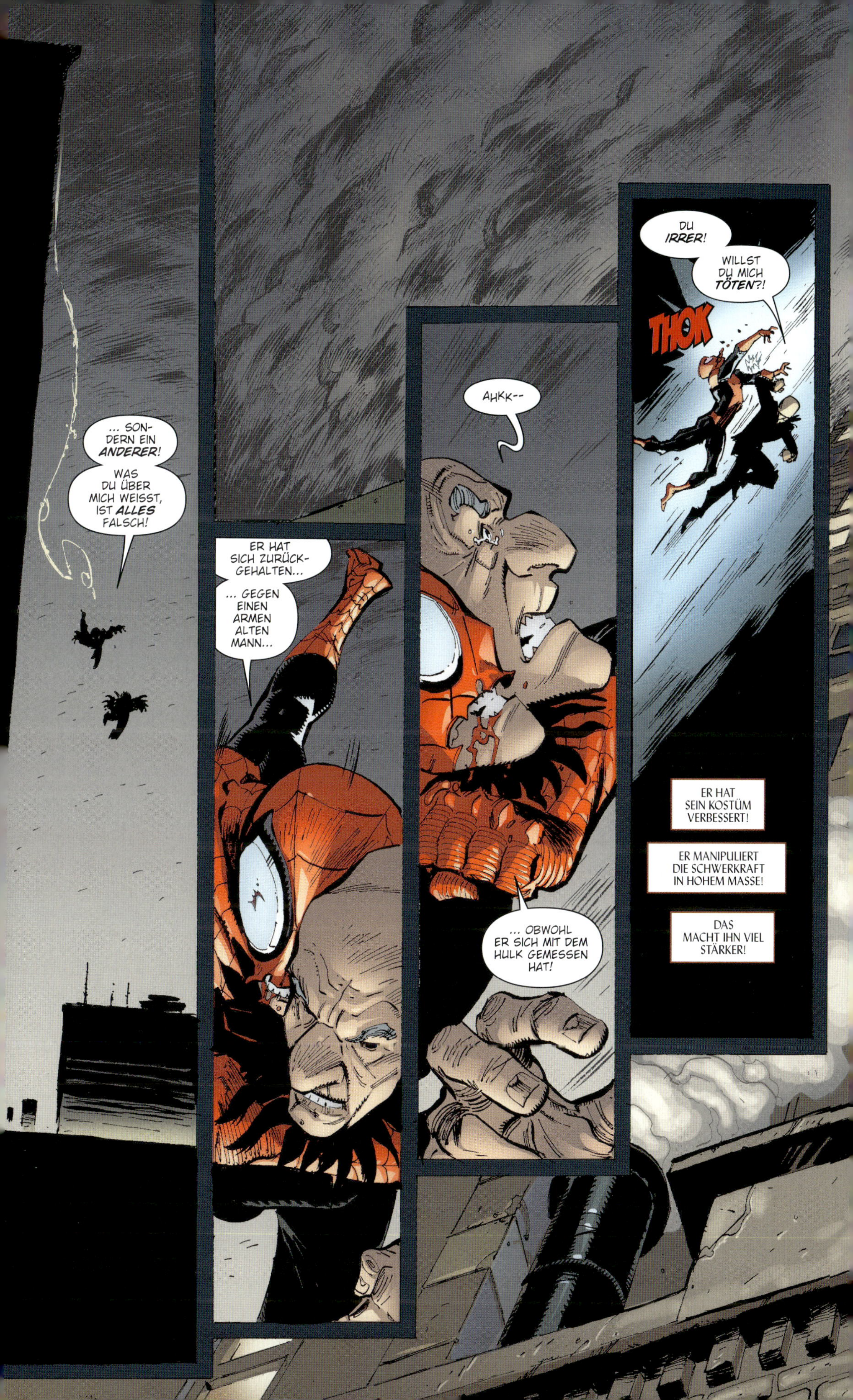
... SON-DERN EIN *ANDERER*!
WAS DU ÜBER MICH WEISST, IST *ALLES* FALSCH!
ER HAT SICH ZURÜCK-GEHALTEN...
... GEGEN EINEN ARMEN ALTEN MANN...
AHKK--
... OBWOHL ER SICH MIT DEM HULK GEMESSEN HAT!
DU *IRRER*!
WILLST DU MICH *TÖTEN*?!
THOK
ER HAT SEIN KOSTÜM VERBESSERT!
ER MANIPULIERT DIE SCHWERKRAFT IN HOHEM MASSE!
DAS MACHT IHN VIEL STÄRKER!

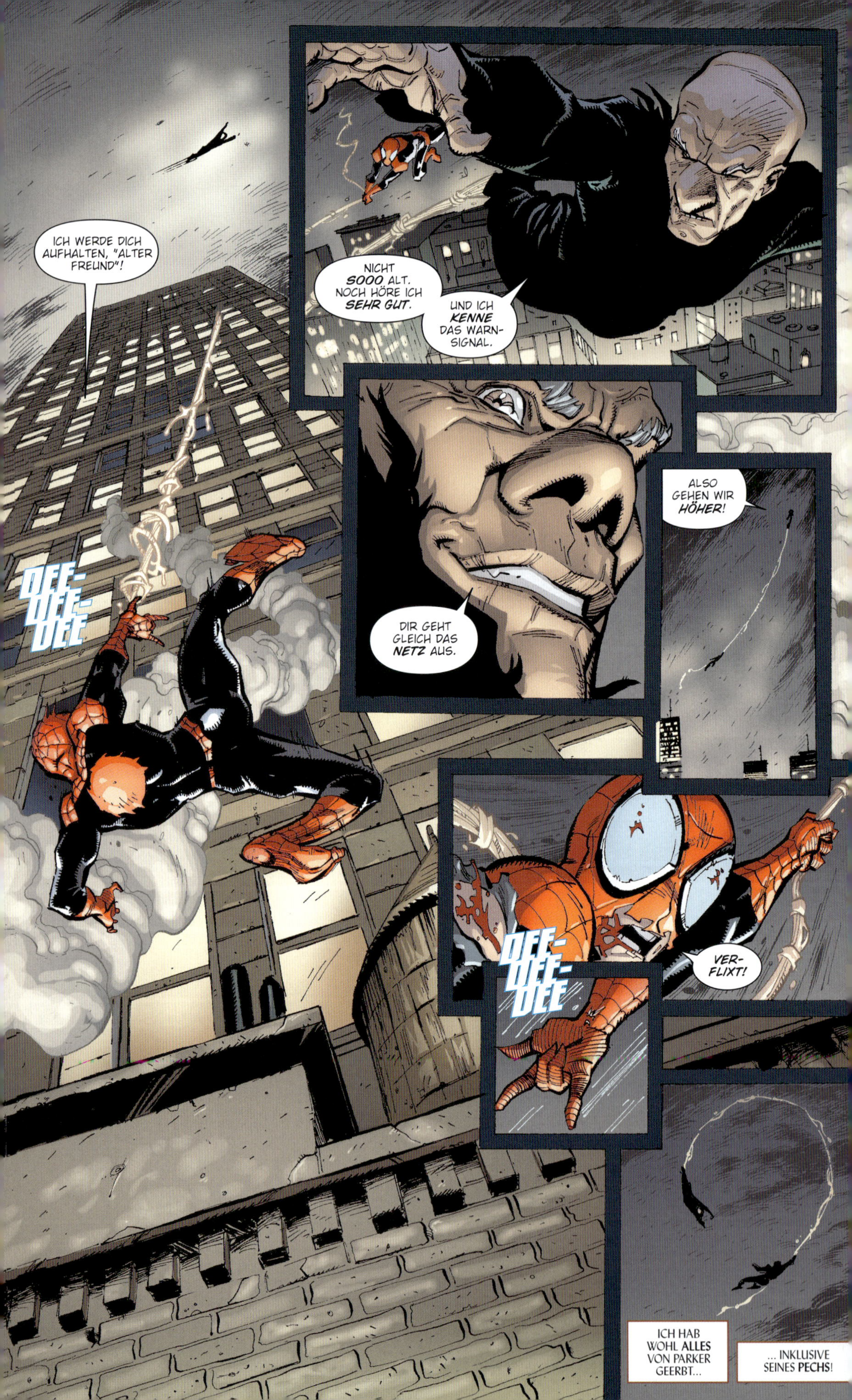

ICH WERDE DICH AUFHALTEN, "ALTER FREUND"!
NICHT SOOO ALT. NOCH HÖRE ICH SEHR GUT.
UND ICH KENNE DAS WARN-SIGNAL.
DIR GEHT GLEICH DAS NETZ AUS.
ALSO GEHEN WIR HÖHER!
PFF-PFF-PFF
VER-FLIXT!
PFF-PFF-PFF
ICH HAB WOHL ALLES VON PARKER GEERBT...
... INKLUSIVE SEINES PECHS!

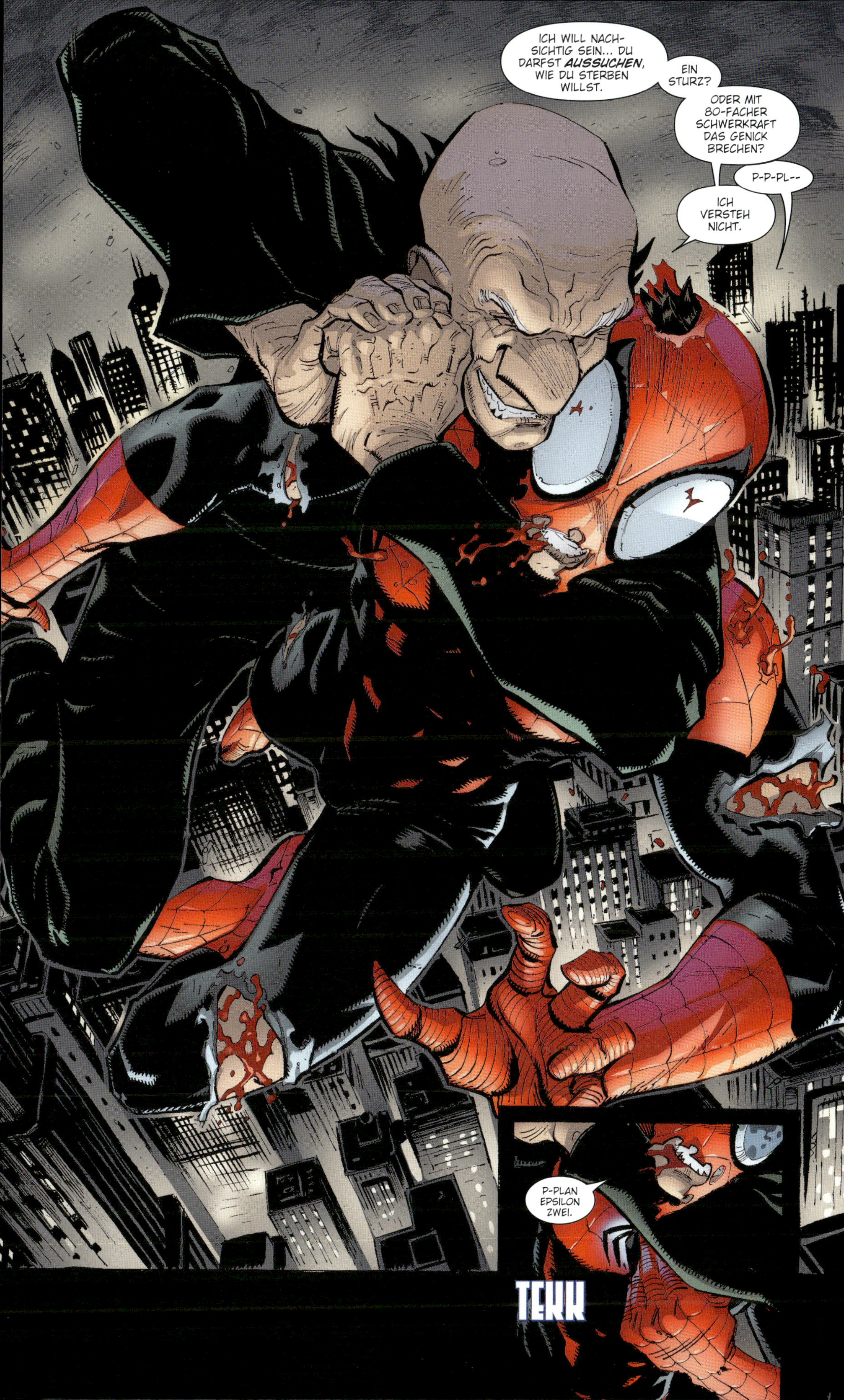
ICH WILL NACH-
SICHTIG SEIN... DU
DARFST **AUSSUCHEN**,
WIE DU STERBEN
WILLST.
EIN
STURZ?
ODER MIT
80-FACHER
SCHWERKRAFT
DAS GENICK
BRECHEN?
P-P-PL--
ICH
VERSTEH
NICHT.
P-PLAN
EPSILON
ZWEI.
TEKK

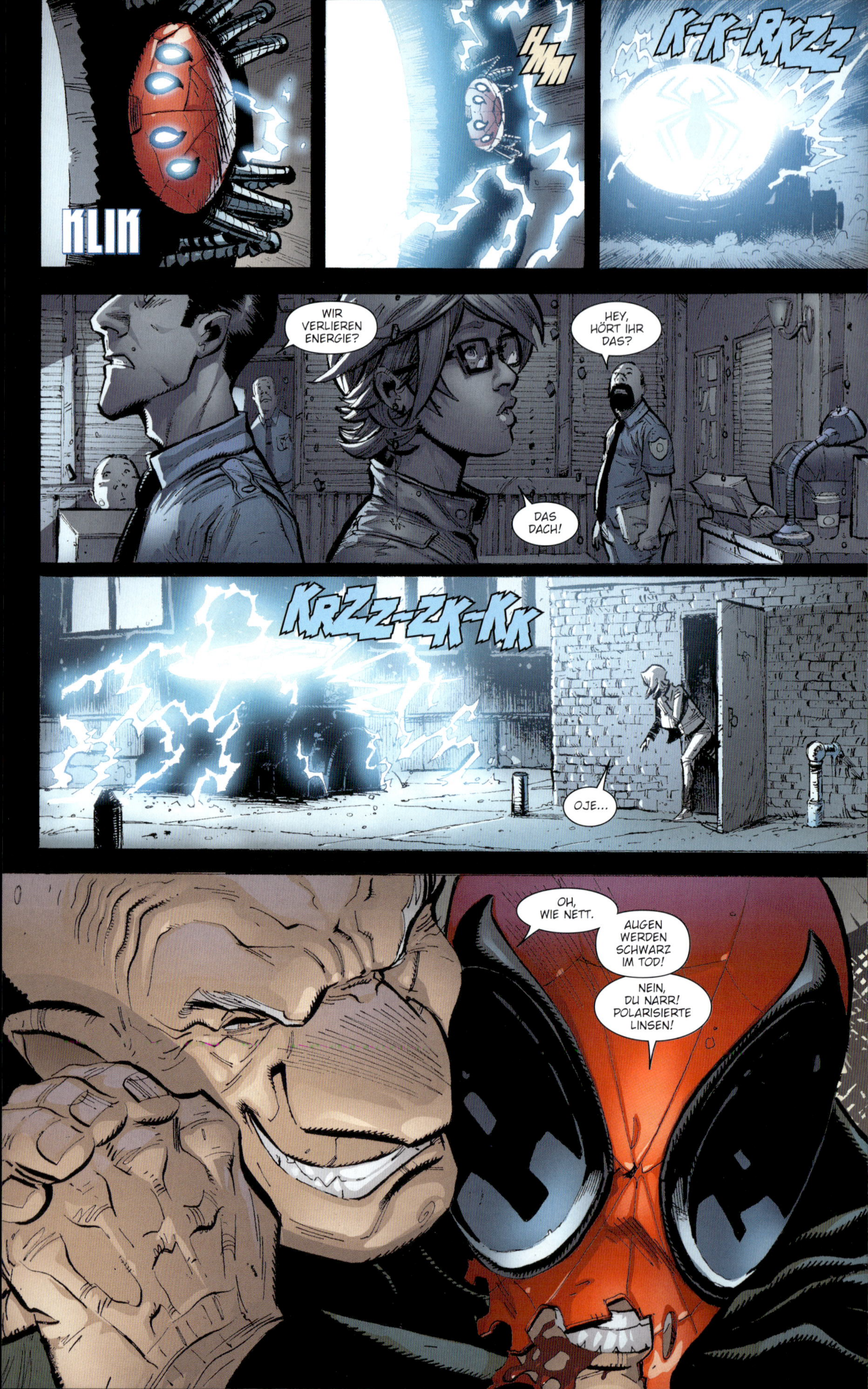

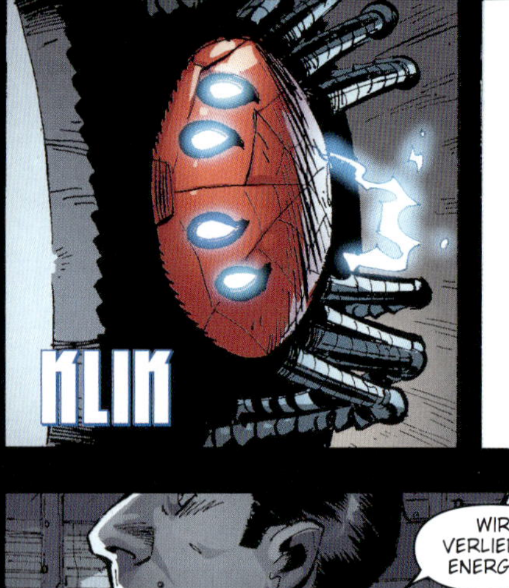

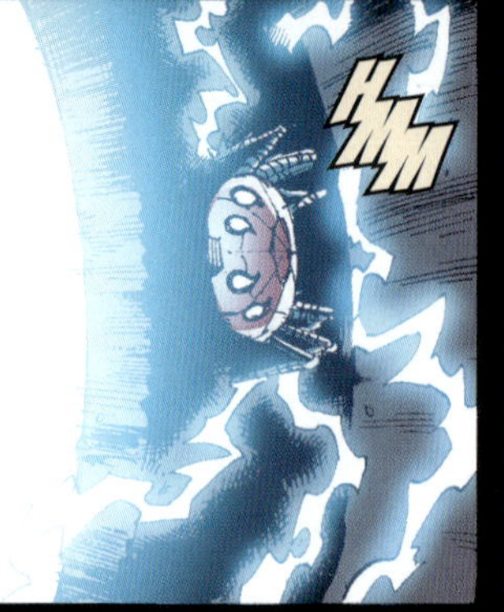

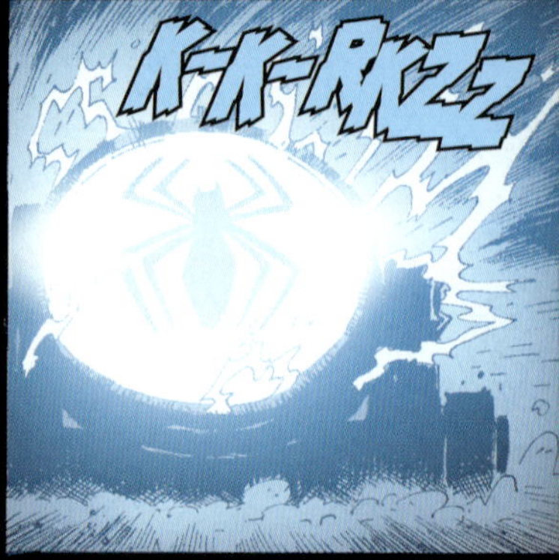

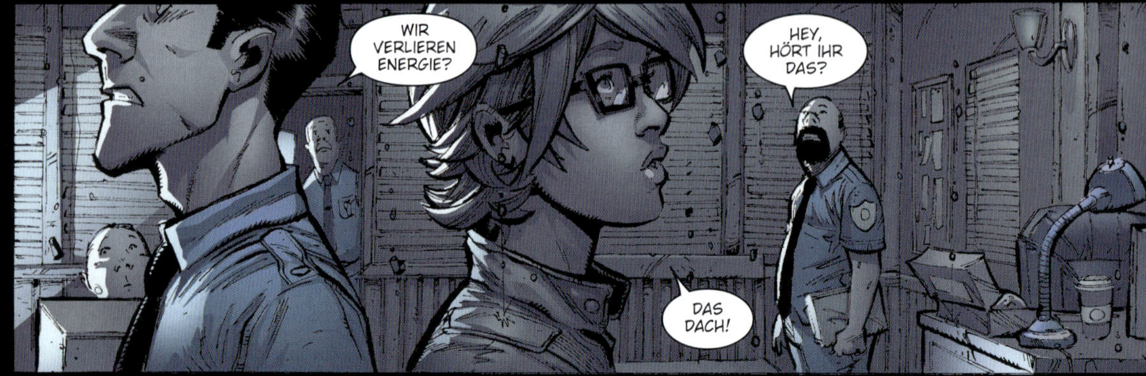

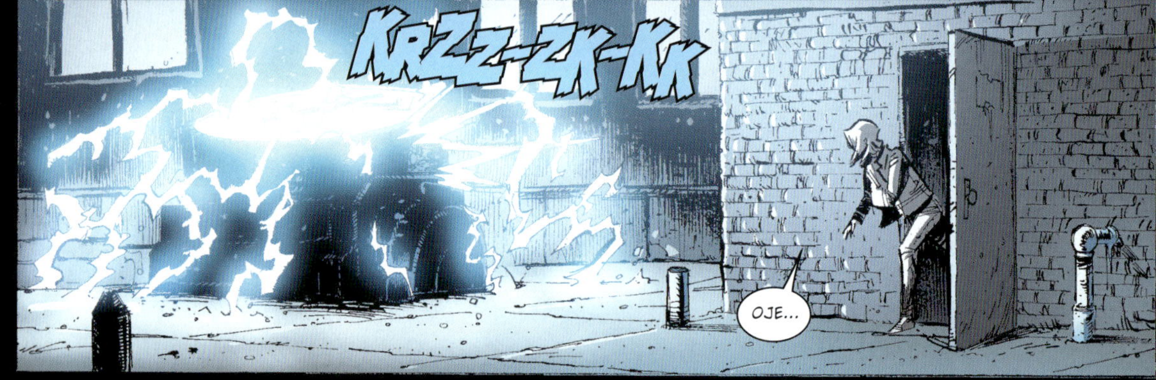

OH, WIE NETT.

AUGEN WERDEN SCHWARZ IM TOD!

NEIN, DU NARR! POLARISIERTE LINSEN!

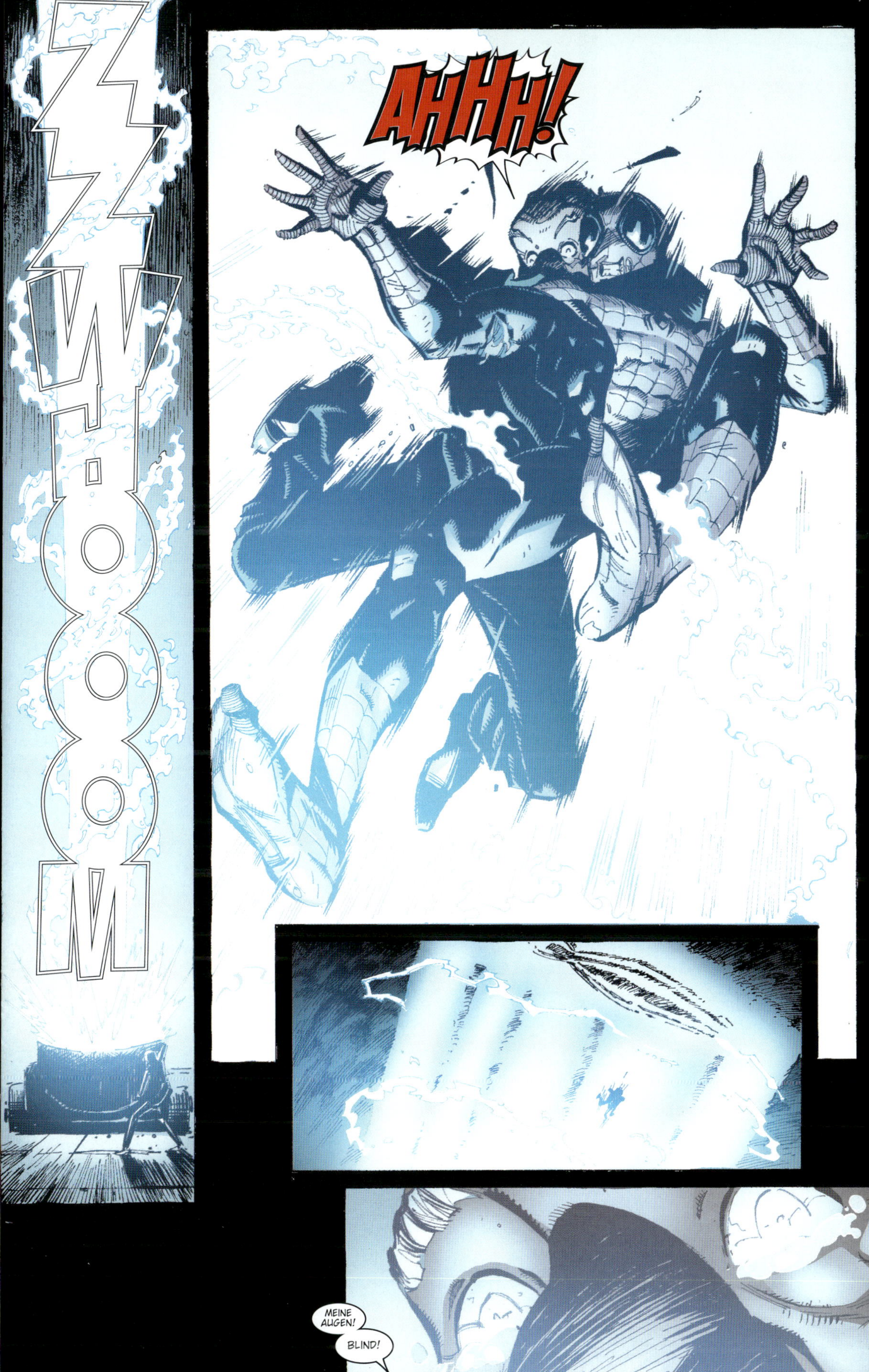
ZZZWHOOOOM
AHHH!
MEINE AUGEN!
BLIND!

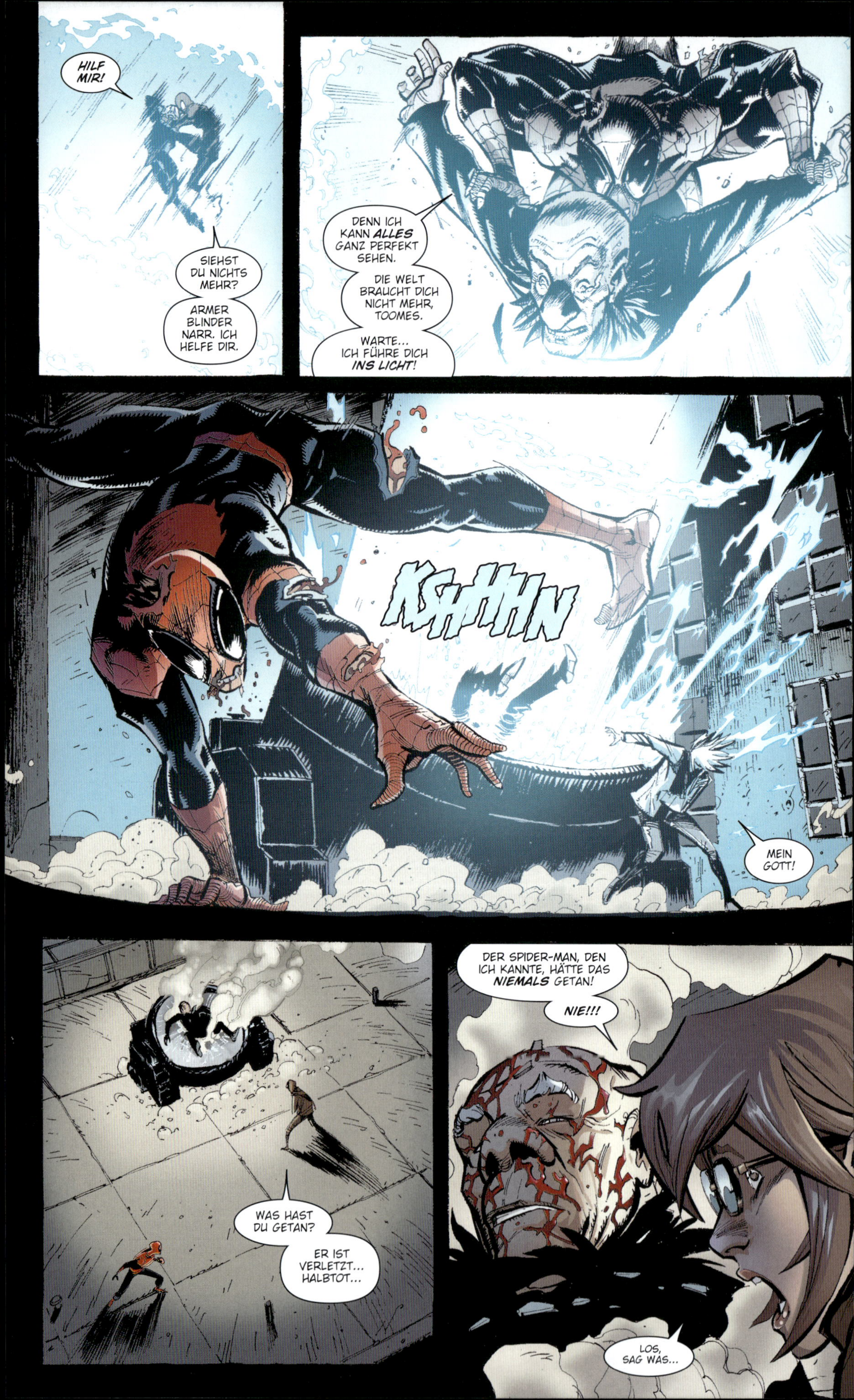

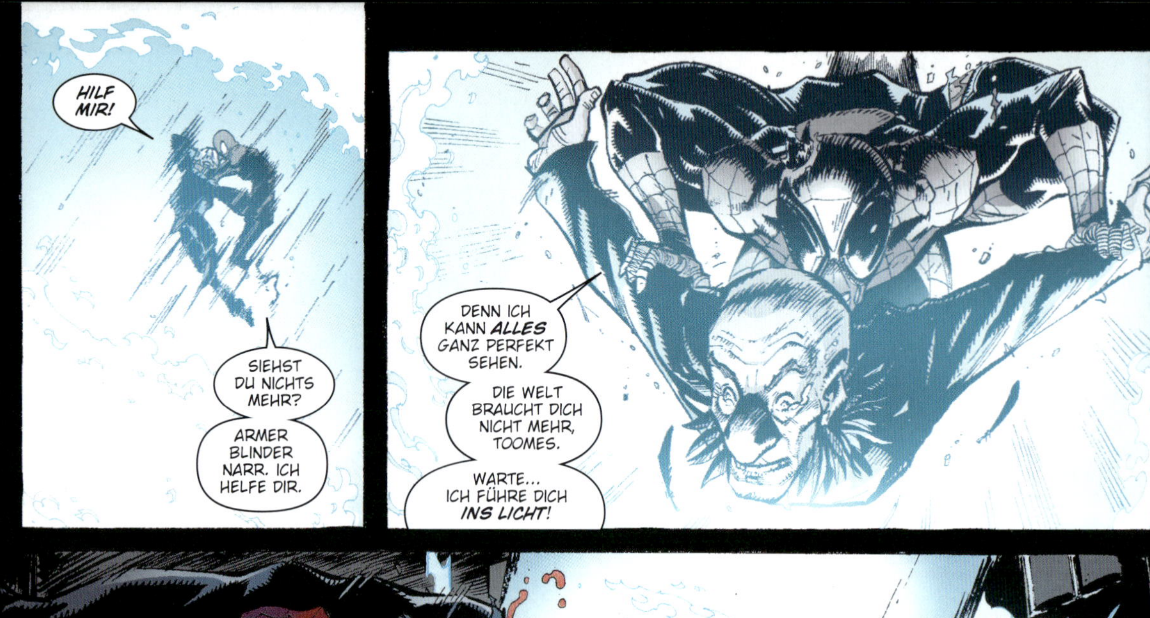
HILF MIR!
SIEHST DU NICHTS MEHR?
ARMER BLINDER NARR. ICH HELFE DIR.
DENN ICH KANN ALLES GANZ PERFEKT SEHEN.
DIE WELT BRAUCHT DICH NICHT MEHR, TOOMES.
WARTE... ICH FÜHRE DICH INS LICHT!
KSHHHN
MEIN GOTT!

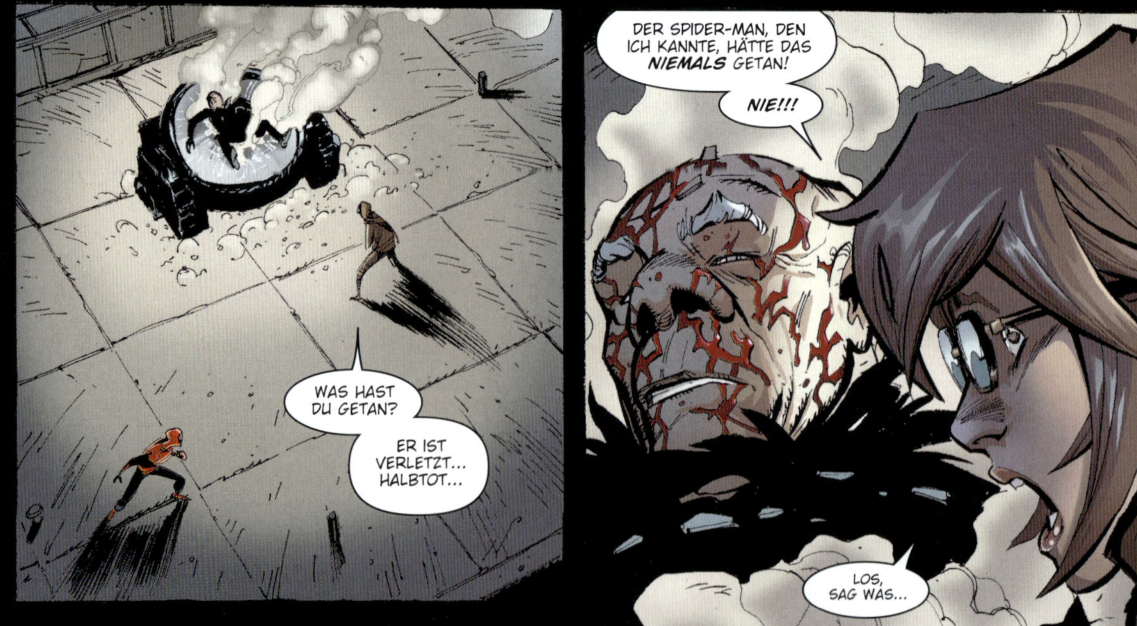
WAS HAST DU GETAN?
ER IST VERLETZT... HALBTOT...
DER SPIDER-MAN, DEN ICH KANNTE, HÄTTE DAS NIEMALS GETAN!
NIE!!!
LOS, SAG WAS...

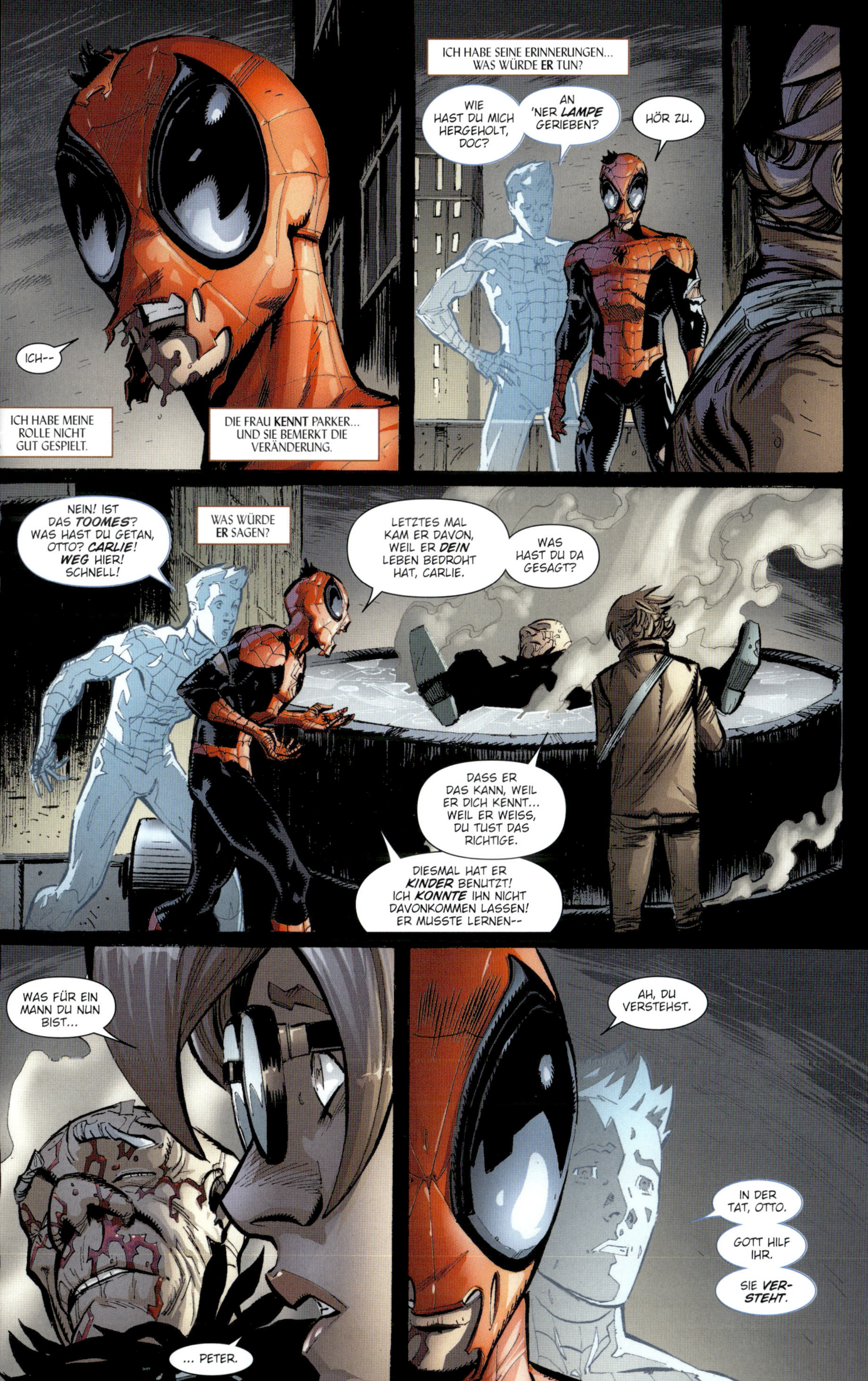
ICH--
ICH HABE MEINE ROLLE NICHT GUT GESPIELT.
DIE FRAU KENNT PARKER... UND SIE BEMERKT DIE VERÄNDERUNG.
ICH HABE SEINE ERINNERUNGEN... WAS WÜRDE ER TUN?
WIE HAST DU MICH HERGEHOLT, DOC?
AN 'NER LAMPE GERIEBEN?
HÖR ZU.
NEIN! IST DAS TOOMES? WAS HAST DU GETAN, OTTO? CARLIE! WEG HIER! SCHNELL!
WAS WÜRDE ER SAGEN?
LETZTES MAL KAM ER DAVON, WEIL ER DEIN LEBEN BEDROHT HAT, CARLIE.
WAS HAST DU DA GESAGT?
DASS ER DAS KANN, WEIL ER DICH KENNT... WEIL ER WEISS, DU TUST DAS RICHTIGE.
DIESMAL HAT ER KINDER BENUTZT! ICH KONNTE IHN NICHT DAVONKOMMEN LASSEN! ER MUSSTE LERNEN--
WAS FÜR EIN MANN DU NUN BIST...
... PETER.
AH, DU VERSTEHST.
IN DER TAT, OTTO.
GOTT HILF IHR.
SIE VERSTEHT.

DER AGGRESSIVE ANSATZ

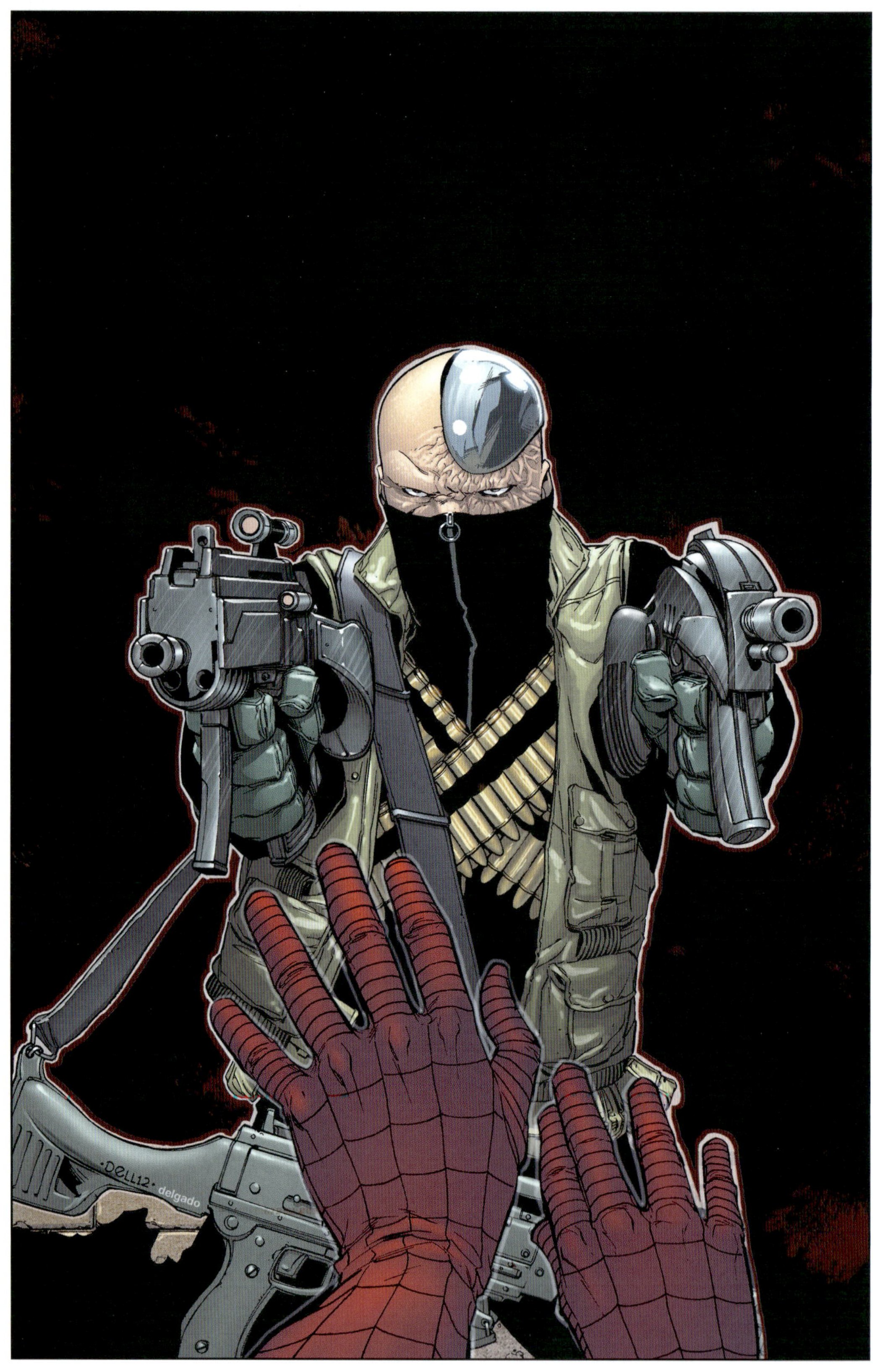

Superior Spider-Man (2013) 4
Cover von **GIUSEPPE CAMUNCOLI**

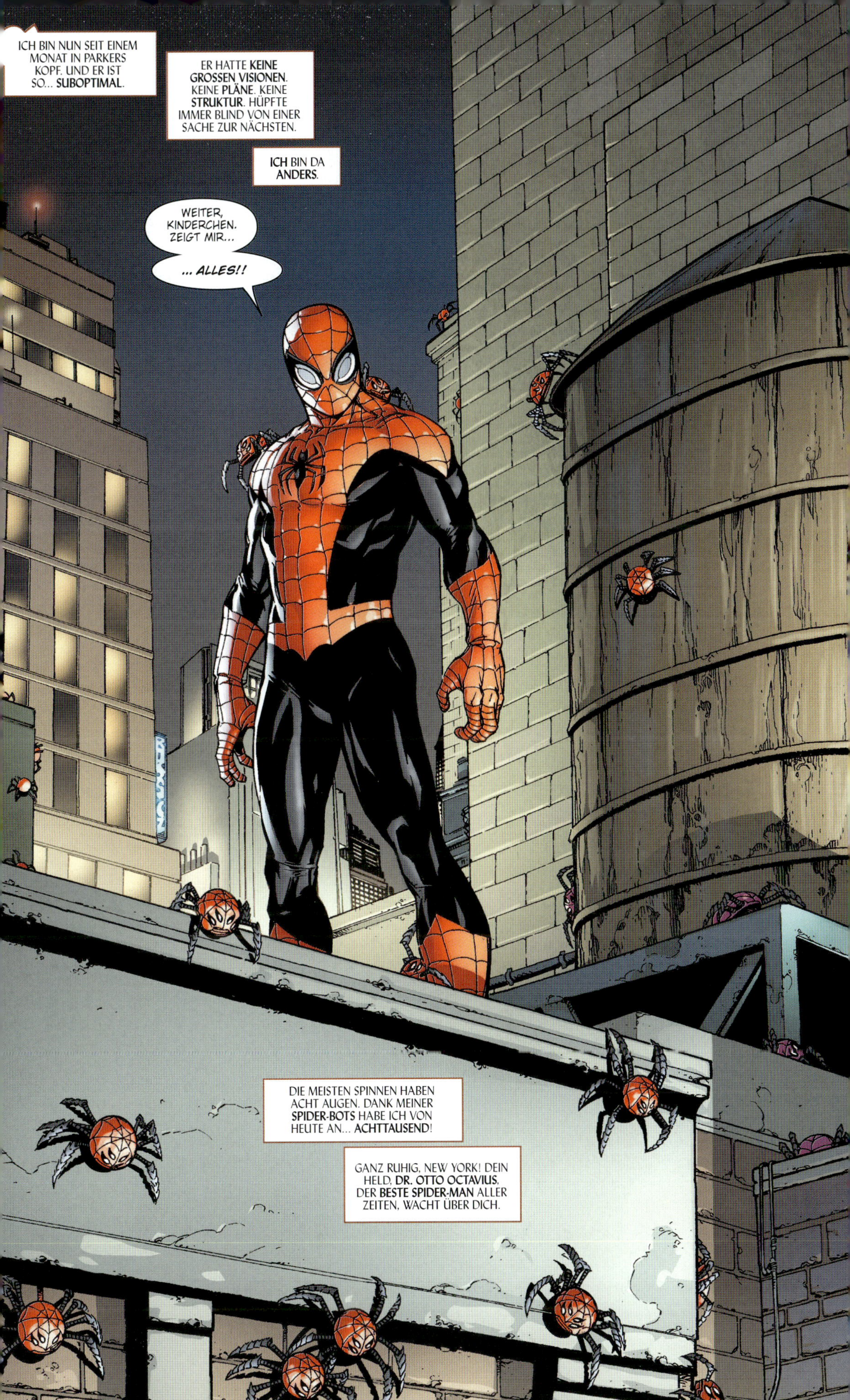
ICH BIN NUN SEIT EINEM MONAT IN PARKERS KOPF. UND ER IST SO... SUBOPTIMAL.
ER HATTE KEINE GROSSEN VISIONEN. KEINE PLÄNE. KEINE STRUKTUR. HÜPFTE IMMER BLIND VON EINER SACHE ZUR NÄCHSTEN.
ICH BIN DA ANDERS.
WEITER, KINDERCHEN. ZEIGT MIR...
... ALLES!!
DIE MEISTEN SPINNEN HABEN ACHT AUGEN. DANK MEINER SPIDER-BOTS HABE ICH VON HEUTE AN... ACHTTAUSEND!
GANZ RUHIG, NEW YORK! DEIN HELD, DR. OTTO OCTAVIUS, DER BESTE SPIDER-MAN ALLER ZEITEN, WACHT ÜBER DICH.

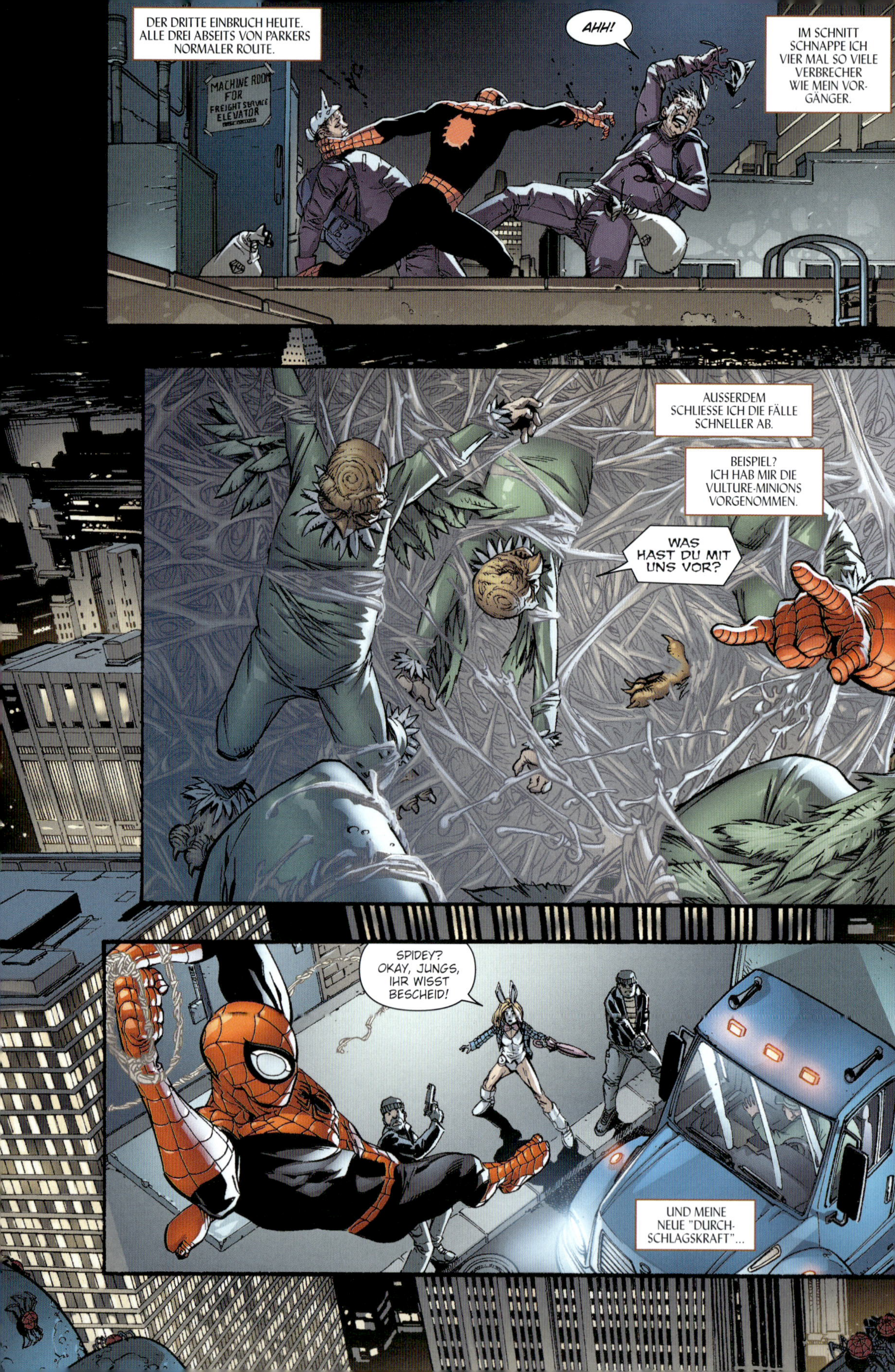
DER DRITTE EINBRUCH HEUTE. ALLE DREI ABSEITS VON PARKERS NORMALER ROUTE.
AHH!
IM SCHNITT SCHNAPPE ICH VIER MAL SO VIELE VERBRECHER WIE MEIN VORGÄNGER.
MACHINE ROOM FOR FREIGHT SERVICE ELEVATOR
AUSSERDEM SCHLIESSE ICH DIE FÄLLE SCHNELLER AB.
BEISPIEL? ICH HAB MIR DIE VULTURE-MINIONS VORGENOMMEN.
WAS HAST DU MIT UNS VOR?
SPIDEY? OKAY, JUNGS, IHR WISST BESCHEID!
UND MEINE NEUE "DURCHSCHLAGSKRAFT"...

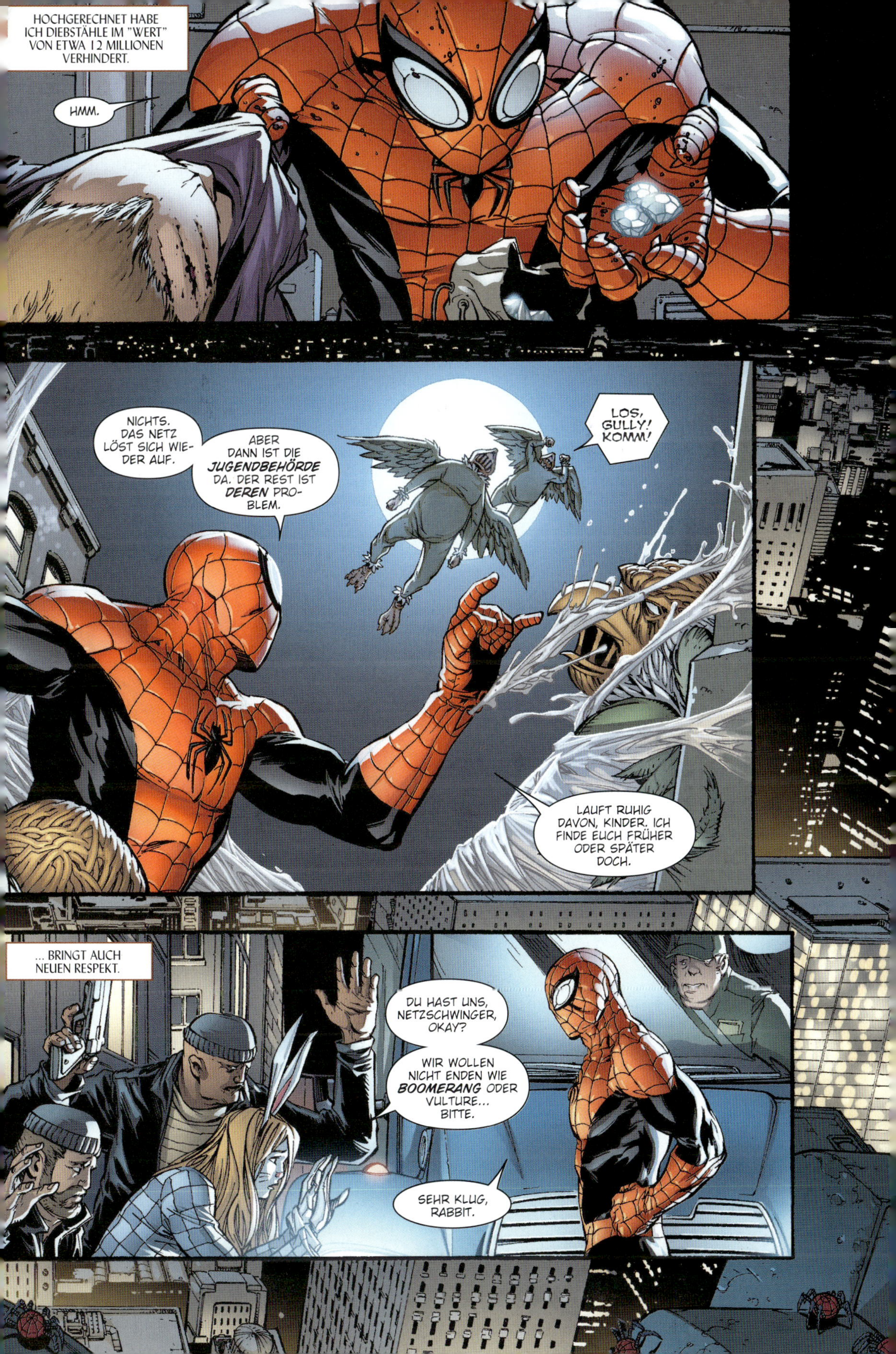
HOCHGERECHNET HABE ICH DIEBSTÄHLE IM "WERT" VON ETWA 12 MILLIONEN VERHINDERT.
HMM.
NICHTS. DAS NETZ LÖST SICH WIEDER AUF.
ABER DANN IST DIE **JUGENDBEHÖRDE** DA. DER REST IST **DEREN** PROBLEM.
LOS, GULLY! KOMM!
LAUFT RUHIG DAVON, KINDER. ICH FINDE EUCH FRÜHER ODER SPÄTER DOCH.
... BRINGT AUCH NEUEN RESPEKT.
DU HAST UNS, NETZSCHWINGER, OKAY?
WIR WOLLEN NICHT ENDEN WIE **BOOMERANG** ODER VULTURE... BITTE.
SEHR KLUG, RABBIT.

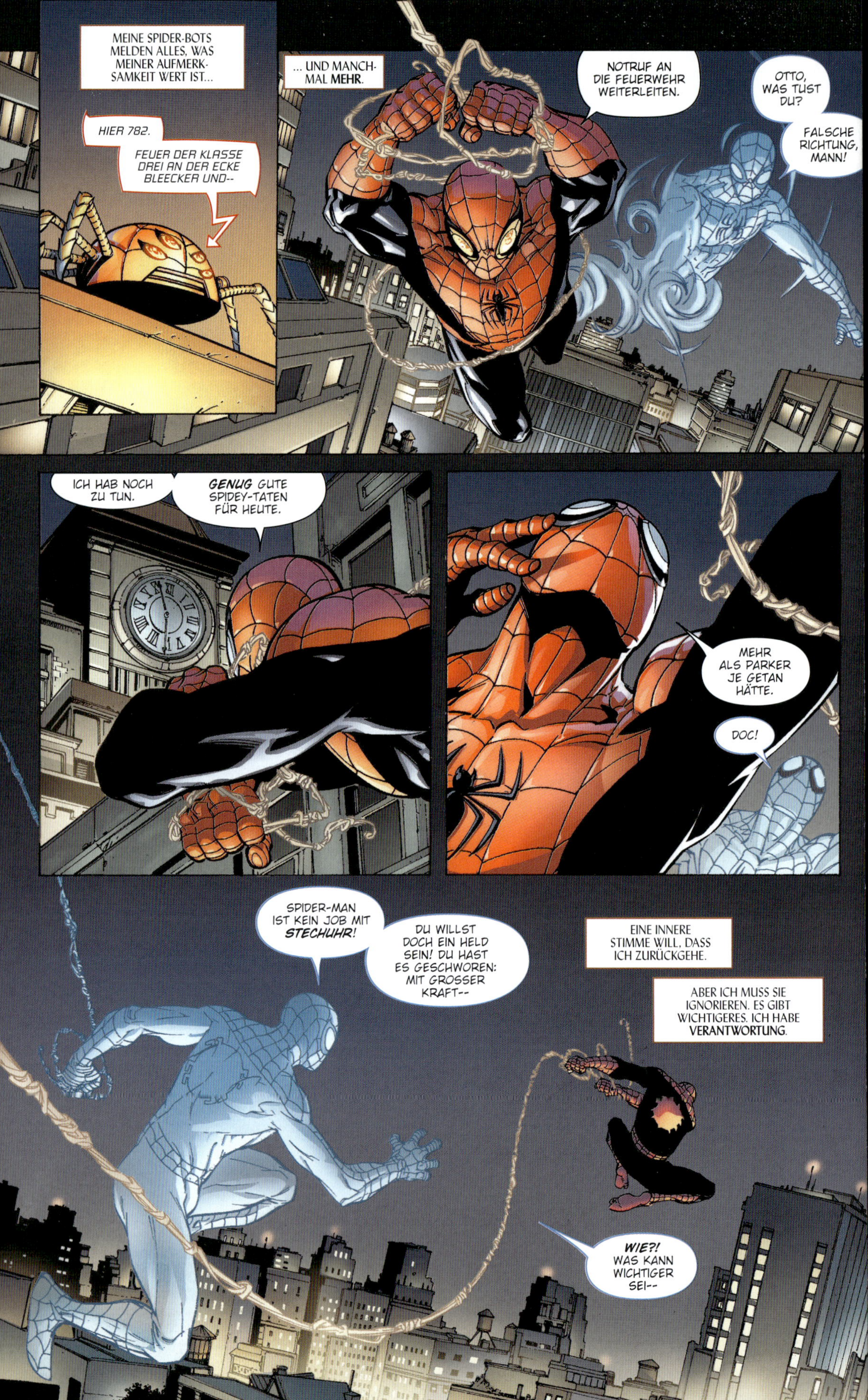
MEINE SPIDER-BOTS MELDEN ALLES, WAS MEINER AUFMERKSAMKEIT WERT IST...
HIER 782.
FEUER DER KLASSE DREI AN DER ECKE BLEECKER UND--
... UND MANCHMAL MEHR.
NOTRUF AN DIE FEUERWEHR WEITERLEITEN.
OTTO, WAS TUST DU?
FALSCHE RICHTUNG, MANN!
ICH HAB NOCH ZU TUN.
GENUG GUTE SPIDEY-TATEN FÜR HEUTE.
MEHR ALS PARKER JE GETAN HÄTTE.
DOC!
SPIDER-MAN IST KEIN JOB MIT STECHUHR!
DU WILLST DOCH EIN HELD SEIN! DU HAST ES GESCHWOREN: MIT GROSSER KRAFT--
EINE INNERE STIMME WILL, DASS ICH ZURÜCKGEHE.
ABER ICH MUSS SIE IGNORIEREN. ES GIBT WICHTIGERES. ICH HABE VERANTWORTUNG.
WIE?! WAS KANN WICHTIGER SEI--

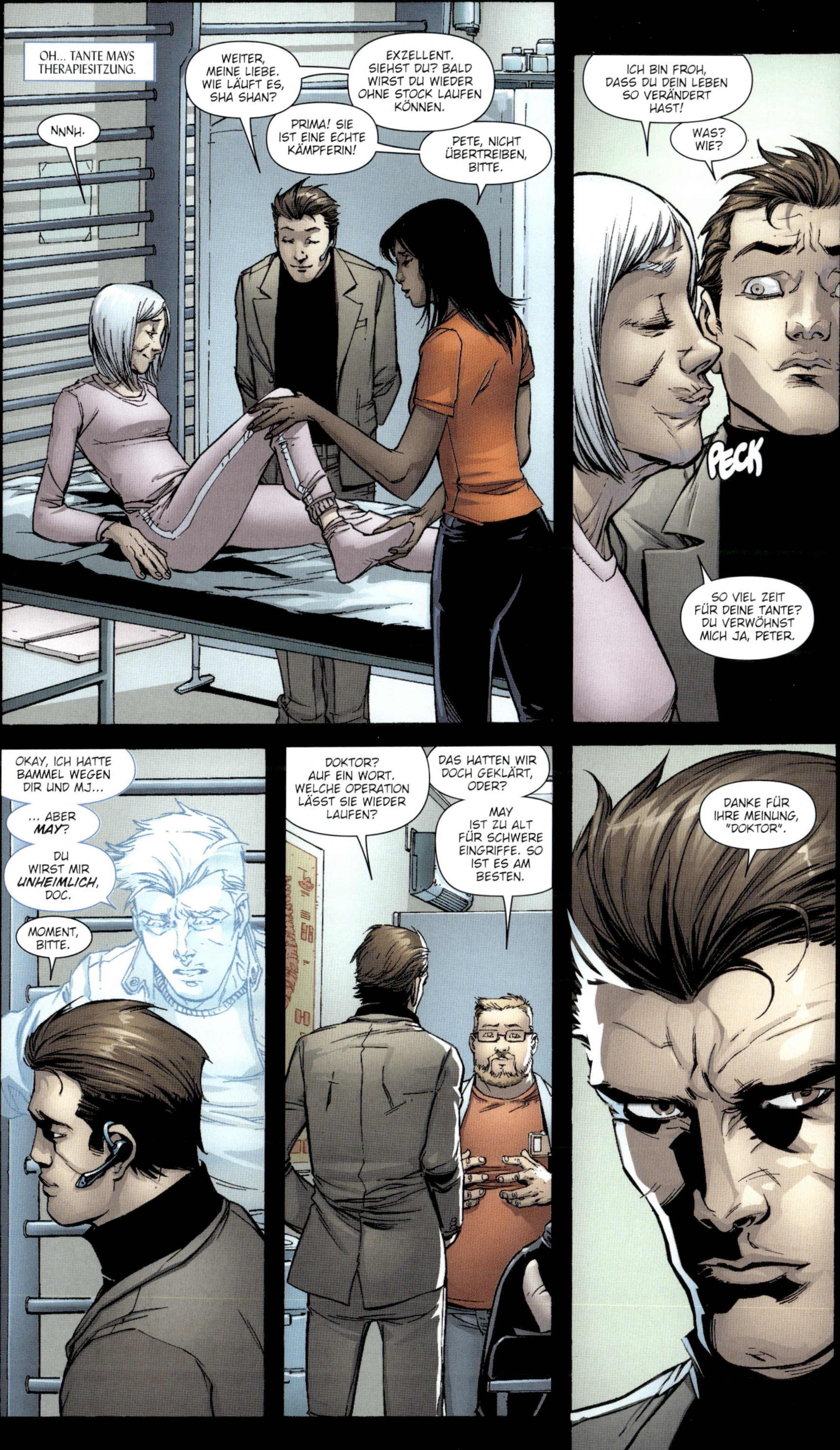

OH… TANTE MAYS THERAPIESITZUNG.
NNNH.
WEITER, MEINE LIEBE. WIE LÄUFT ES, SHA SHAN?
EXZELLENT. SIEHST DU? BALD WIRST DU WIEDER OHNE STOCK LAUFEN KÖNNEN.
PRIMA! SIE IST EINE ECHTE KÄMPFERIN!
PETE, NICHT ÜBERTREIBEN, BITTE.

ICH BIN FROH, DASS DU DEIN LEBEN SO VERÄNDERT HAST!
WAS? WIE?
PECK
SO VIEL ZEIT FÜR DEINE TANTE? DU VERWÖHNST MICH JA, PETER.

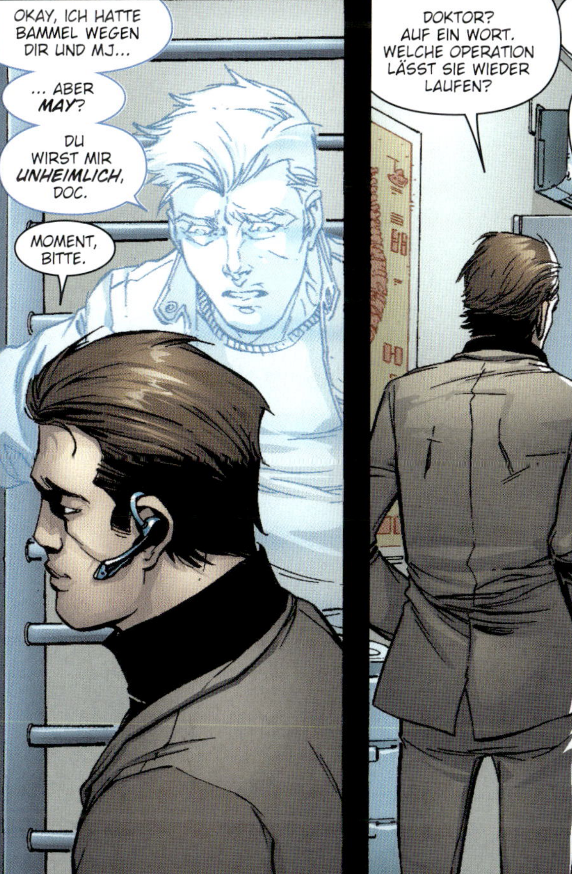

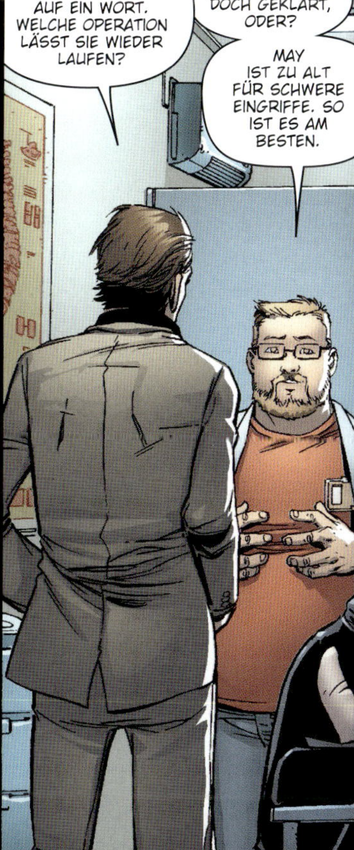

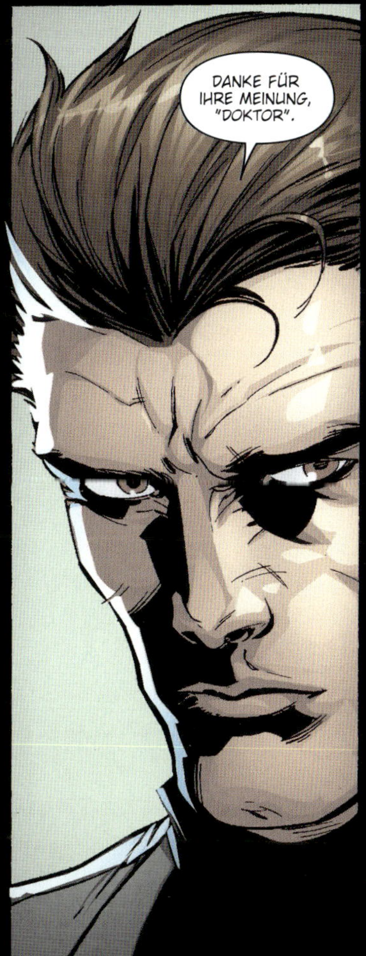

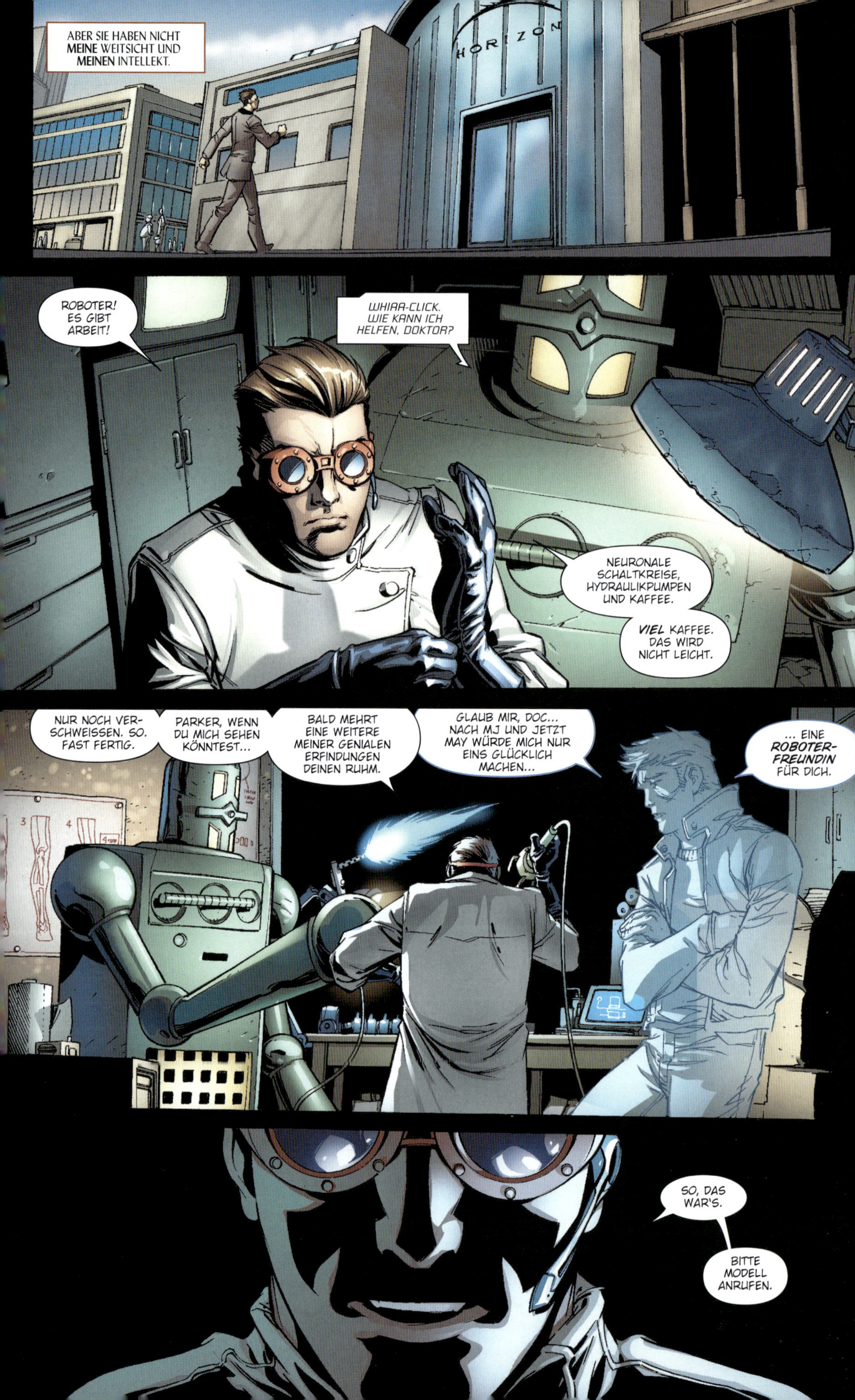
ABER SIE HABEN NICHT MEINE WEITSICHT UND MEINEN INTELLEKT.
HORIZON
ROBOTER! ES GIBT ARBEIT!
WHIRR-CLICK. WIE KANN ICH HELFEN, DOKTOR?
NEURONALE SCHALTKREISE, HYDRAULIKPUMPEN UND KAFFEE.
VIEL KAFFEE. DAS WIRD NICHT LEICHT.
NUR NOCH VER-SCHWEISSEN. SO. FAST FERTIG.
PARKER, WENN DU MICH SEHEN KÖNNTEST...
BALD MEHRT EINE WEITERE MEINER GENIALEN ERFINDUNGEN DEINEN RUHM.
GLAUB MIR, DOC... NACH MJ UND JETZT MAY WÜRDE MICH NUR EINS GLÜCKLICH MACHEN...
... EINE ROBOTER-FREUNDIN FÜR DICH.
SO, DAS WAR'S.
BITTE MODELL ANRUFEN.

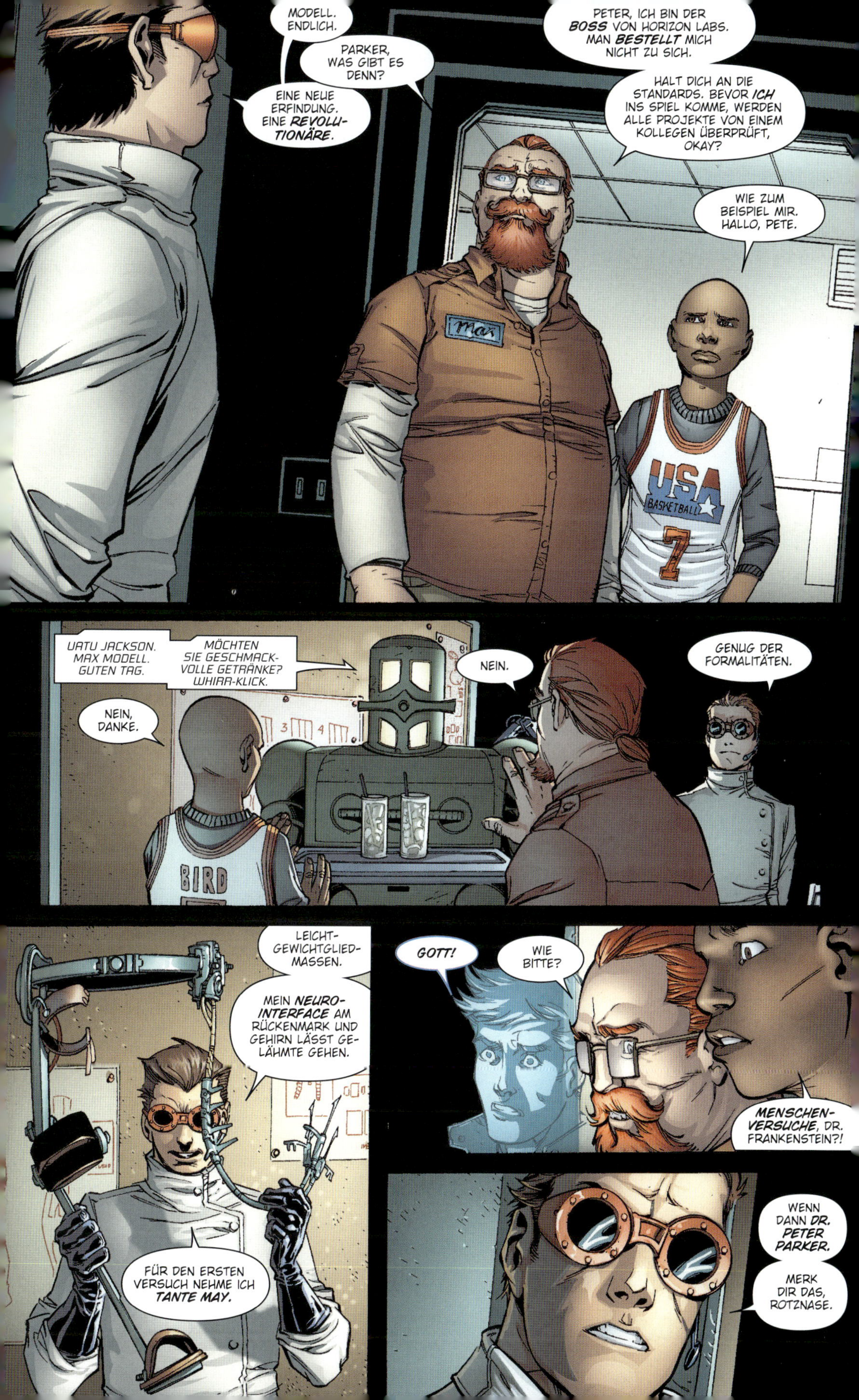

MODELL. ENDLICH.

PARKER, WAS GIBT ES DENN?

EINE NEUE ERFINDUNG. EINE ***REVOLUTIONÄRE***.

PETER, ICH BIN DER ***BOSS*** VON HORIZON LABS. MAN ***BESTELLT*** MICH NICHT ZU SICH.

HALT DICH AN DIE STANDARDS. BEVOR ***ICH*** INS SPIEL KOMME, WERDEN ALLE PROJEKTE VON EINEM KOLLEGEN ÜBERPRÜFT, OKAY?

WIE ZUM BEISPIEL MIR. HALLO, PETE.

UATU JACKSON. MAX MODELL. GUTEN TAG.

MÖCHTEN SIE GESCHMACKVOLLE GETRÄNKE? WHIRR-KLICK.

NEIN, DANKE.

NEIN.

GENUG DER FORMALITÄTEN.

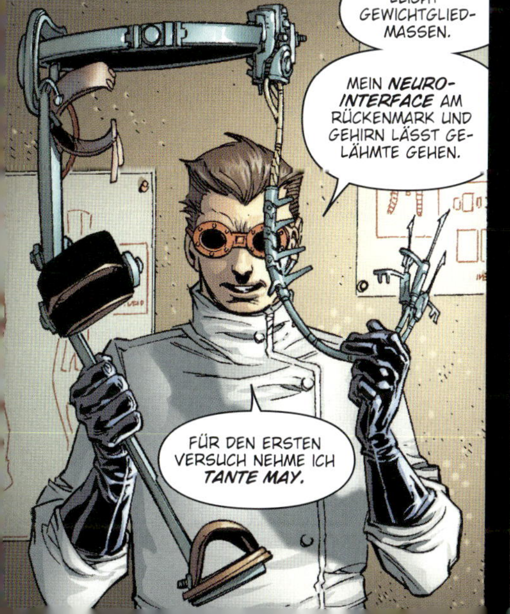

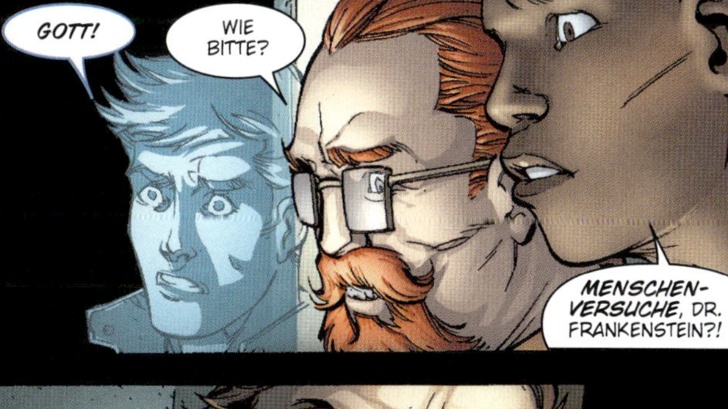

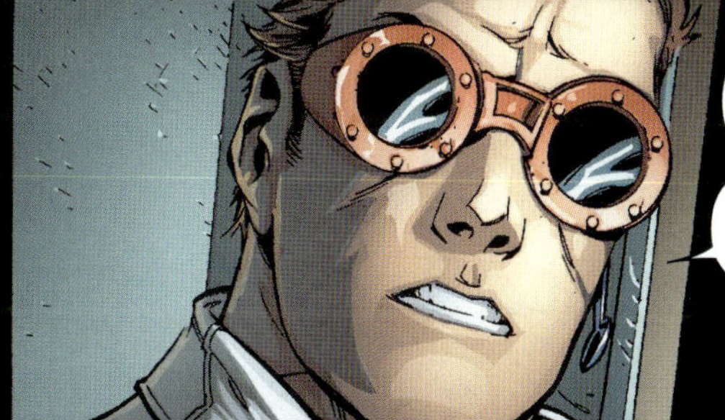

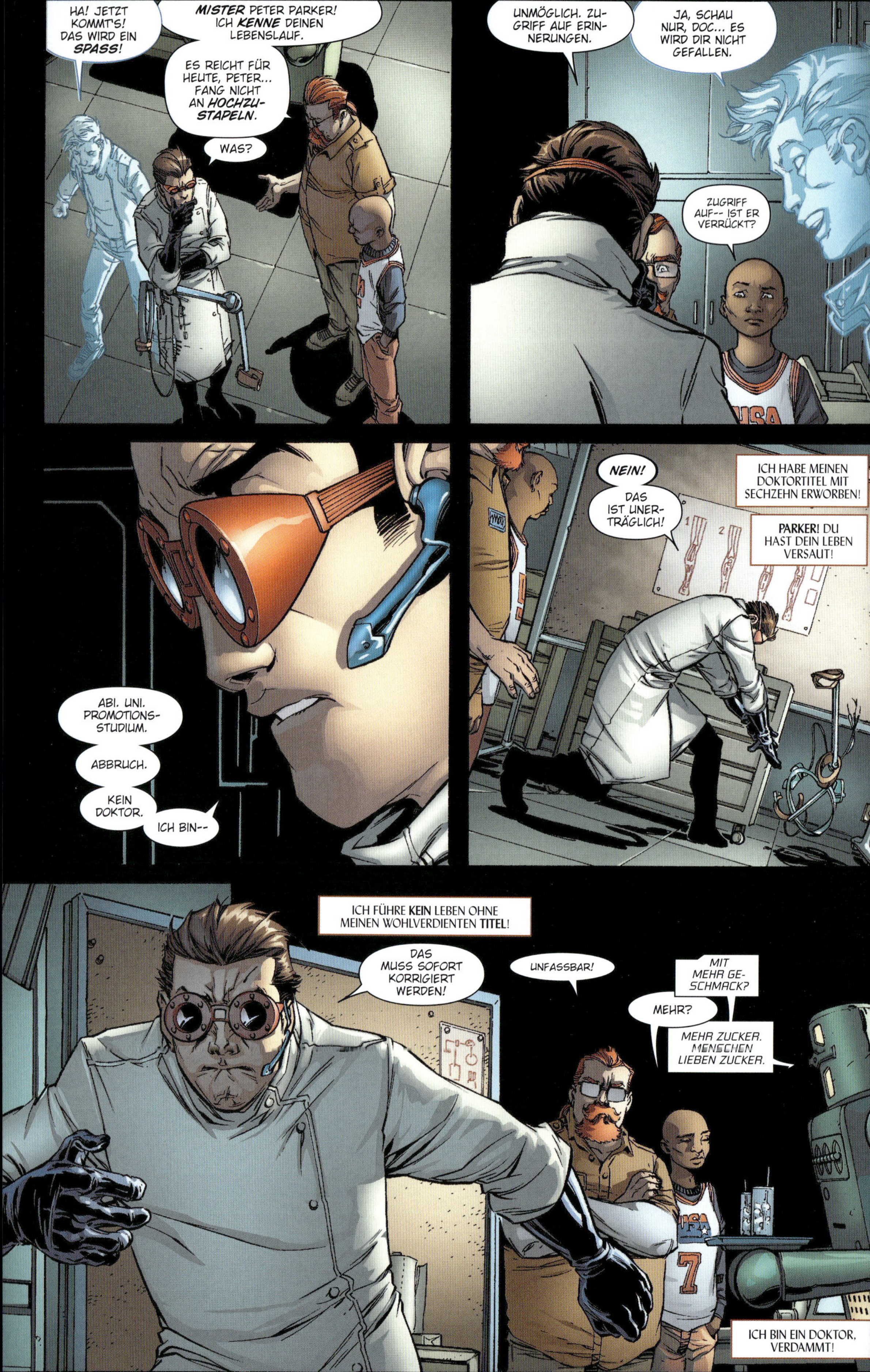
HA! JETZT KOMMT'S! DAS WIRD EIN SPASS!
MISTER PETER PARKER! ICH KENNE DEINEN LEBENSLAUF.
ES REICHT FÜR HEUTE, PETER... FANG NICHT AN HOCHZUSTAPELN.
WAS?
UNMÖGLICH. ZUGRIFF AUF ERINNERUNGEN.
JA, SCHAU NUR, DOC... ES WIRD DIR NICHT GEFALLEN.
ZUGRIFF AUF-- IST ER VERRÜCKT?
ABI. UNI. PROMOTIONSSTUDIUM.
ABBRUCH.
KEIN DOKTOR.
ICH BIN--
NEIN!
DAS IST UNERTRÄGLICH!
ICH HABE MEINEN DOKTORTITEL MIT SECHZEHN ERWORBEN!
PARKER! DU HAST DEIN LEBEN VERSAUT!
ICH FÜHRE KEIN LEBEN OHNE MEINEN WOHLVERDIENTEN TITEL!
DAS MUSS SOFORT KORRIGIERT WERDEN!
UNFASSBAR!
MIT MEHR GESCHMACK?
MEHR?
MEHR ZUCKER. MENSCHEN LIEBEN ZUCKER.
ICH BIN EIN DOKTOR, VERDAMMT!

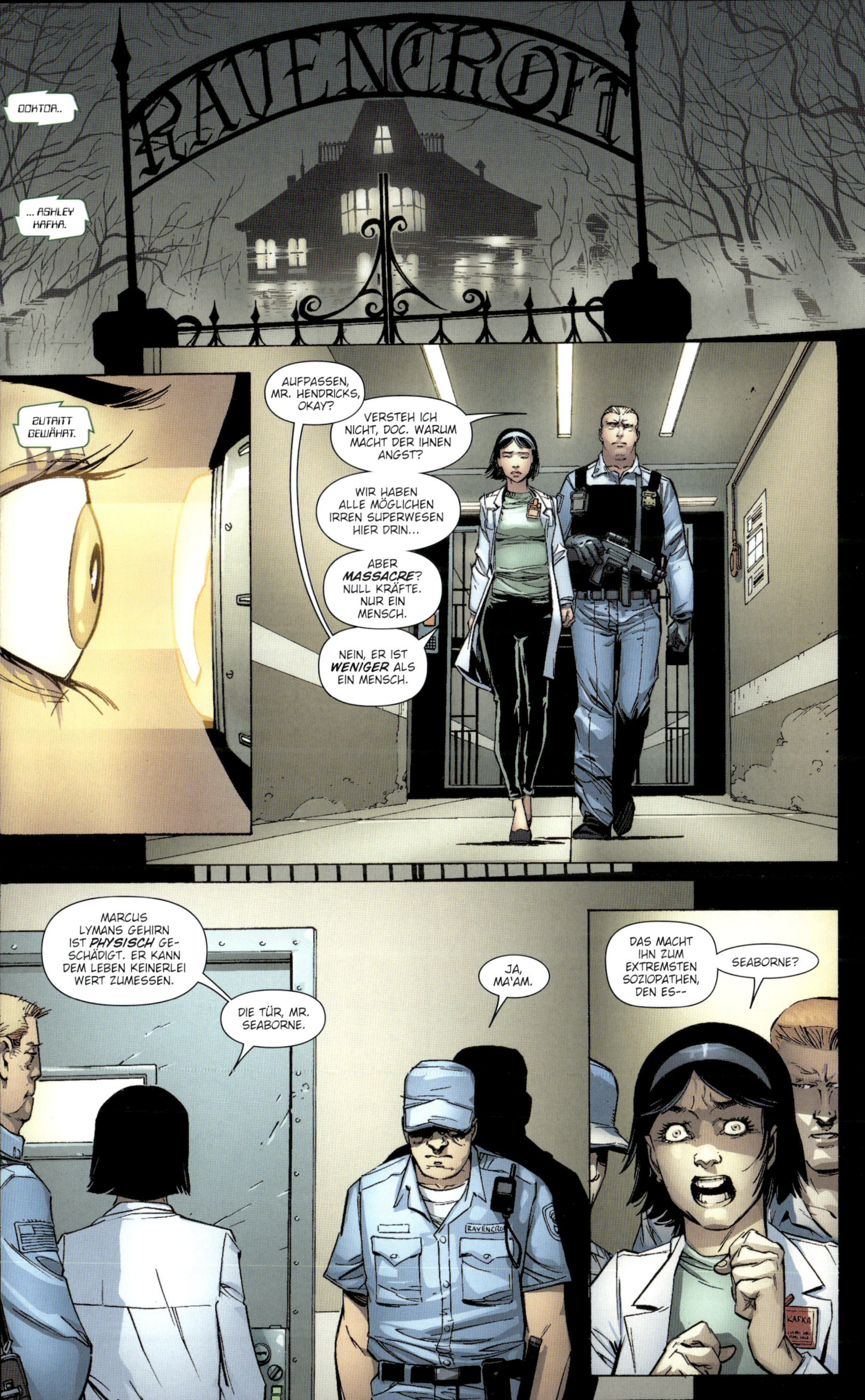
RAVENCROFT
DOKTOR..
... ASHLEY KAFKA.
ZUTRITT GEWÄHRT.
AUFPASSEN, MR. HENDRICKS, OKAY?
VERSTEH ICH NICHT, DOC. WARUM MACHT DER IHNEN ANGST?
WIR HABEN ALLE MÖGLICHEN IRREN SUPERWESEN HIER DRIN...
ABER MASSACRE? NULL KRÄFTE. NUR EIN MENSCH.
NEIN, ER IST WENIGER ALS EIN MENSCH.
MARCUS LYMANS GEHIRN IST PHYSISCH GESCHÄDIGT. ER KANN DEM LEBEN KEINERLEI WERT ZUMESSEN.
DIE TÜR, MR. SEABORNE.
JA, MA'AM.
DAS MACHT IHN ZUM EXTREMSTEN SOZIOPATHEN, DEN ES--
SEABORNE?
KAFKA

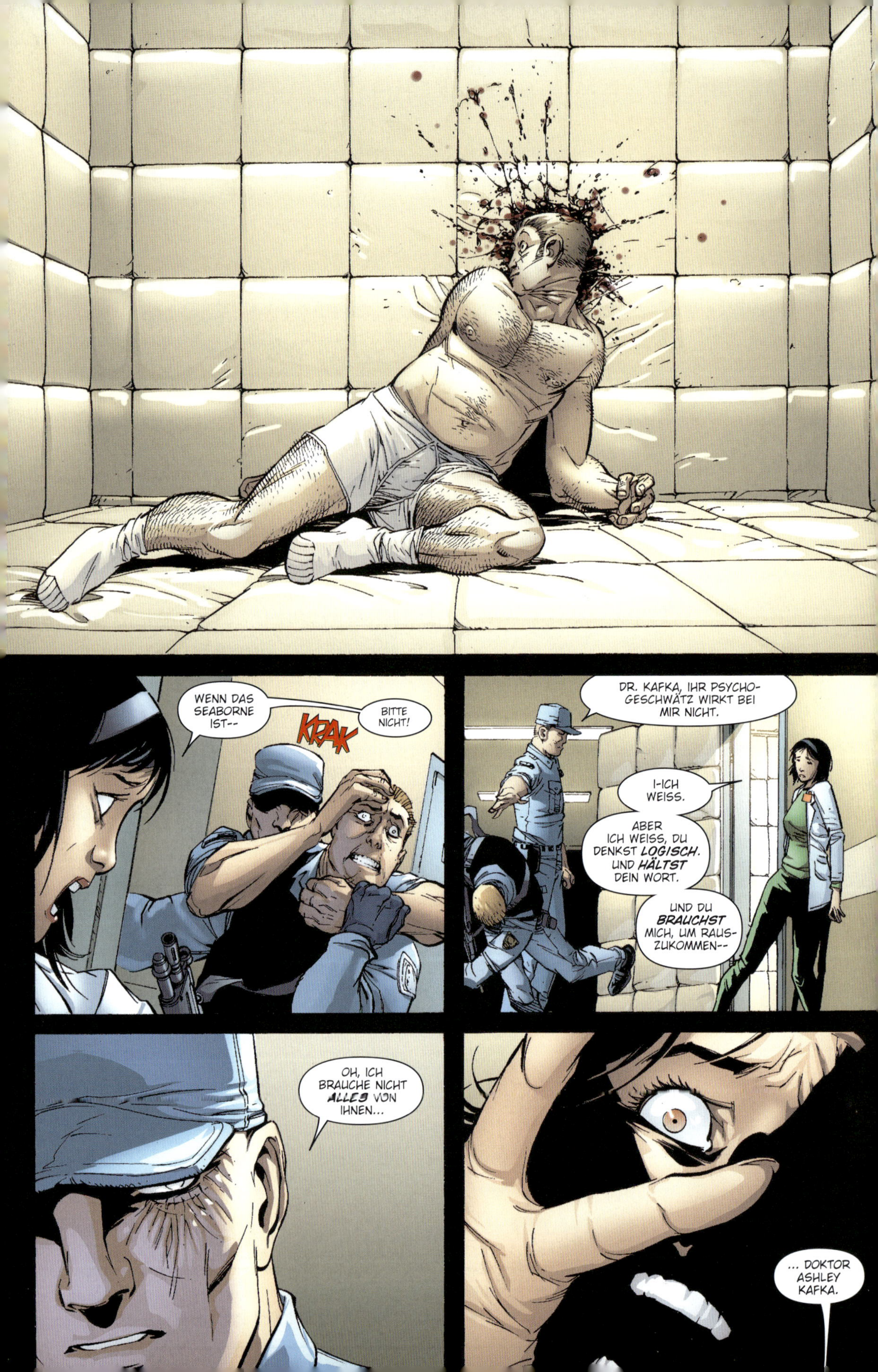
WENN DAS SEABORNE IST--
BITTE NICHT!
KRAK
DR. KAFKA, IHR PSYCHO-GESCHWÄTZ WIRKT BEI MIR NICHT.
I-ICH WEISS.
ABER ICH WEISS, DU DENKST LOGISCH. UND HÄLTST DEIN WORT.
UND DU BRAUCHST MICH, UM RAUS-ZUKOMMEN--
OH, ICH BRAUCHE NICHT ALLES VON IHNEN...
... DOKTOR ASHLEY KAFKA.

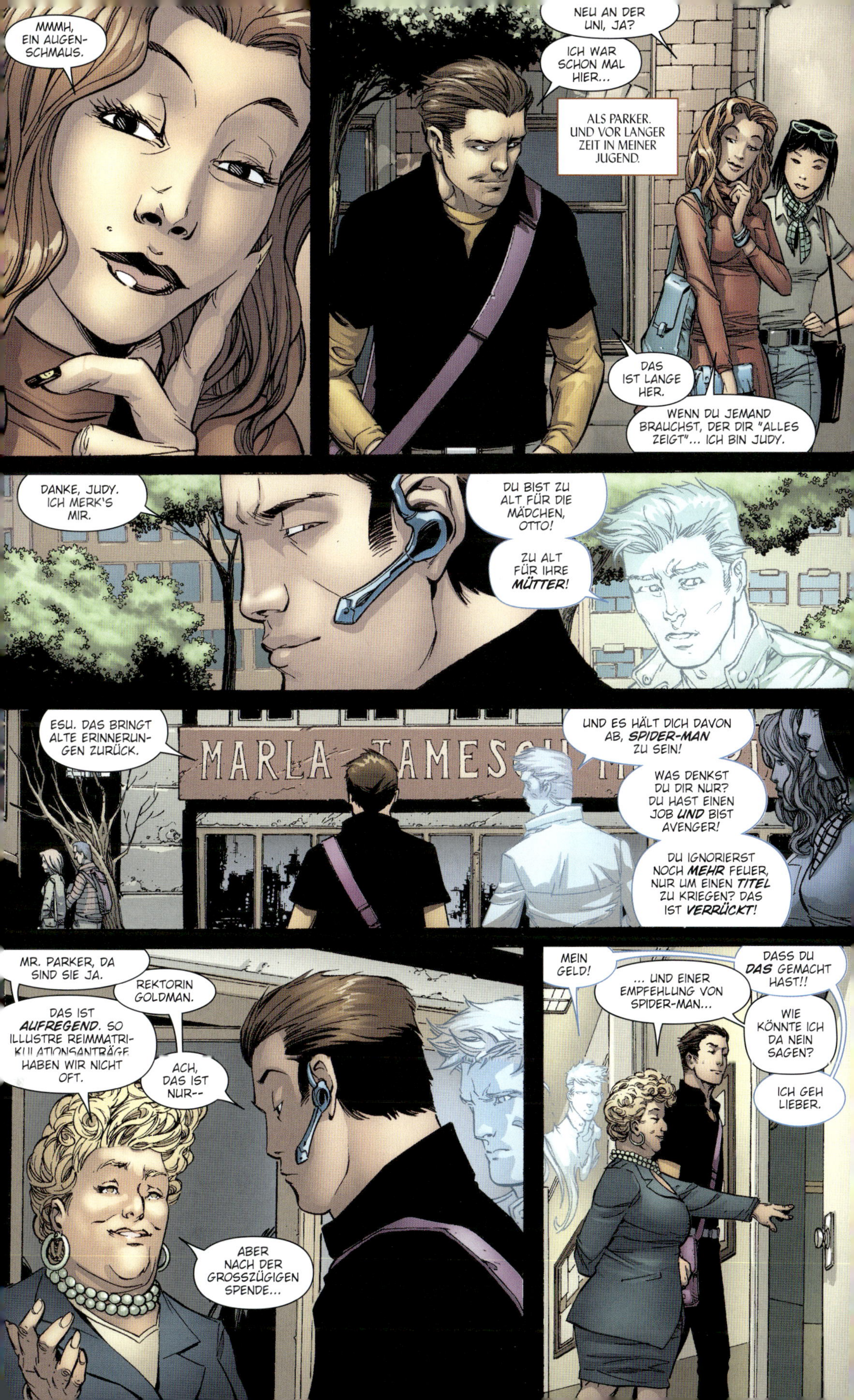
MMMH, EIN AUGEN-SCHMAUS.
NEU AN DER UNI, JA?
ICH WAR SCHON MAL HIER...
ALS PARKER. UND VOR LANGER ZEIT IN MEINER JUGEND.
DAS IST LANGE HER.
WENN DU JEMAND BRAUCHST, DER DIR "ALLES ZEIGT"... ICH BIN JUDY.
DANKE, JUDY. ICH MERK'S MIR.
DU BIST ZU ALT FÜR DIE MÄDCHEN, OTTO!
ZU ALT FÜR IHRE MÜTTER!
ESU. DAS BRINGT ALTE ERINNERUNGEN ZURÜCK.
MARLA JAMESON
UND ES HÄLT DICH DAVON AB, SPIDER-MAN ZU SEIN!
WAS DENKST DU DIR NUR? DU HAST EINEN JOB UND BIST AVENGER!
DU IGNORIERST NOCH MEHR FEUER, NUR UM EINEN TITEL ZU KRIEGEN? DAS IST VERRÜCKT!
MR. PARKER, DA SIND SIE JA.
REKTORIN GOLDMAN.
DAS IST AUFREGEND. SO ILLUSTRE REIMMATRIKULATIONSANTRÄGE HABEN WIR NICHT OFT.
ACH, DAS IST NUR--
ABER NACH DER GROSSZÜGIGEN SPENDE...
MEIN GELD!
... UND EINER EMPFEHLUNG VON SPIDER-MAN...
DASS DU DAS GEMACHT HAST!!
WIE KÖNNTE ICH DA NEIN SAGEN?
ICH GEH LIEBER.

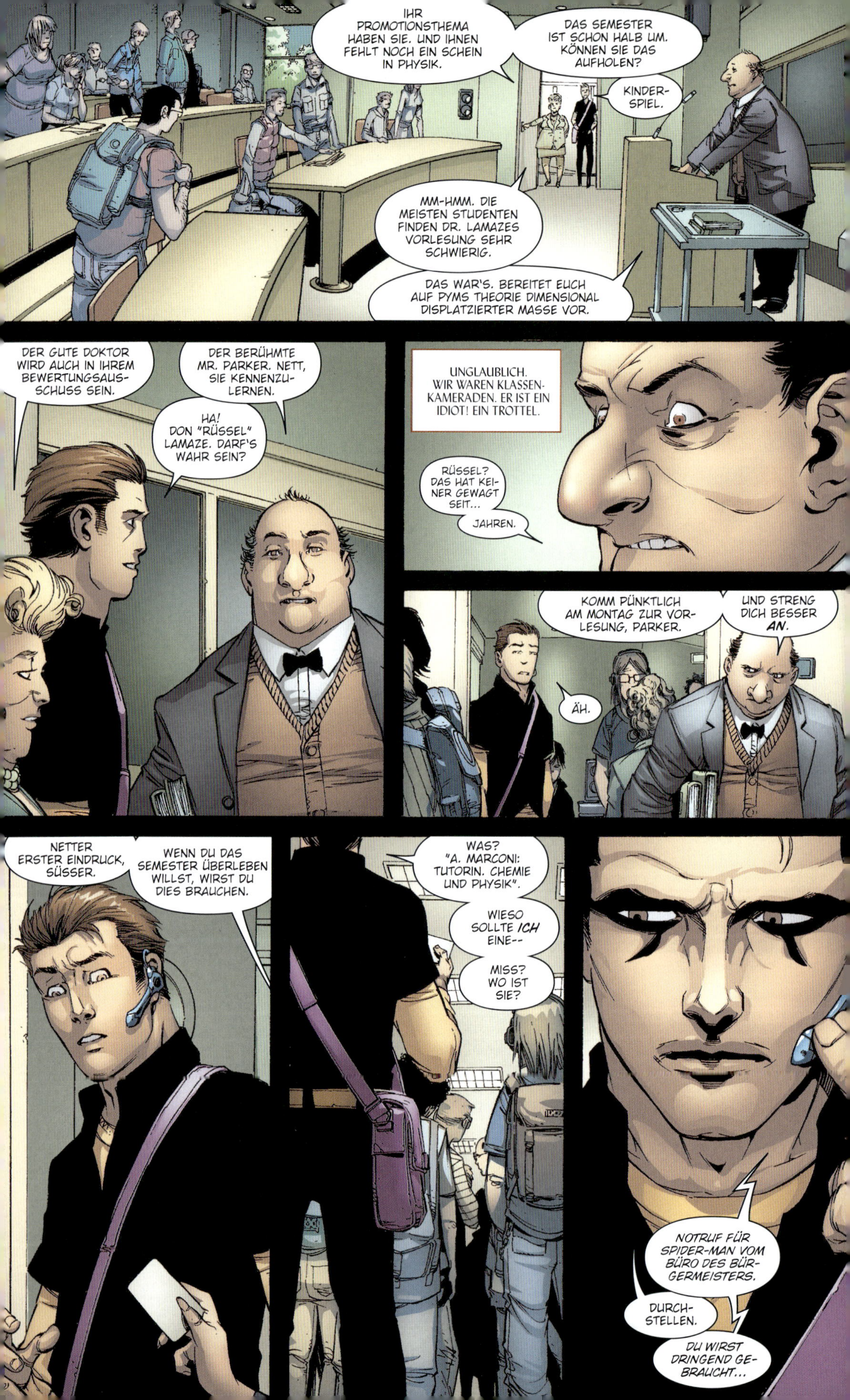
IHR PROMOTIONSTHEMA HABEN SIE. UND IHNEN FEHLT NOCH EIN SCHEIN IN PHYSIK.
DAS SEMESTER IST SCHON HALB UM. KÖNNEN SIE DAS AUFHOLEN?
KINDER-SPIEL.
MM-HMM. DIE MEISTEN STUDENTEN FINDEN DR. LAMAZES VORLESUNG SEHR SCHWIERIG.
DAS WAR'S. BEREITET EUCH AUF PYMS THEORIE DIMENSIONAL DISPLATZIERTER MASSE VOR.
DER GUTE DOKTOR WIRD AUCH IN IHREM BEWERTUNGSAUS-SCHUSS SEIN.
DER BERÜHMTE MR. PARKER. NETT, SIE KENNENZU-LERNEN.
HA! DON "RÜSSEL" LAMAZE. DARF'S WAHR SEIN?
UNGLAUBLICH. WIR WAREN KLASSEN-KAMERADEN. ER IST EIN IDIOT! EIN TROTTEL.
RÜSSEL? DAS HAT KEI-NER GEWAGT SEIT...
JAHREN.
KOMM PÜNKTLICH AM MONTAG ZUR VOR-LESUNG, PARKER.
UND STRENG DICH BESSER AN.
ÄH.
NETTER ERSTER EINDRUCK, SÜSSER.
WENN DU DAS SEMESTER ÜBERLEBEN WILLST, WIRST DU DIES BRAUCHEN.
WAS? "A. MARCONI: TUTORIN. CHEMIE UND PHYSIK".
WIESO SOLLTE ICH EINE--
MISS? WO IST SIE?
NOTRUF FÜR SPIDER-MAN VOM BÜRO DES BÜR-GERMEISTERS.
DURCH-STELLEN.
DU WIRST DRINGEND GE-BRAUCHT...

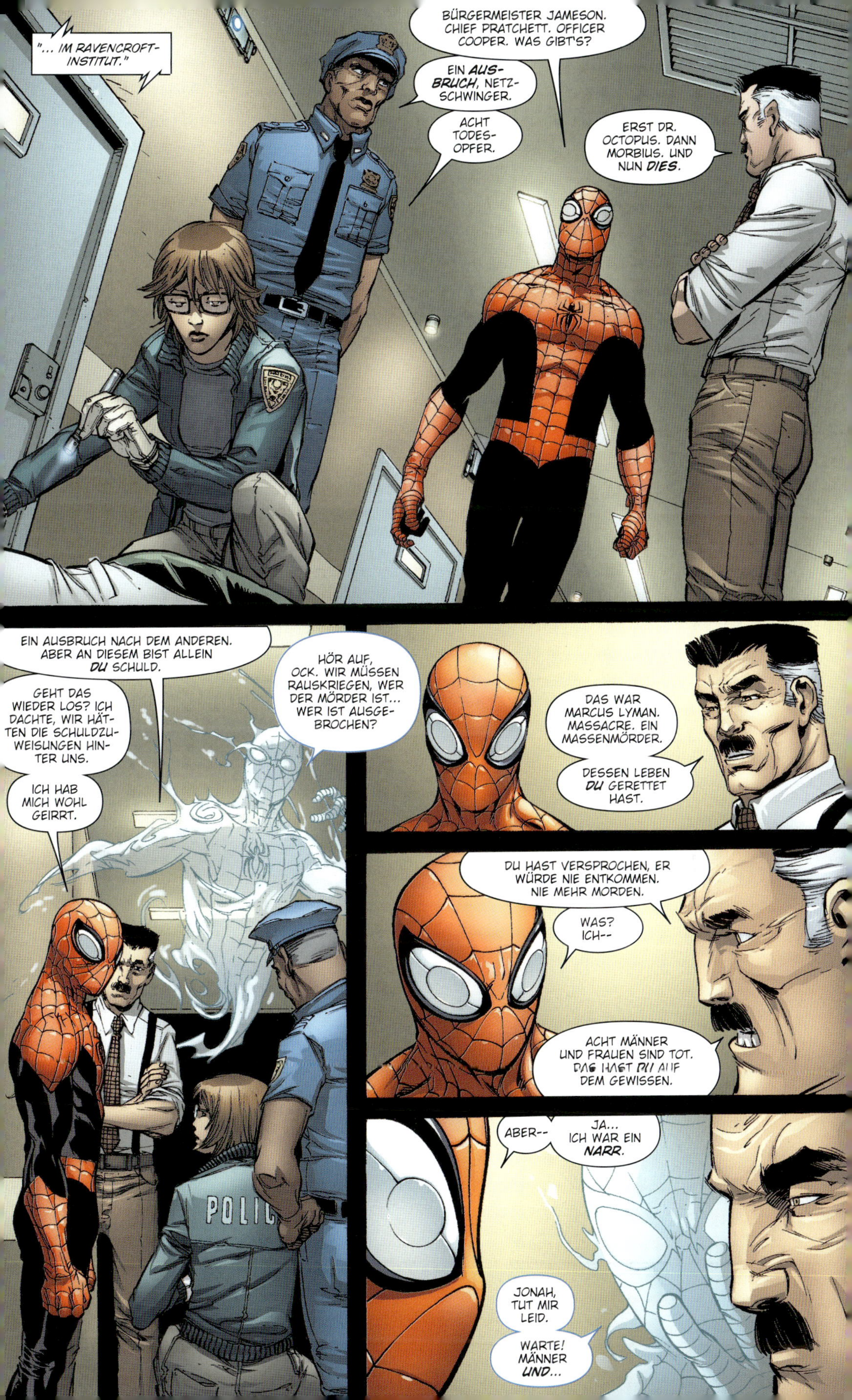
"... IM RAVENCROFT-INSTITUT."
BÜRGERMEISTER JAMESON. CHIEF PRATCHETT. OFFICER COOPER. WAS GIBT'S?
EIN AUSBRUCH, NETZSCHWINGER.
ACHT TODESOPFER.
ERST DR. OCTOPUS. DANN MORBIUS. UND NUN DIES.
EIN AUSBRUCH NACH DEM ANDEREN. ABER AN DIESEM BIST ALLEIN DU SCHULD.
GEHT DAS WIEDER LOS? ICH DACHTE, WIR HÄTTEN DIE SCHULDZUWEISUNGEN HINTER UNS.
ICH HAB MICH WOHL GEIRRT.
HÖR AUF, OCK. WIR MÜSSEN RAUSKRIEGEN, WER DER MÖRDER IST... WER IST AUSGEBROCHEN?
POLIC
DAS WAR MARCUS LYMAN. MASSACRE. EIN MASSENMÖRDER.
DESSEN LEBEN DU GERETTET HAST.
DU HAST VERSPROCHEN, ER WÜRDE NIE ENTKOMMEN. NIE MEHR MORDEN.
WAS? ICH--
ACHT MÄNNER UND FRAUEN SIND TOT. DAS HAST DU AUF DEM GEWISSEN.
ABER--
JA... ICH WAR EIN NARR.
JONAH, TUT MIR LEID.
WARTE! MÄNNER UND...

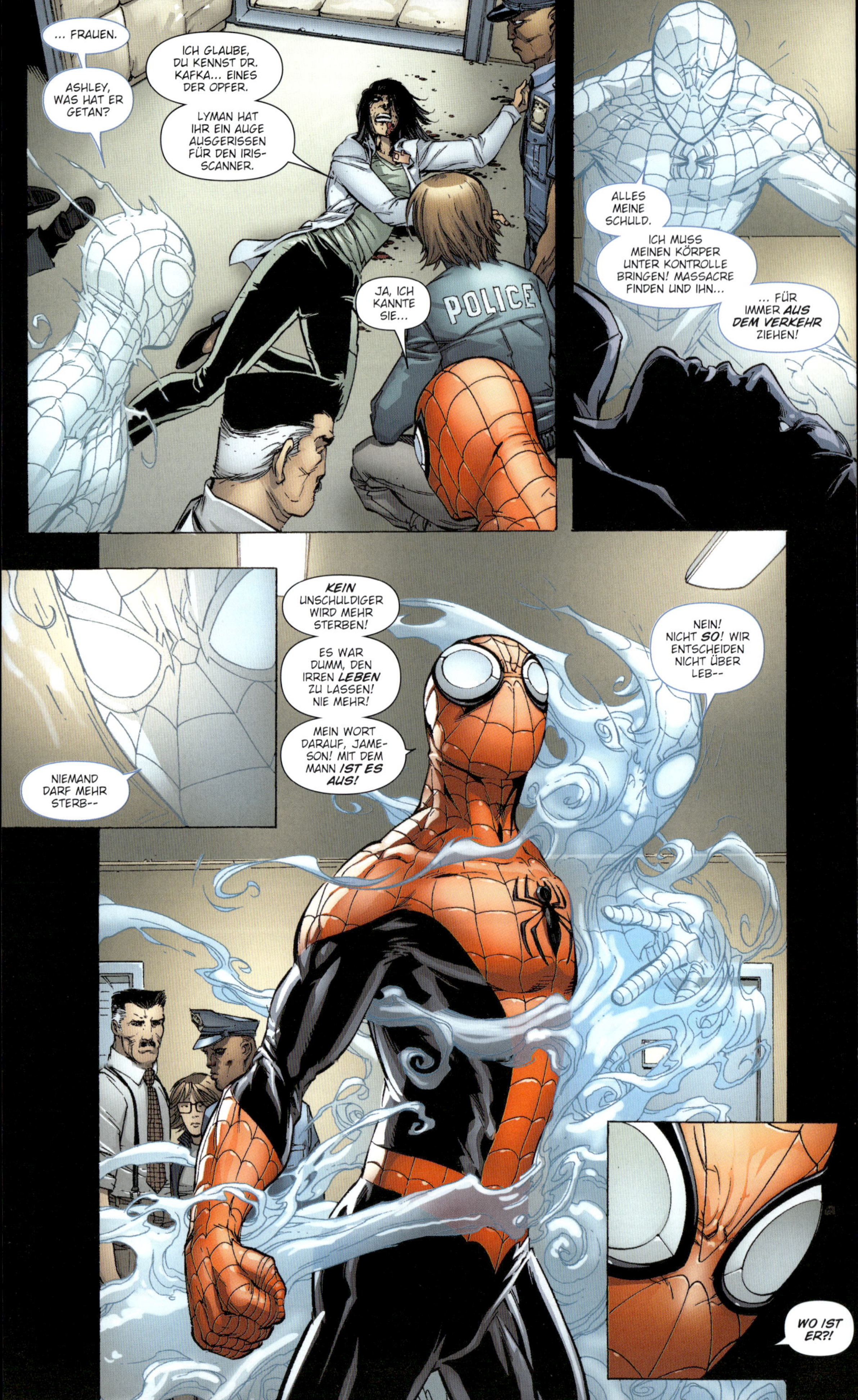
... FRAUEN.
ASHLEY, WAS HAT ER GETAN?
ICH GLAUBE, DU KENNST DR. KAFKA... EINES DER OPFER.
LYMAN HAT IHR EIN AUGE AUSGERISSEN FÜR DEN IRIS-SCANNER.
JA, ICH KANNTE SIE...
POLICE
ALLES MEINE SCHULD.
ICH MUSS MEINEN KÖRPER UNTER KONTROLLE BRINGEN! MASSACRE FINDEN UND IHN...
... FÜR IMMER **AUS DEM VERKEHR** ZIEHEN!
NIEMAND DARF MEHR STERB--
KEIN UNSCHULDIGER WIRD MEHR STERBEN!
ES WAR DUMM, DEN IRREN **LEBEN** ZU LASSEN! NIE MEHR!
MEIN WORT DARAUF, JAMESON! MIT DEM MANN **IST ES AUS!**
NEIN! NICHT **SO**! WIR ENTSCHEIDEN NICHT ÜBER LEB--
WO IST ER?!

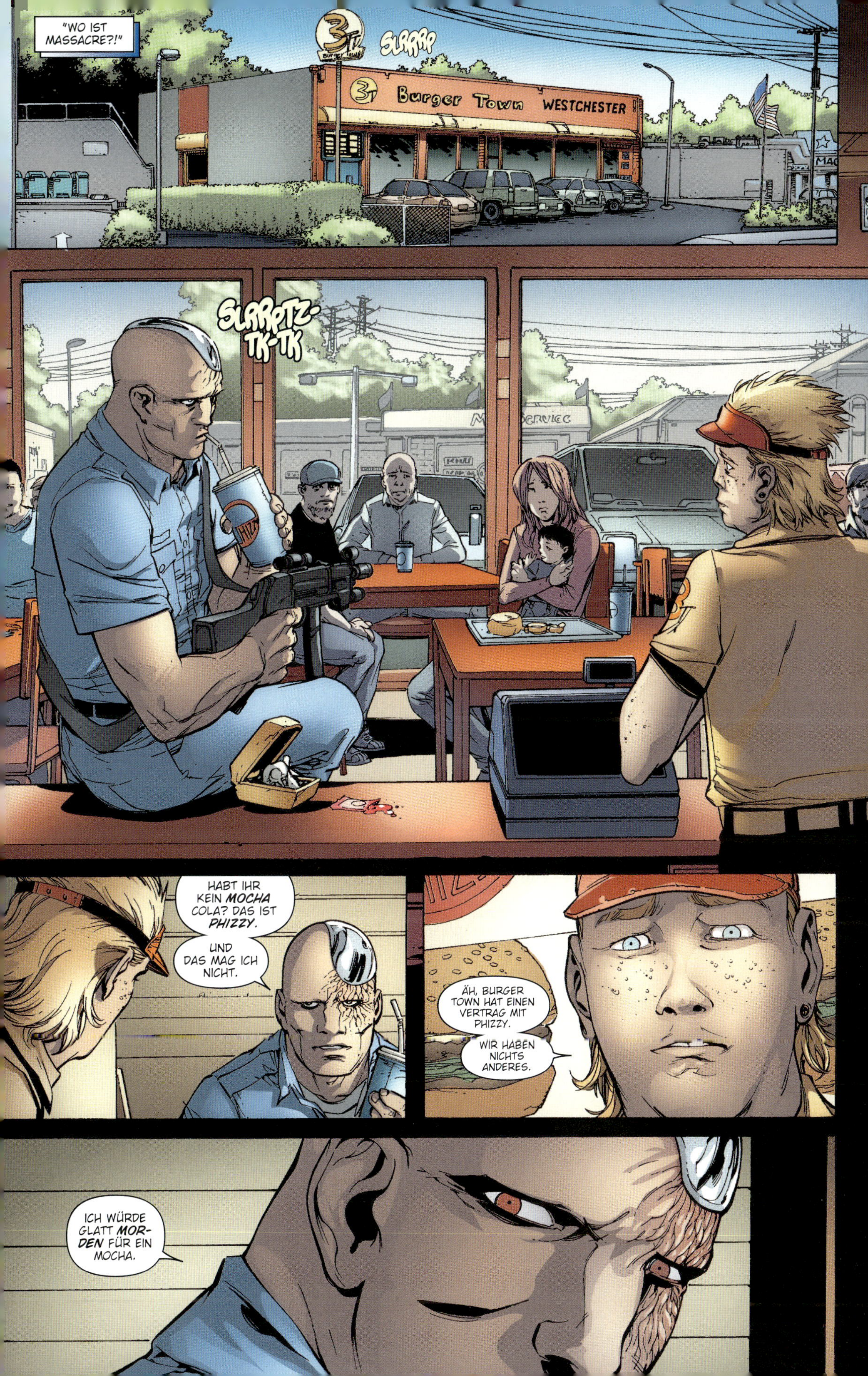
"WO IST MASSACRE?!"
Burger Town WESTCHESTER
SLRRRP
SLRRPTZ-TK-TK
HABT IHR KEIN MOCHA COLA? DAS IST PHIZZY.
UND DAS MAG ICH NICHT.
ÄH, BURGER TOWN HAT EINEN VERTRAG MIT PHIZZY.
WIR HABEN NICHTS ANDERES.
ICH WÜRDE GLATT MORDEN FÜR EIN MOCHA.

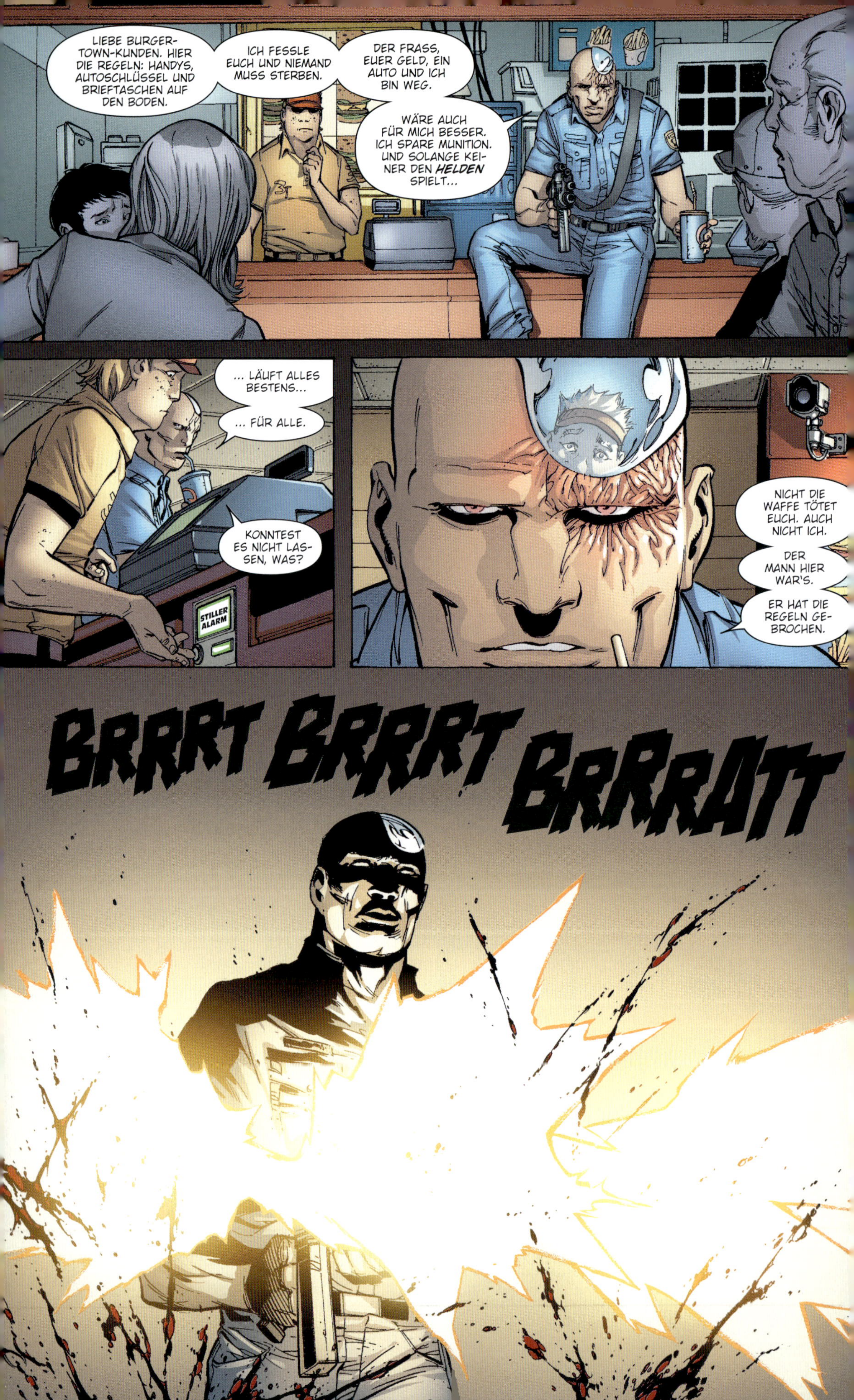
LIEBE BURGER-TOWN-KUNDEN. HIER DIE REGELN: HANDYS, AUTOSCHLÜSSEL UND BRIEFTASCHEN AUF DEN BODEN.
ICH FESSLE EUCH UND NIEMAND MUSS STERBEN.
DER FRASS, EUER GELD, EIN AUTO UND ICH BIN WEG.
WÄRE AUCH FÜR MICH BESSER. ICH SPARE MUNITION. UND SOLANGE KEINER DEN HELDEN SPIELT...
... LÄUFT ALLES BESTENS...
... FÜR ALLE.
KONNTEST ES NICHT LASSEN, WAS?
STILLER ALARM
NICHT DIE WAFFE TÖTET EUCH. AUCH NICHT ICH.
DER MANN HIER WAR'S.
ER HAT DIE REGELN GEBROCHEN.
BRRRT BRRRT BRRRATT

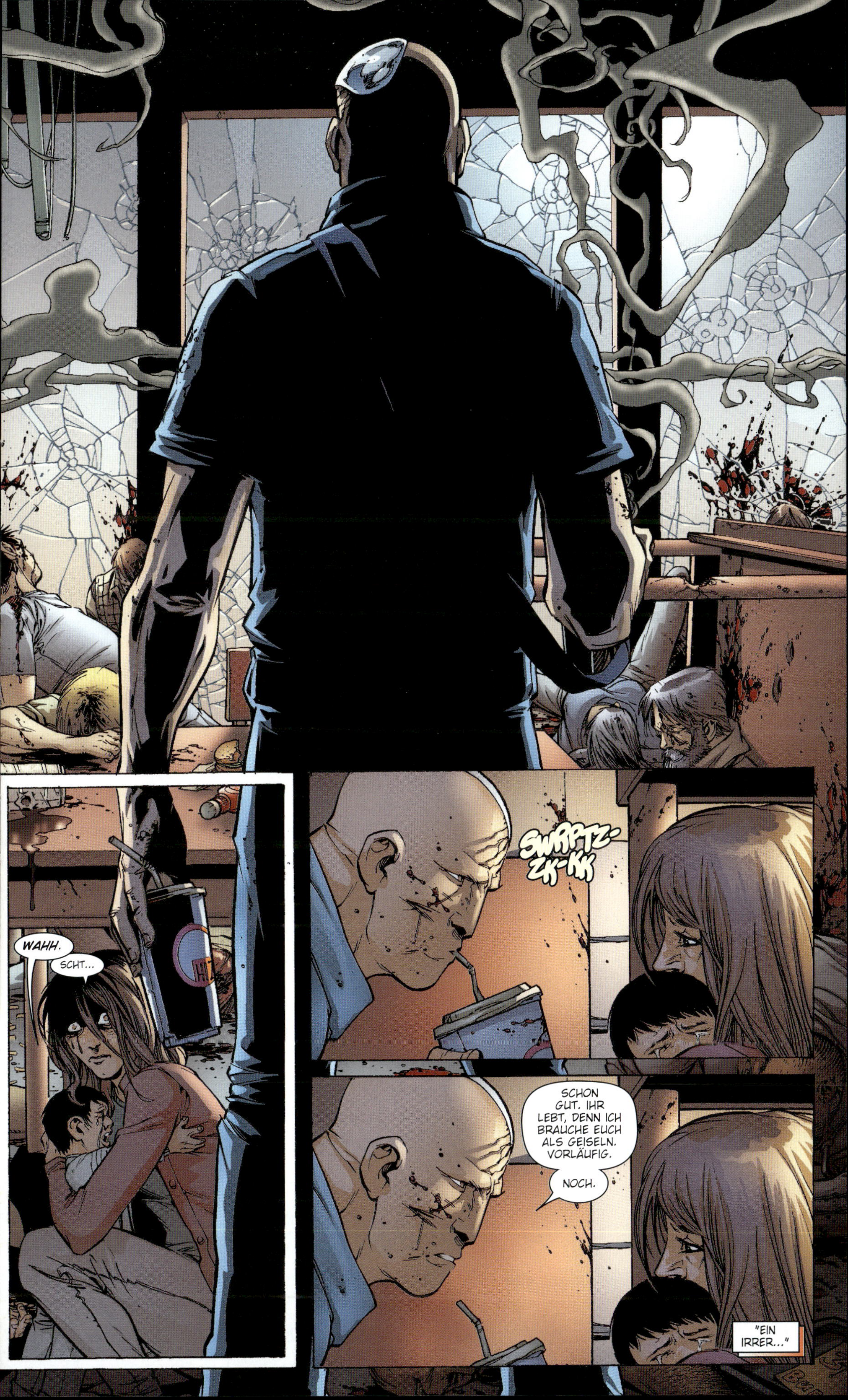
WAHH.
SCHT...
SWRPTZ-ZK-KK
SCHON GUT. IHR LEBT, DENN ICH BRAUCHE EUCH ALS GEISELN. VORLÄUFIG.
NOCH.
"EIN IRRER..."

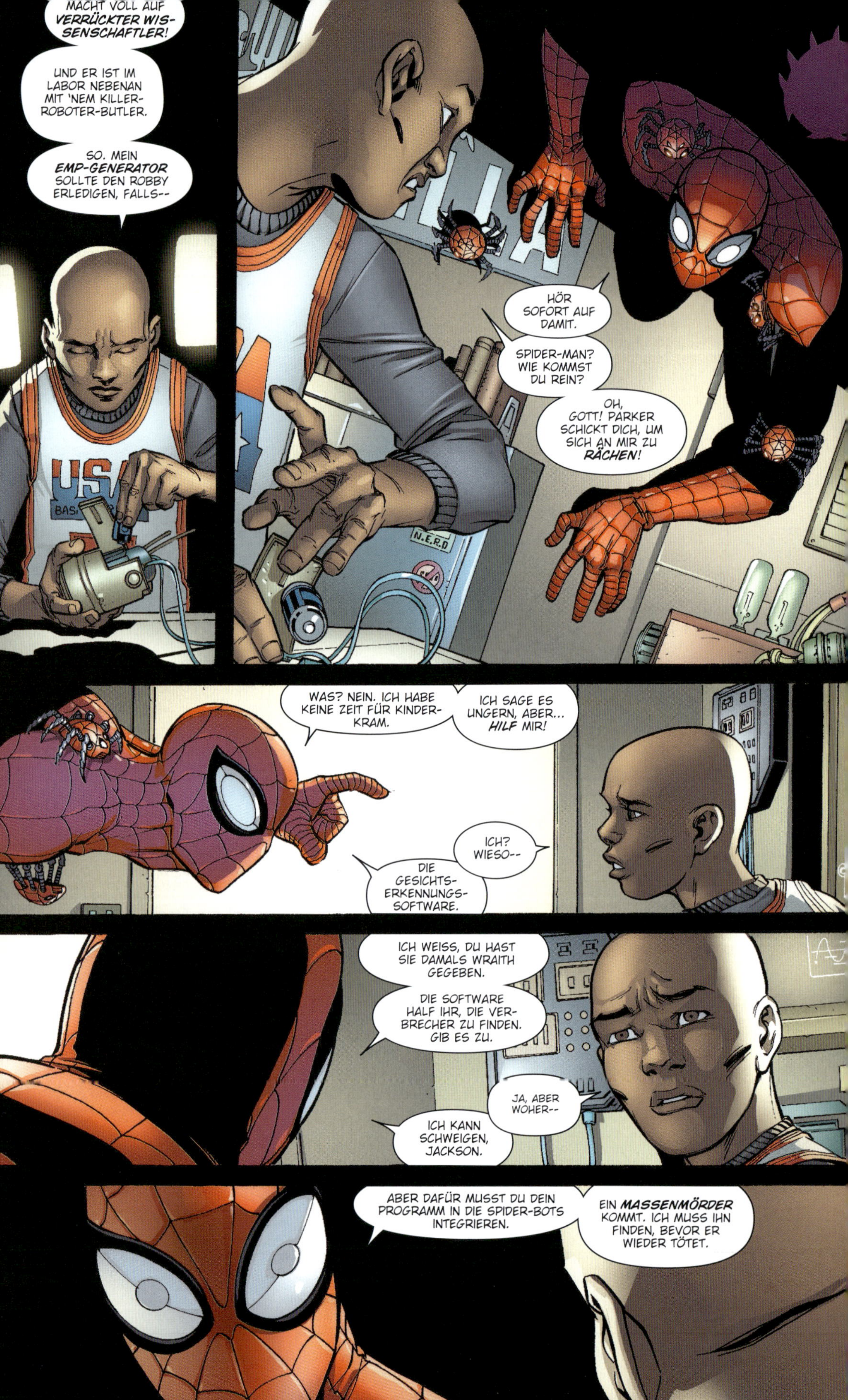
MACHT VOLL AUF VERRÜCKTER WISSENSCHAFTLER!
UND ER IST IM LABOR NEBENAN MIT 'NEM KILLER-ROBOTER-BUTLER.
SO. MEIN EMP-GENERATOR SOLLTE DEN ROBBY ERLEDIGEN, FALLS--
HÖR SOFORT AUF DAMIT.
SPIDER-MAN? WIE KOMMST DU REIN?
OH, GOTT! PARKER SCHICKT DICH, UM SICH AN MIR ZU RÄCHEN!
N.E.R.D
WAS? NEIN. ICH HABE KEINE ZEIT FÜR KINDERKRAM.
ICH SAGE ES UNGERN, ABER... HILF MIR!
ICH? WIESO--
DIE GESICHTSERKENNUNGSSOFTWARE.
ICH WEISS, DU HAST SIE DAMALS WRAITH GEGEBEN.
DIE SOFTWARE HALF IHR, DIE VERBRECHER ZU FINDEN. GIB ES ZU.
JA, ABER WOHER--
ICH KANN SCHWEIGEN, JACKSON.
ABER DAFÜR MUSST DU DEIN PROGRAMM IN DIE SPIDER-BOTS INTEGRIEREN.
EIN MASSENMÖRDER KOMMT. ICH MUSS IHN FINDEN, BEVOR ER WIEDER TÖTET.

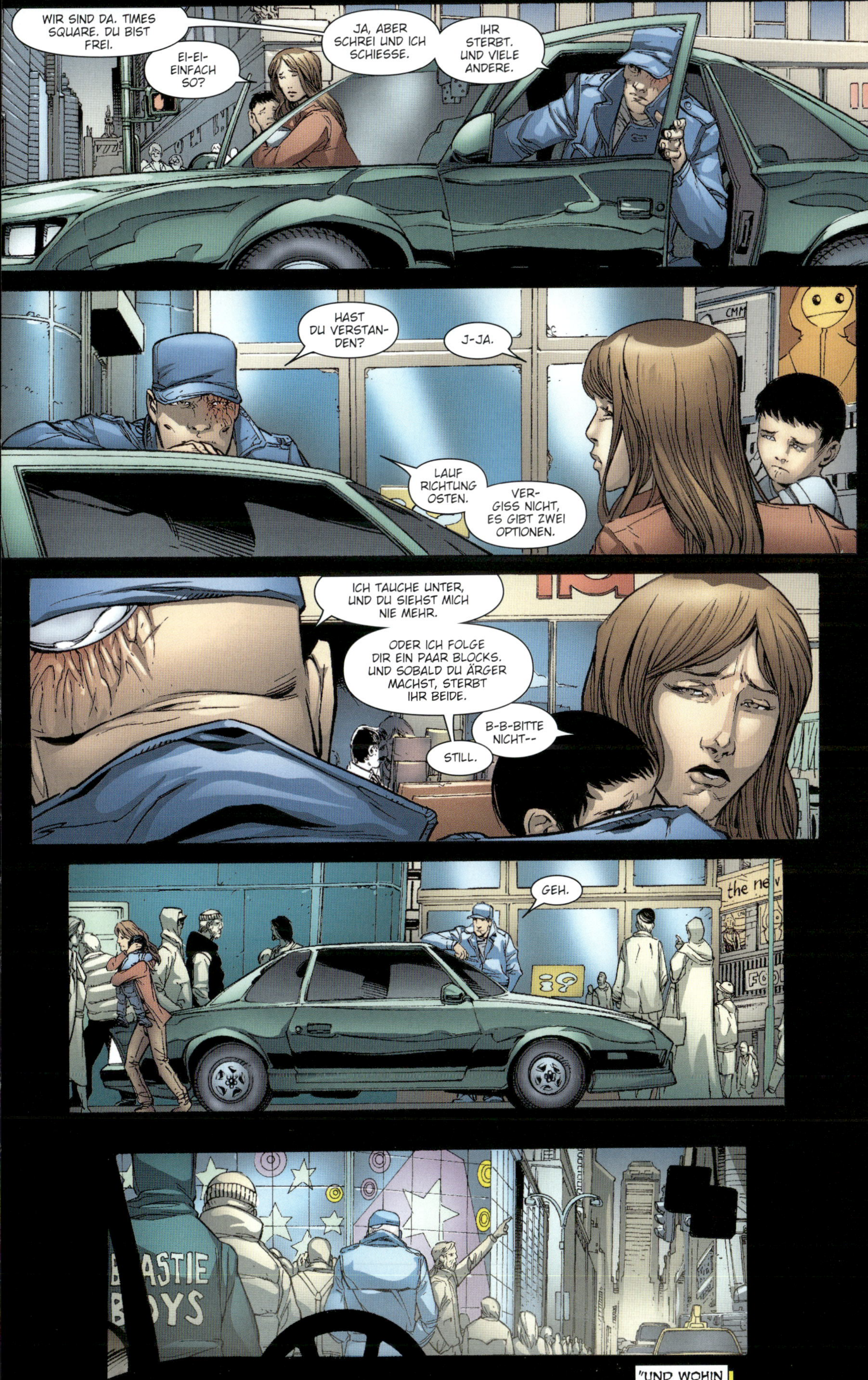
WIR SIND DA. TIMES SQUARE. DU BIST FREI.
EI-EI-EINFACH SO?
JA, ABER SCHREI UND ICH SCHIESSE.
IHR STERBT. UND VIELE ANDERE.
HAST DU VERSTANDEN?
J-JA.
LAUF RICHTUNG OSTEN.
VERGISS NICHT, ES GIBT ZWEI OPTIONEN.
ICH TAUCHE UNTER, UND DU SIEHST MICH NIE MEHR.
ODER ICH FOLGE DIR EIN PAAR BLOCKS. UND SOBALD DU ÄRGER MACHST, STERBT IHR BEIDE.
B-B-BITTE NICHT--
STILL.
GEH.
"UND WOHIN JETZT?"

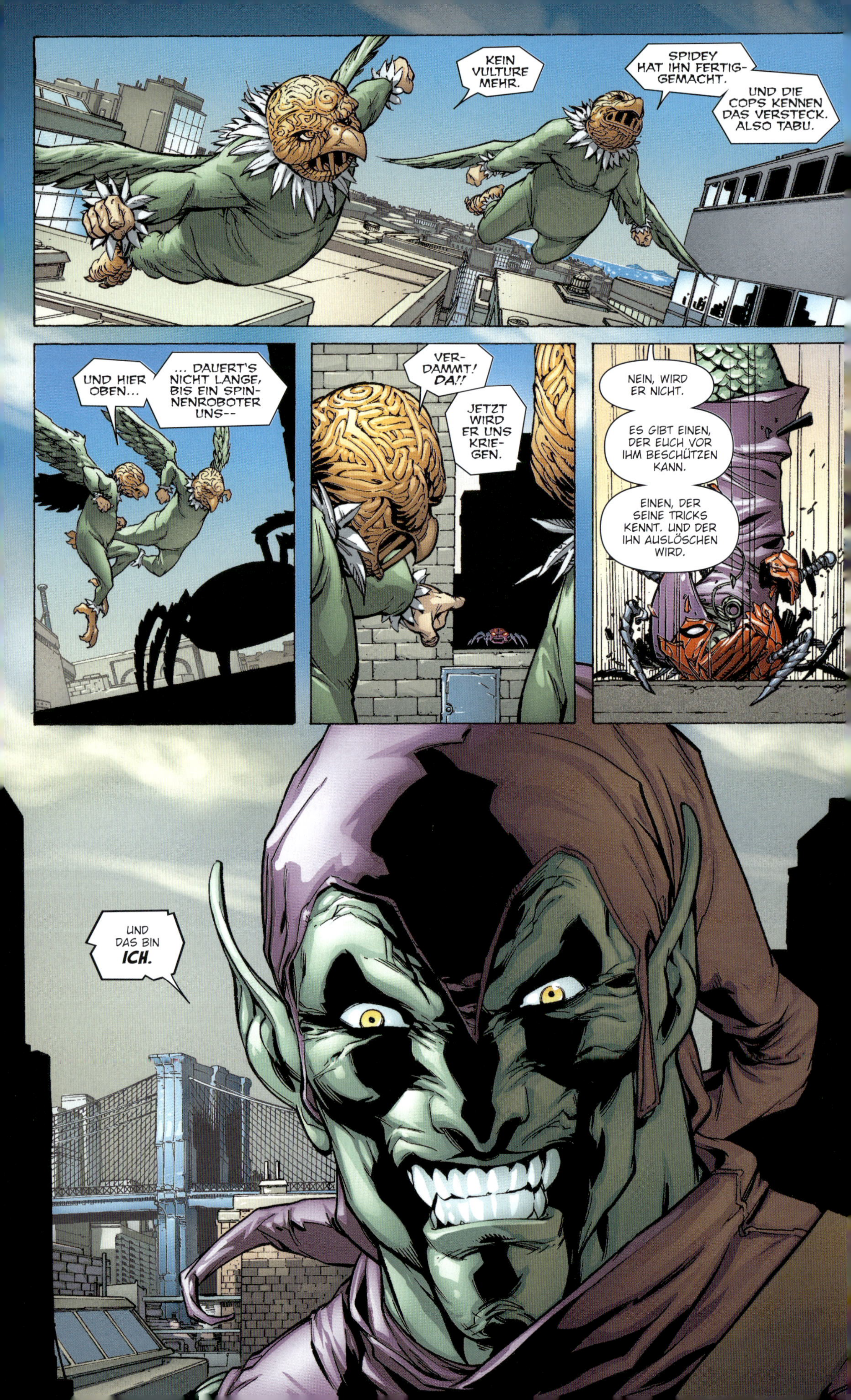

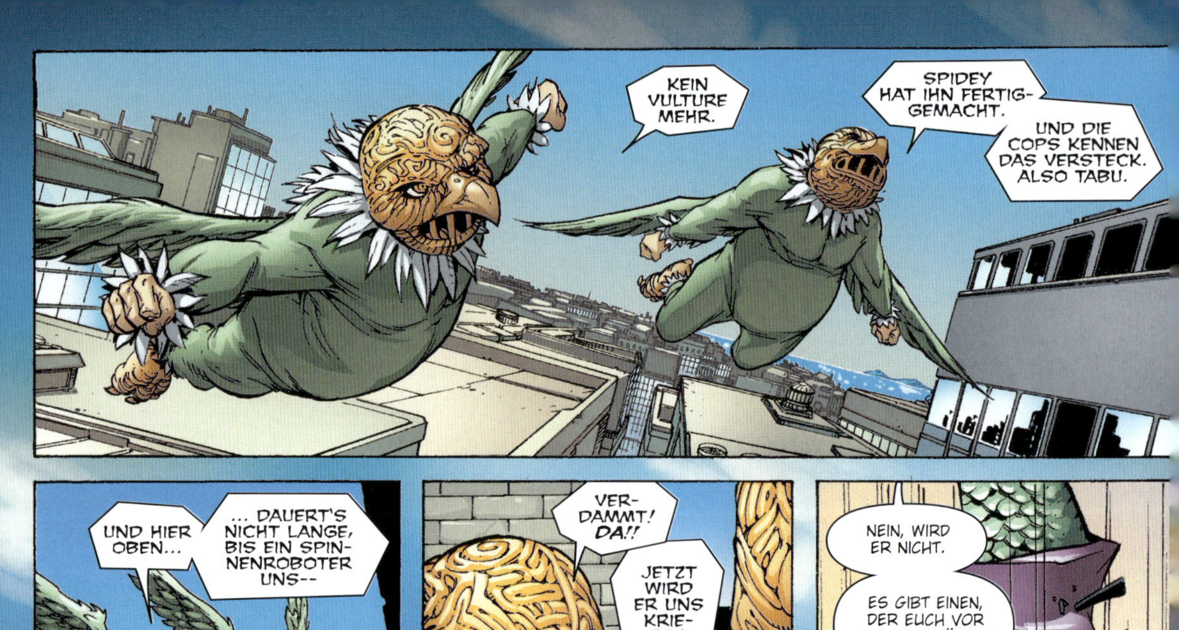

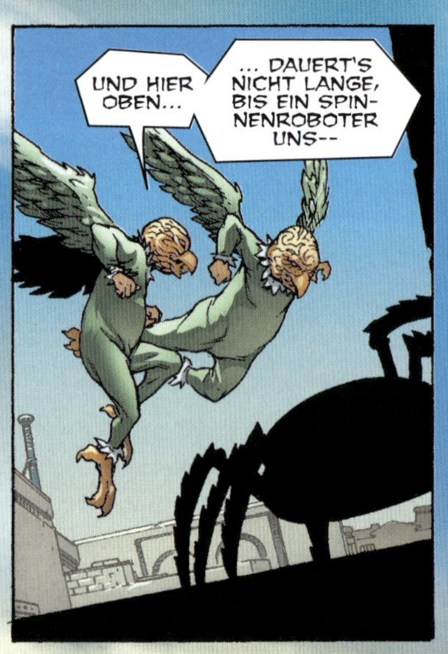

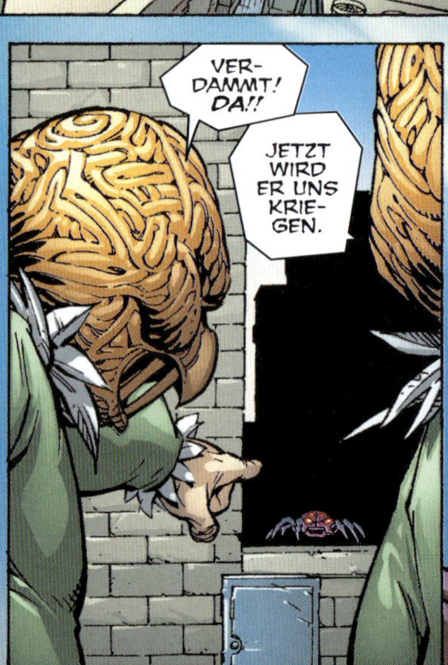

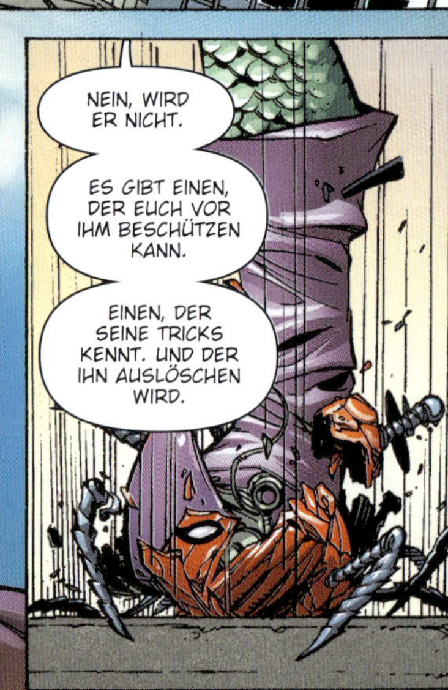

UND DAS BIN ***ICH.***

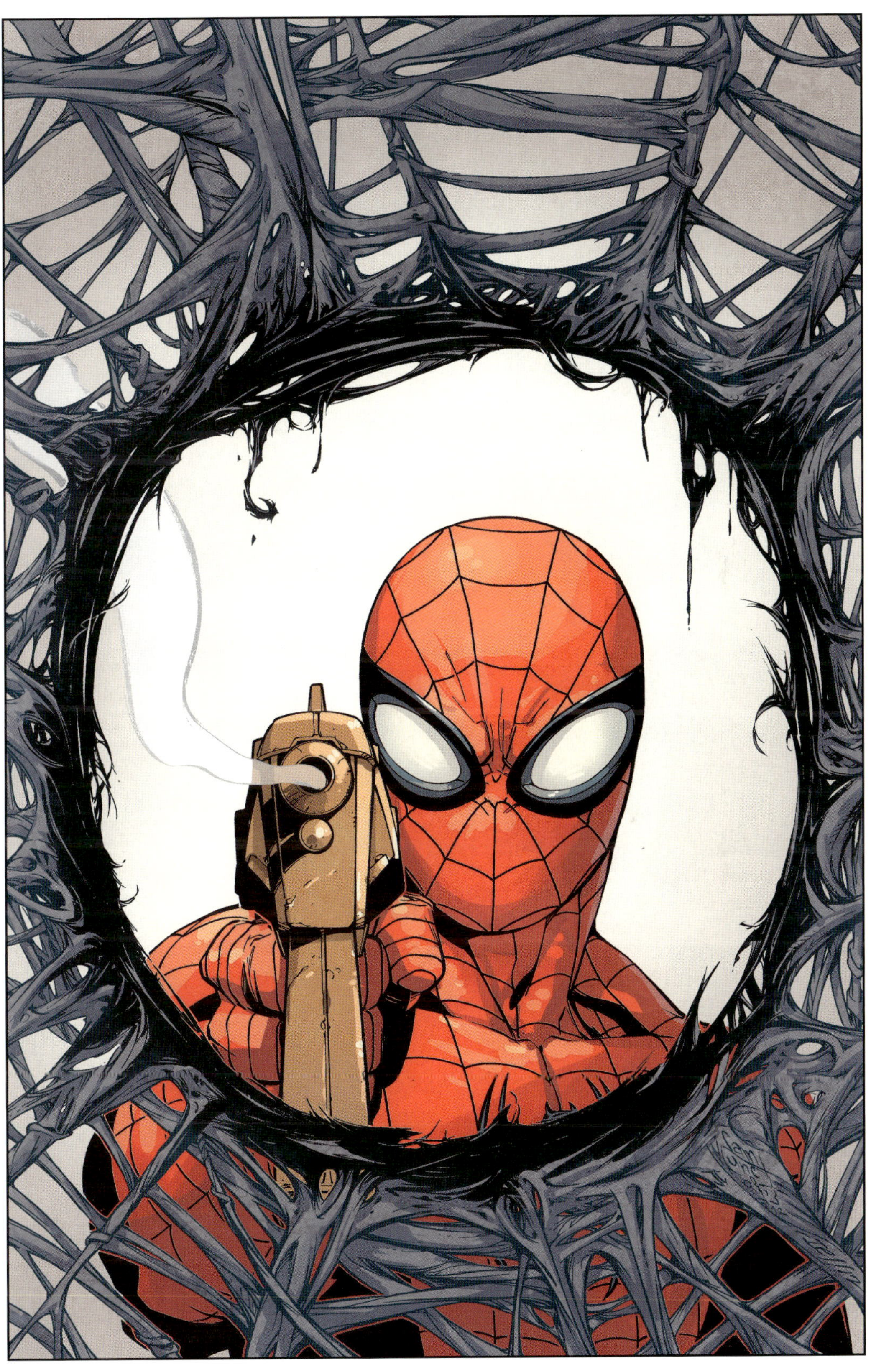

Superior Spider-Man (2013) 5
Cover von **GIUSEPPE CAMUNCOLI**

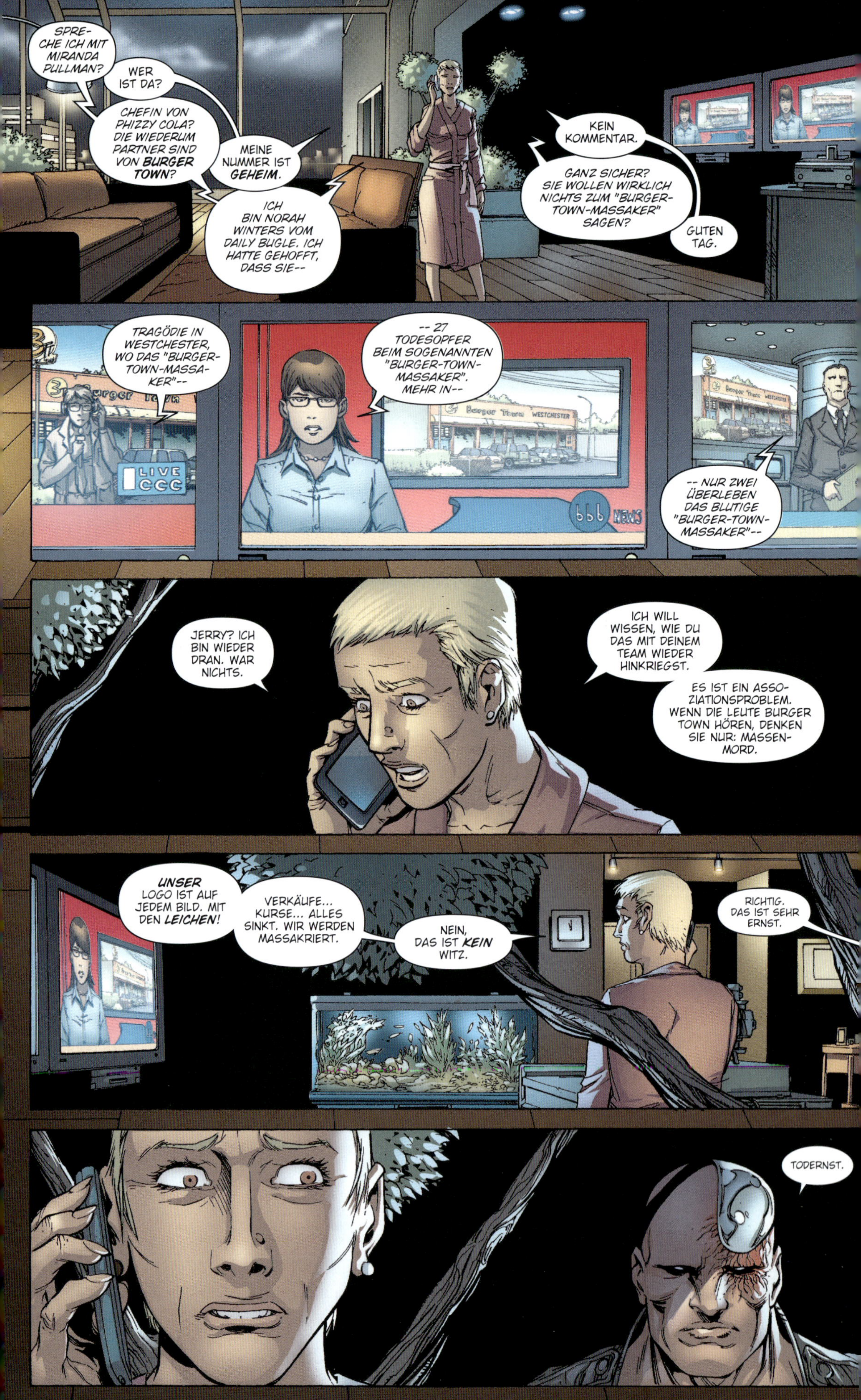
SPRECHE ICH MIT MIRANDA PULLMAN?
WER IST DA?
CHEFIN VON PHIZZY COLA? DIE WIEDERUM PARTNER SIND VON BURGER TOWN?
MEINE NUMMER IST GEHEIM.
ICH BIN NORAH WINTERS VOM DAILY BUGLE. ICH HATTE GEHOFFT, DASS SIE--
KEIN KOMMENTAR.
GANZ SICHER? SIE WOLLEN WIRKLICH NICHTS ZUM "BURGER-TOWN-MASSAKER" SAGEN?
GUTEN TAG.
TRAGÖDIE IN WESTCHESTER, WO DAS "BURGER-TOWN-MASSAKER"--
LIVE
-- 27 TODESOPFER BEIM SOGENANNTEN "BURGER-TOWN-MASSAKER". MEHR IN--
BURGER TOWN WESTCHESTER
NEWS
-- NUR ZWEI ÜBERLEBEN DAS BLUTIGE "BURGER-TOWN-MASSAKER"--
JERRY? ICH BIN WIEDER DRAN. WAR NICHTS.
ICH WILL WISSEN, WIE DU DAS MIT DEINEM TEAM WIEDER HINKRIEGST.
ES IST EIN ASSOZIATIONSPROBLEM. WENN DIE LEUTE BURGER TOWN HÖREN, DENKEN SIE NUR: MASSENMORD.
UNSER LOGO IST AUF JEDEM BILD. MIT DEN LEICHEN!
VERKÄUFE... KURSE... ALLES SINKT. WIR WERDEN MASSAKRIERT.
NEIN, DAS IST KEIN WITZ.
RICHTIG. DAS IST SEHR ERNST.
TODERNST.

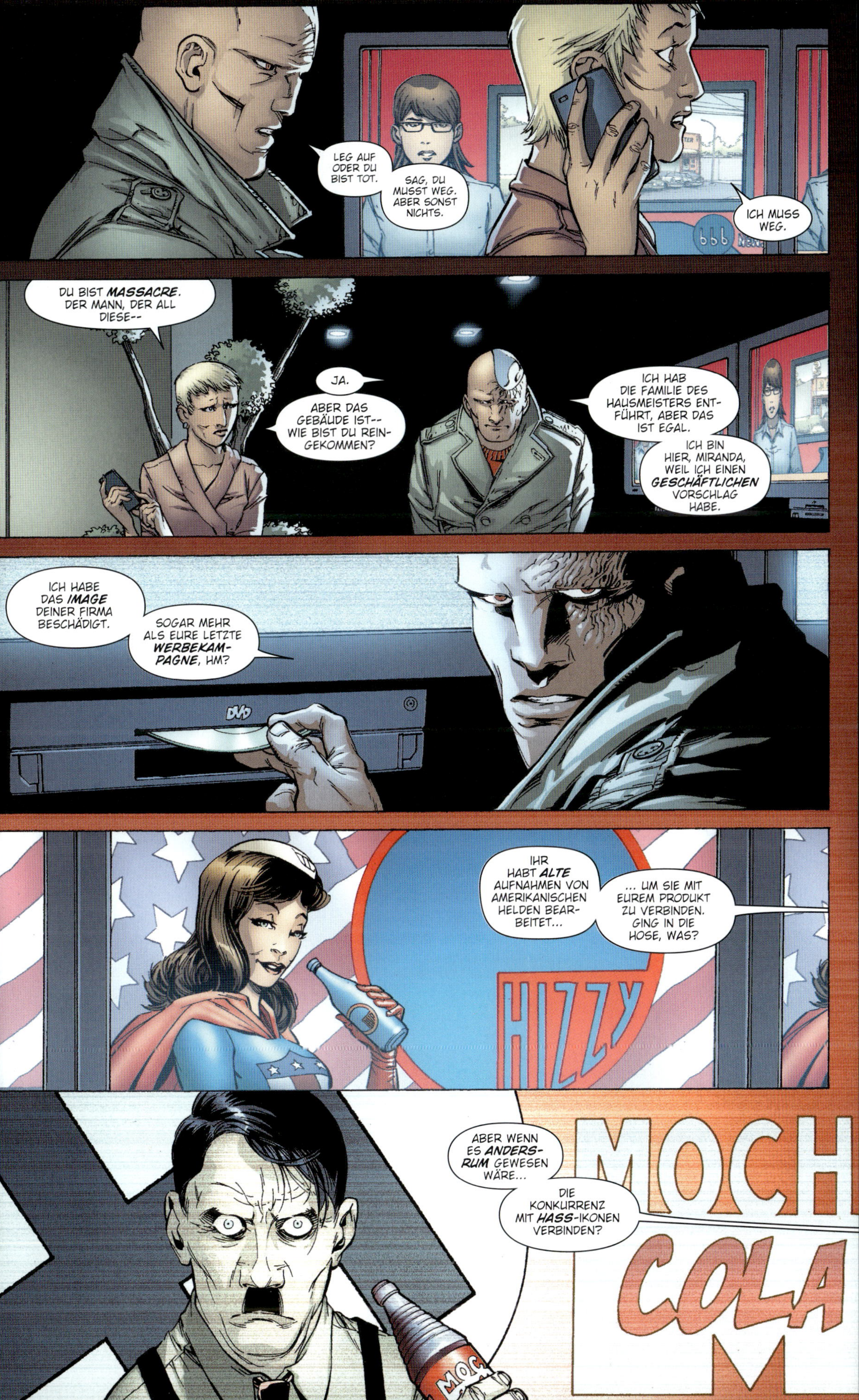
LEG AUF ODER DU BIST TOT.
SAG, DU MUSST WEG. ABER SONST NICHTS.
ICH MUSS WEG.
DU BIST MASSACRE. DER MANN, DER ALL DIESE--
JA.
ABER DAS GEBÄUDE IST-- WIE BIST DU REINGEKOMMEN?
ICH HAB DIE FAMILIE DES HAUSMEISTERS ENTFÜHRT, ABER DAS IST EGAL.
ICH BIN HIER, MIRANDA, WEIL ICH EINEN GESCHÄFTLICHEN VORSCHLAG HABE.
ICH HABE DAS IMAGE DEINER FIRMA BESCHÄDIGT.
SOGAR MEHR ALS EURE LETZTE WERBEKAMPAGNE, HM?
DVD
IHR HABT ALTE AUFNAHMEN VON AMERIKANISCHEN HELDEN BEARBEITET...
... UM SIE MIT EUREM PRODUKT ZU VERBINDEN. GING IN DIE HOSE, WAS?
HIZZY
ABER WENN ES ANDERSRUM GEWESEN WÄRE...
DIE KONKURRENZ MIT HASS-IKONEN VERBINDEN?
MOCH
COLA

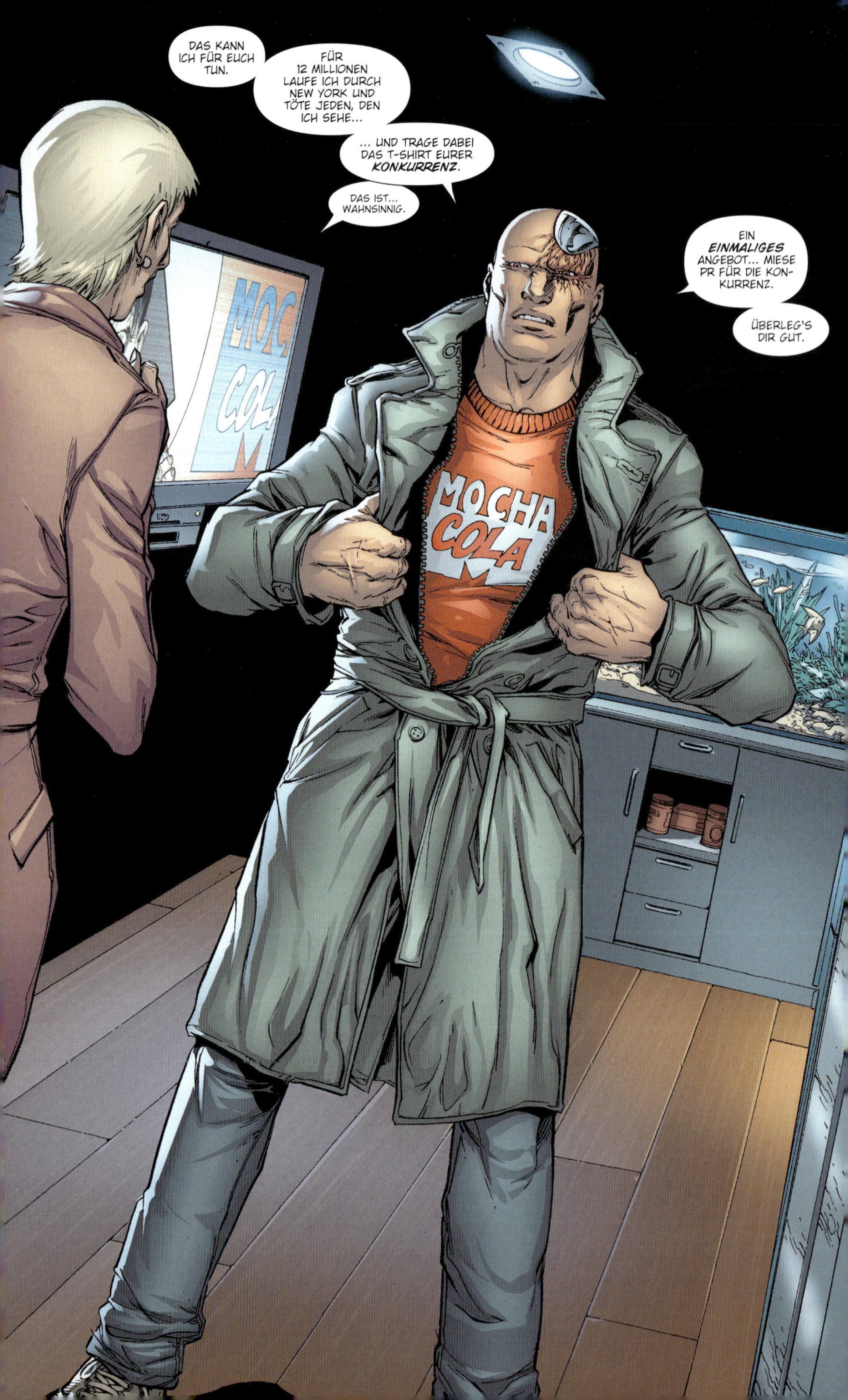
DAS KANN ICH FÜR EUCH TUN.
FÜR 12 MILLIONEN LAUFE ICH DURCH NEW YORK UND TÖTE JEDEN, DEN ICH SEHE...
... UND TRAGE DABEI DAS T-SHIRT EURER KONKURRENZ.
DAS IST... WAHNSINNIG.
EIN EINMALIGES ANGEBOT... MIESE PR FÜR DIE KONKURRENZ.
ÜBERLEG'S DIR GUT.
MOCHA COLA

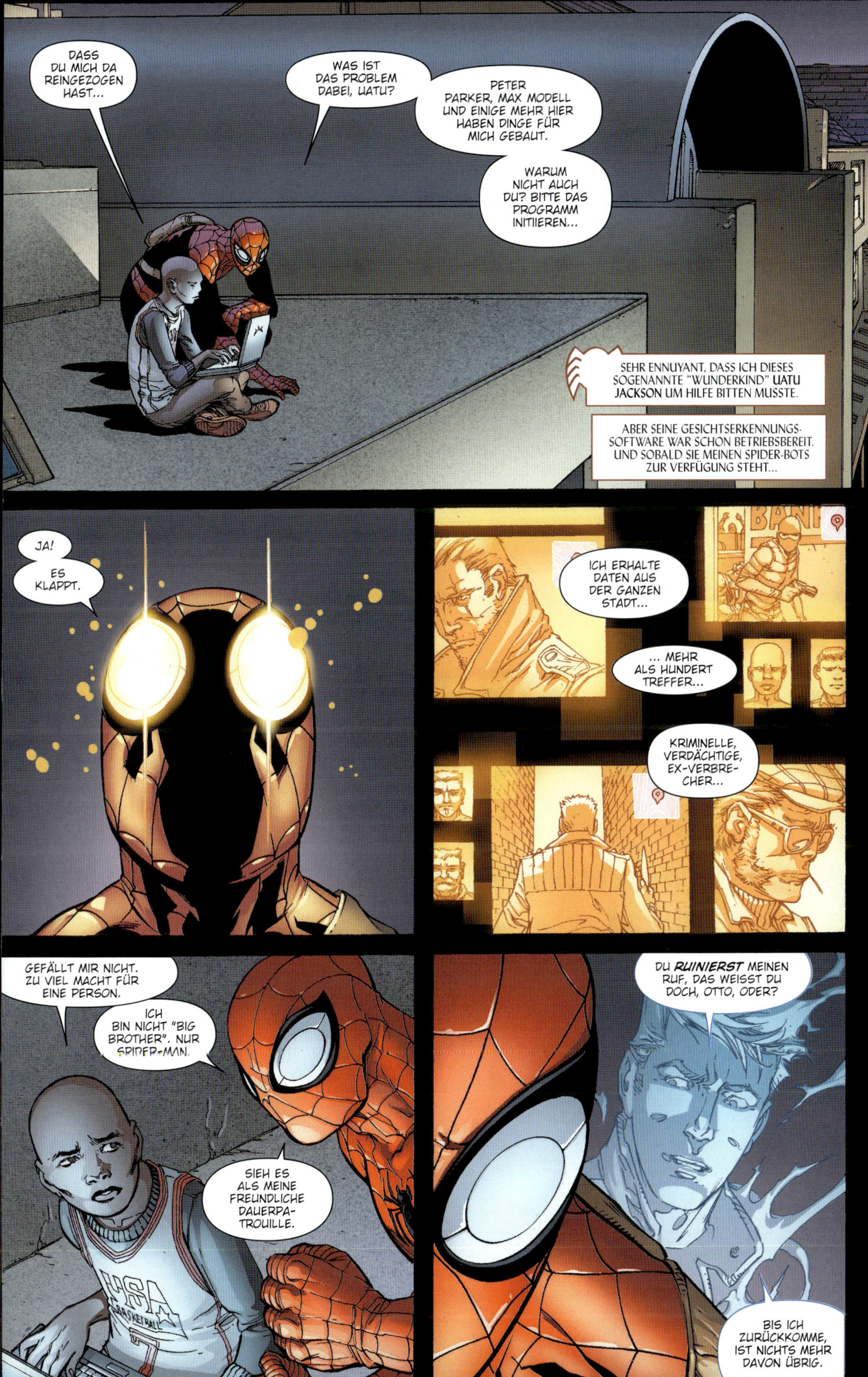
DASS DU MICH DA REINGEZOGEN HAST...
WAS IST DAS PROBLEM DABEI, UATU?
PETER PARKER, MAX MODELL UND EINIGE MEHR HIER HABEN DINGE FÜR MICH GEBAUT.
WARUM NICHT AUCH DU? BITTE DAS PROGRAMM INITIIEREN...
SEHR ENNUYANT, DASS ICH DIESES SOGENANNTE "WUNDERKIND" UATU JACKSON UM HILFE BITTEN MUSSTE.
ABER SEINE GESICHTSERKENNUNGS-SOFTWARE WAR SCHON BETRIEBSBEREIT. UND SOBALD SIE MEINEN SPIDER-BOTS ZUR VERFÜGUNG STEHT...
JA!
ES KLAPPT.
ICH ERHALTE DATEN AUS DER GANZEN STADT...
... MEHR ALS HUNDERT TREFFER...
KRIMINELLE, VERDÄCHTIGE, EX-VERBRE-CHER...
GEFÄLLT MIR NICHT. ZU VIEL MACHT FÜR EINE PERSON.
ICH BIN NICHT "BIG BROTHER". NUR SPIDER-MAN.
SIEH ES ALS MEINE FREUNDLICHE DAUERPA-TROUILLE.
DU RUINIERST MEINEN RUF, DAS WEISST DU DOCH, OTTO, ODER?
BIS ICH ZURÜCKKOMME, IST NICHTS MEHR DAVON ÜBRIG.

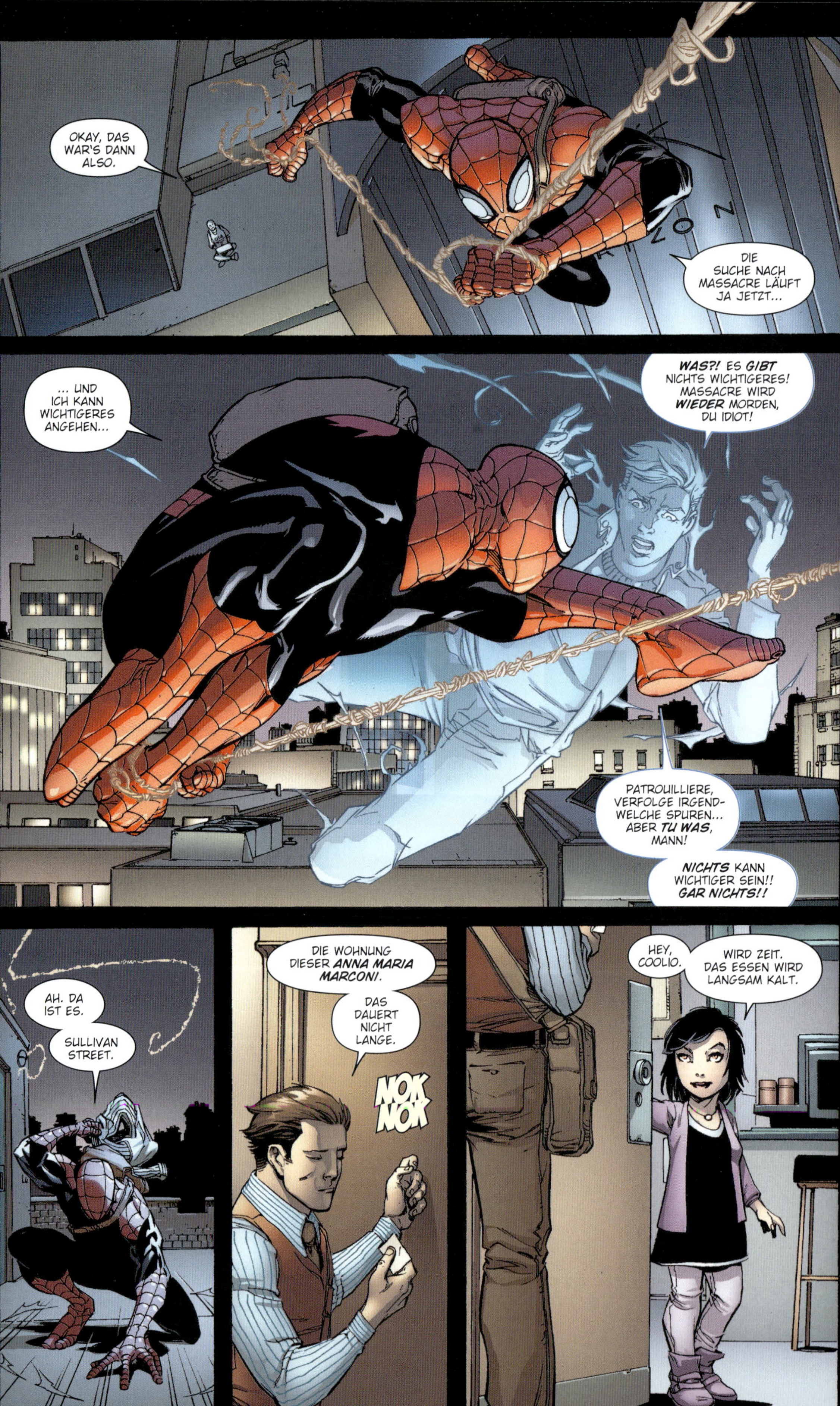
OKAY, DAS WAR'S DANN ALSO.
DIE SUCHE NACH MASSACRE LÄUFT JA JETZT...
... UND ICH KANN WICHTIGERES ANGEHEN...
WAS?! ES GIBT NICHTS WICHTIGERES! MASSACRE WIRD WIEDER MORDEN, DU IDIOT!
PATROUILLIERE, VERFOLGE IRGEND-WELCHE SPUREN... ABER TU WAS, MANN!
NICHTS KANN WICHTIGER SEIN!! GAR NICHTS!!
AH. DA IST ES.
SULLIVAN STREET.
DIE WOHNUNG DIESER ANNA MARIA MARCONI.
DAS DAUERT NICHT LANGE.
NOK NOK
HEY, COOLIO.
WIRD ZEIT. DAS ESSEN WIRD LANGSAM KALT.

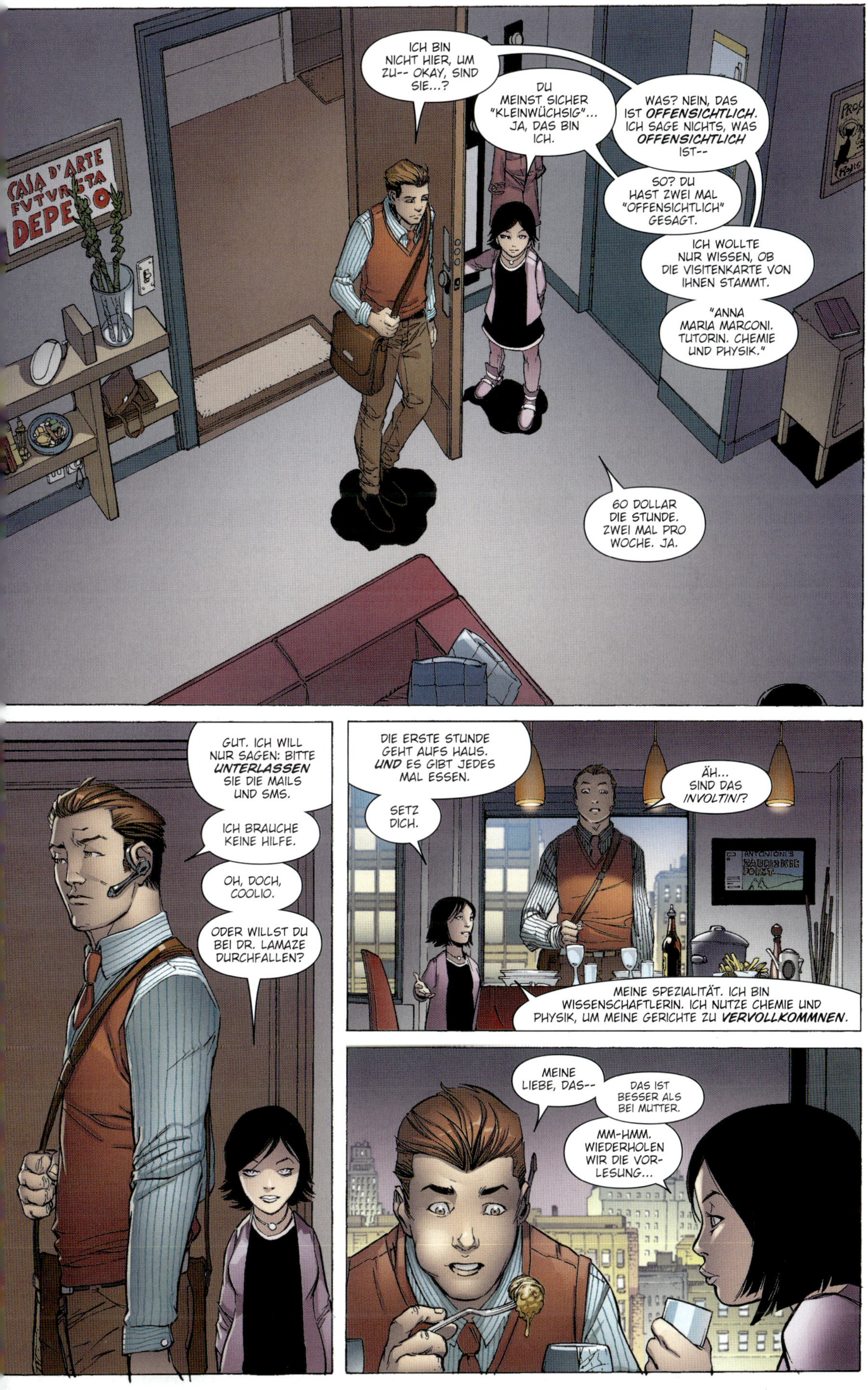

ICH BIN NICHT HIER, UM ZU-- OKAY, SIND SIE...?
DU MEINST SICHER "KLEINWÜCHSIG"... JA, DAS BIN ICH.
WAS? NEIN, DAS IST ***OFFENSICHTLICH***. ICH SAGE NICHTS, WAS ***OFFENSICHTLICH*** IST--
SO? DU HAST ZWEI MAL "OFFENSICHTLICH" GESAGT.
ICH WOLLTE NUR WISSEN, OB DIE VISITENKARTE VON IHNEN STAMMT.
"ANNA MARIA MARCONI. TUTORIN. CHEMIE UND PHYSIK."
60 DOLLAR DIE STUNDE. ZWEI MAL PRO WOCHE. JA.

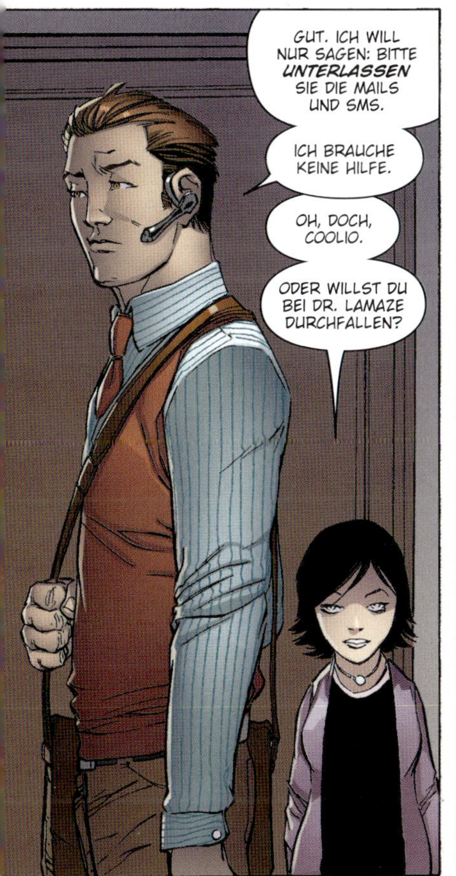

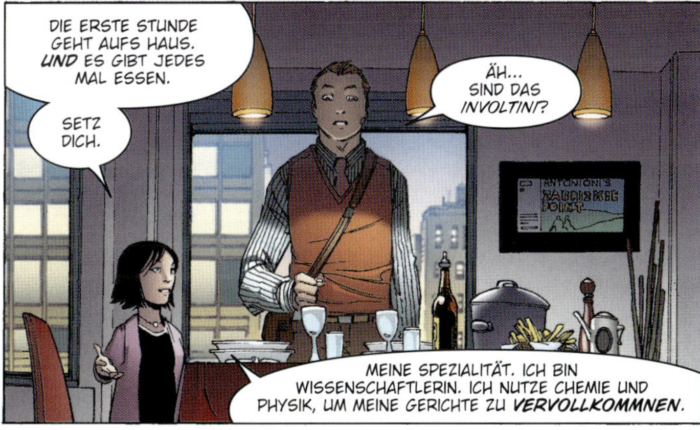

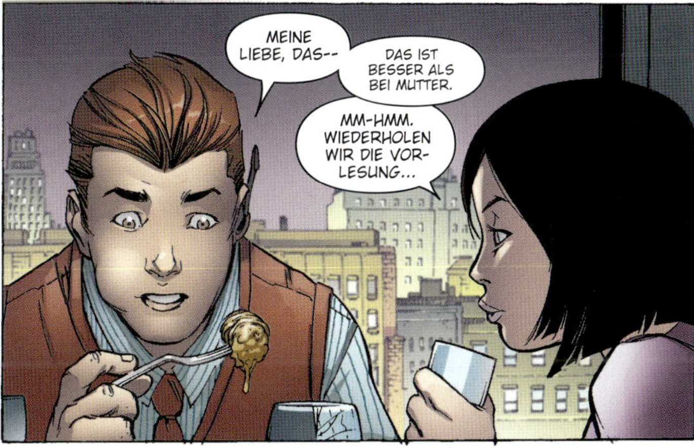

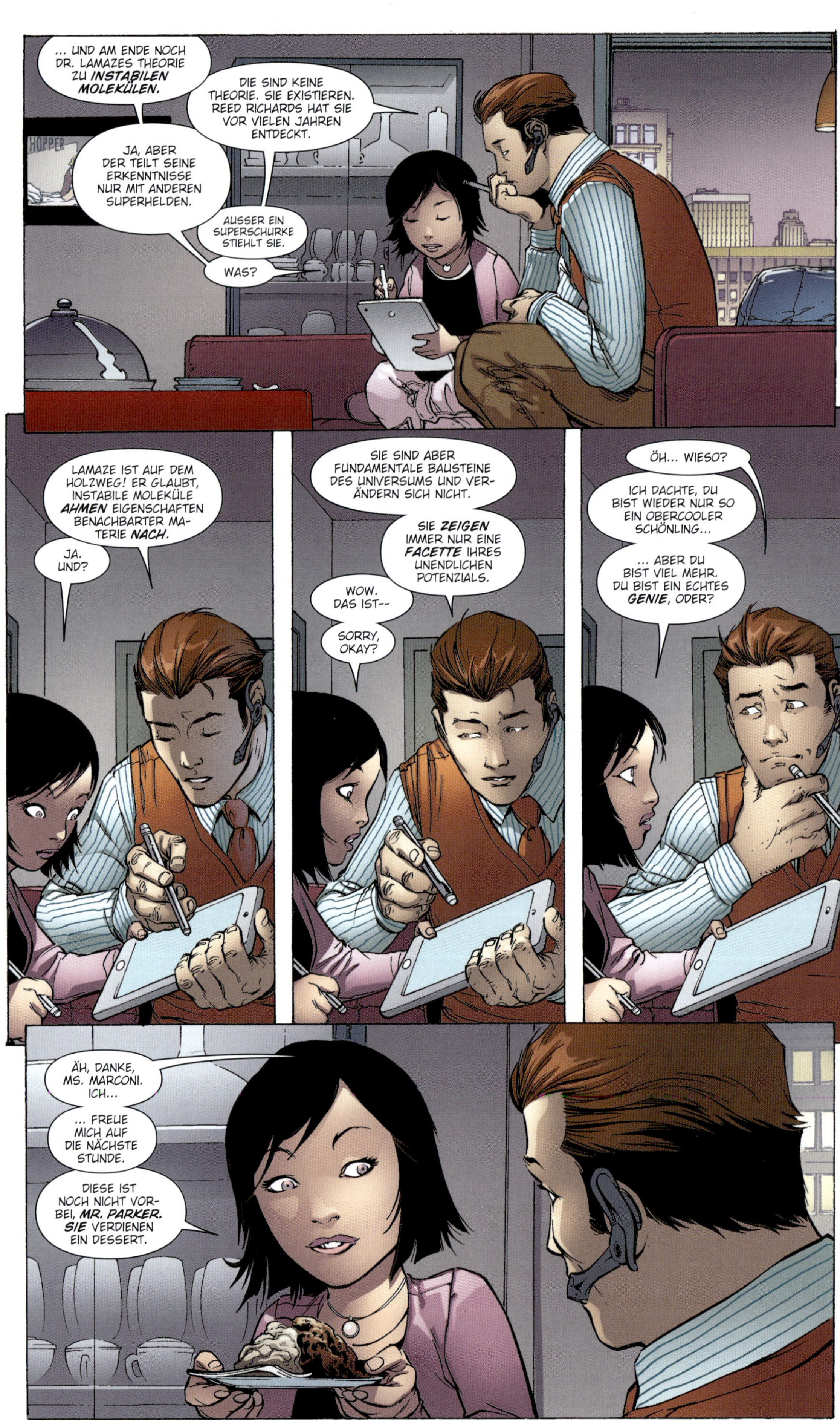
... UND AM ENDE NOCH DR. LAMAZES THEORIE ZU *INSTABILEN MOLEKÜLEN.*
DIE SIND KEINE THEORIE. SIE EXISTIEREN. REED RICHARDS HAT SIE VOR VIELEN JAHREN ENTDECKT.
JA, ABER DER TEILT SEINE ERKENNTNISSE NUR MIT ANDEREN SUPERHELDEN.
AUSSER EIN SUPERSCHURKE STIEHLT SIE.
WAS?
HOPPER
LAMAZE IST AUF DEM HOLZWEG! ER GLAUBT, INSTABILE MOLEKÜLE *AHMEN* EIGENSCHAFTEN BENACHBARTER MATERIE *NACH*.
JA. UND?
SIE SIND ABER FUNDAMENTALE BAUSTEINE DES UNIVERSUMS UND VERÄNDERN SICH NICHT.
SIE *ZEIGEN* IMMER NUR EINE *FACETTE* IHRES UNENDLICHEN POTENZIALS.
WOW. DAS IST--
SORRY, OKAY?
ÖH... WIESO?
ICH DACHTE, DU BIST WIEDER NUR SO EIN OBERCOOLER SCHÖNLING...
... ABER DU BIST VIEL MEHR. DU BIST EIN ECHTES *GENIE*, ODER?
ÄH, DANKE, MS. MARCONI. ICH...
... FREUE MICH AUF DIE NÄCHSTE STUNDE.
DIESE IST NOCH NICHT VORBEI, *MR. PARKER. SIE* VERDIENEN EIN DESSERT.

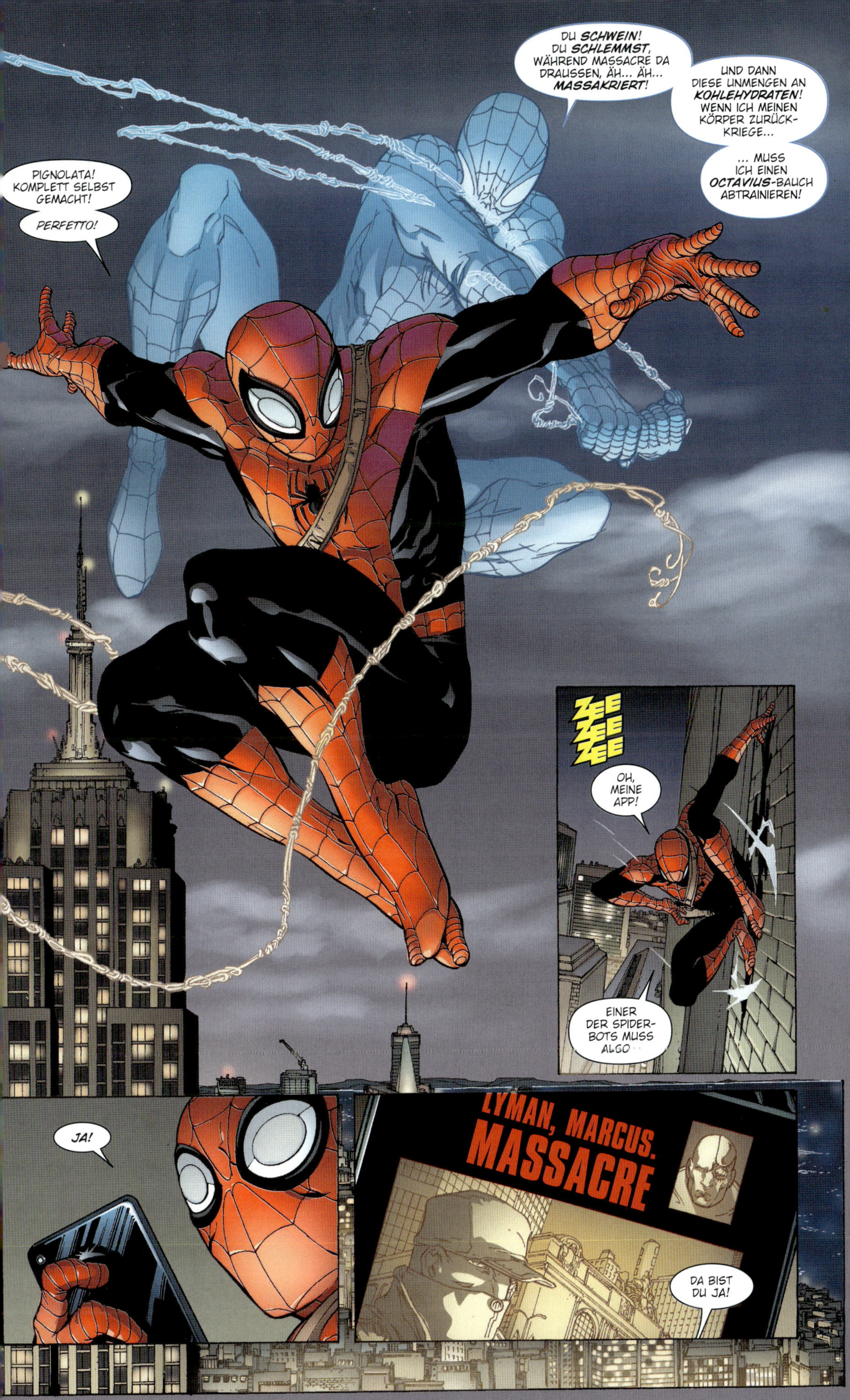
PIGNOLATA! KOMPLETT SELBST GEMACHT!
PERFETTO!
DU SCHWEIN! DU SCHLEMMST, WÄHREND MASSACRE DA DRAUSSEN, ÄH... ÄH... MASSAKRIERT!
UND DANN DIESE UNMENGEN AN KOHLEHYDRATEN! WENN ICH MEINEN KÖRPER ZURÜCK-KRIEGE...
... MUSS ICH EINEN OCTAVIUS-BAUCH ABTRAINIEREN!
ZEE ZEE ZEE
OH, MEINE APP!
EINER DER SPIDER-BOTS MUSS ALGO...
JA!
LYMAN, MARCUS. MASSACRE
DA BIST DU JA!

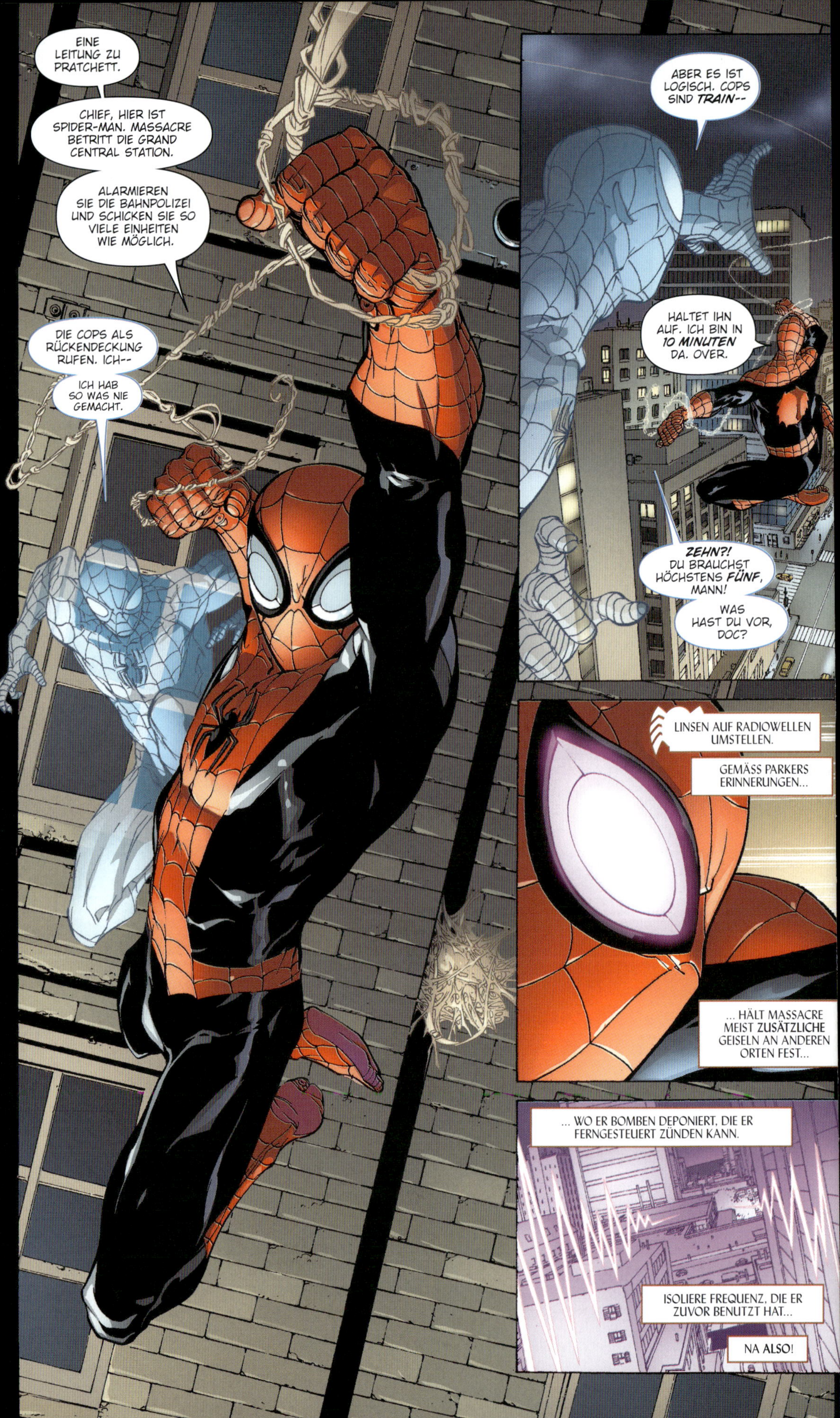
EINE LEITUNG ZU PRATCHETT.
CHIEF, HIER IST SPIDER-MAN. MASSACRE BETRITT DIE GRAND CENTRAL STATION.
ALARMIEREN SIE DIE BAHNPOLIZEI UND SCHICKEN SIE SO VIELE EINHEITEN WIE MÖGLICH.
DIE COPS ALS RÜCKENDECKUNG RUFEN. ICH--
ICH HAB SO WAS NIE GEMACHT.
ABER ES IST LOGISCH. COPS SIND TRAIN--
HALTET IHN AUF. ICH BIN IN 10 MINUTEN DA. OVER.
ZEHN?! DU BRAUCHST HÖCHSTENS FÜNF, MANN!
WAS HAST DU VOR, DOC?
LINSEN AUF RADIOWELLEN UMSTELLEN.
GEMÄSS PARKERS ERINNERUNGEN...
... HÄLT MASSACRE MEIST ZUSÄTZLICHE GEISELN AN ANDEREN ORTEN FEST...
... WO ER BOMBEN DEPONIERT, DIE ER FERNGESTEUERT ZÜNDEN KANN.
ISOLIERE FREQUENZ, DIE ER ZUVOR BENUTZT HAT...
NA ALSO!

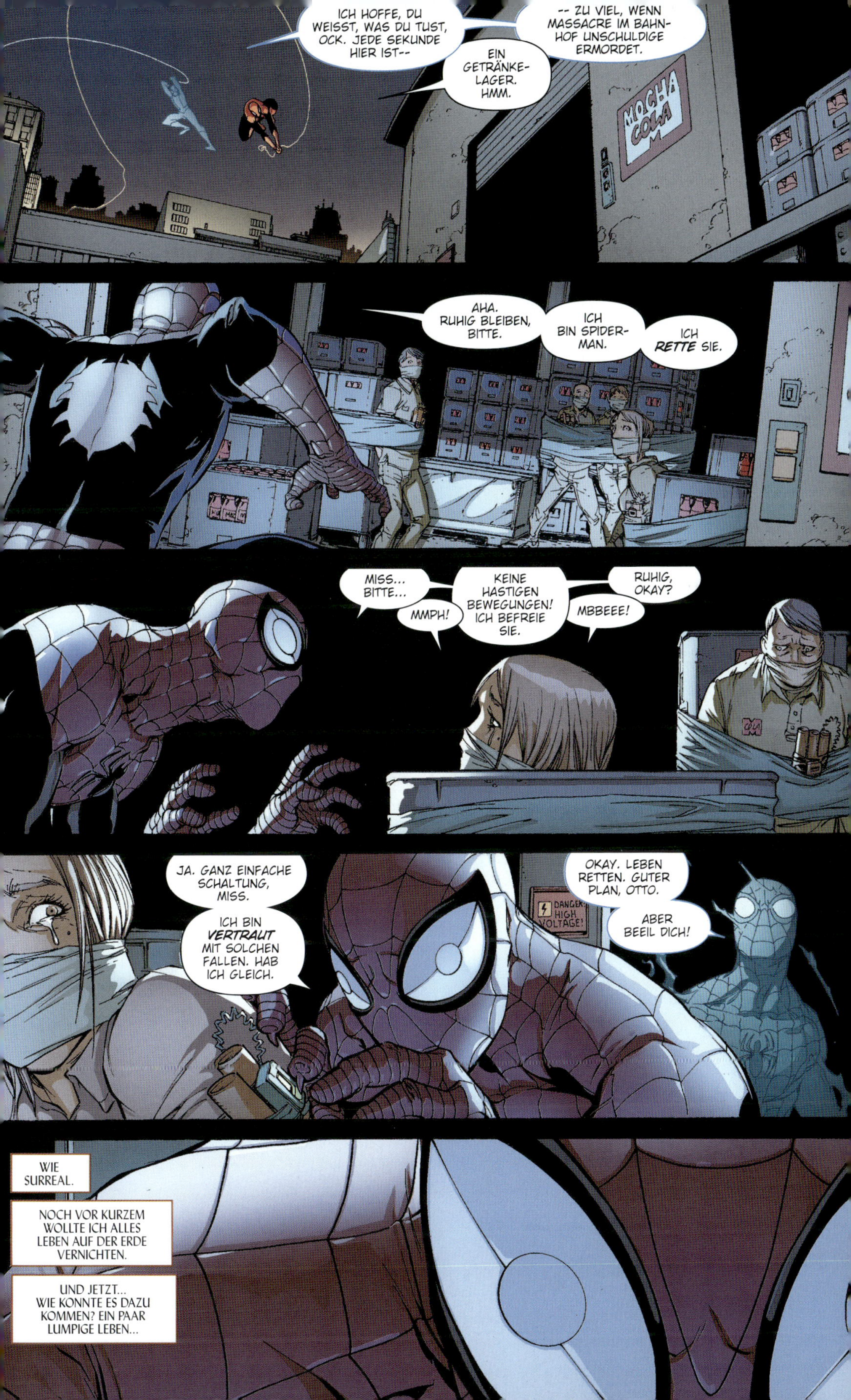
ICH HOFFE, DU WEISST, WAS DU TUST, OCK. JEDE SEKUNDE HIER IST--
-- ZU VIEL, WENN MASSACRE IM BAHNHOF UNSCHULDIGE ERMORDET.
EIN GETRÄNKELAGER. HMM.
MOCHA COLA
AHA. RUHIG BLEIBEN, BITTE.
ICH BIN SPIDER-MAN.
ICH RETTE SIE.
MISS... BITTE...
MMPH!
KEINE HASTIGEN BEWEGUNGEN! ICH BEFREIE SIE.
RUHIG, OKAY?
MBBEEE!
JA. GANZ EINFACHE SCHALTUNG, MISS.
ICH BIN VERTRAUT MIT SOLCHEN FALLEN. HAB ICH GLEICH.
DANGER HIGH VOLTAGE!
OKAY. LEBEN RETTEN. GUTER PLAN, OTTO.
ABER BEEIL DICH!
WIE SURREAL.
NOCH VOR KURZEM WOLLTE ICH ALLES LEBEN AUF DER ERDE VERNICHTEN.
UND JETZT... WIE KONNTE ES DAZU KOMMEN? EIN PAAR LUMPIGE LEBEN...

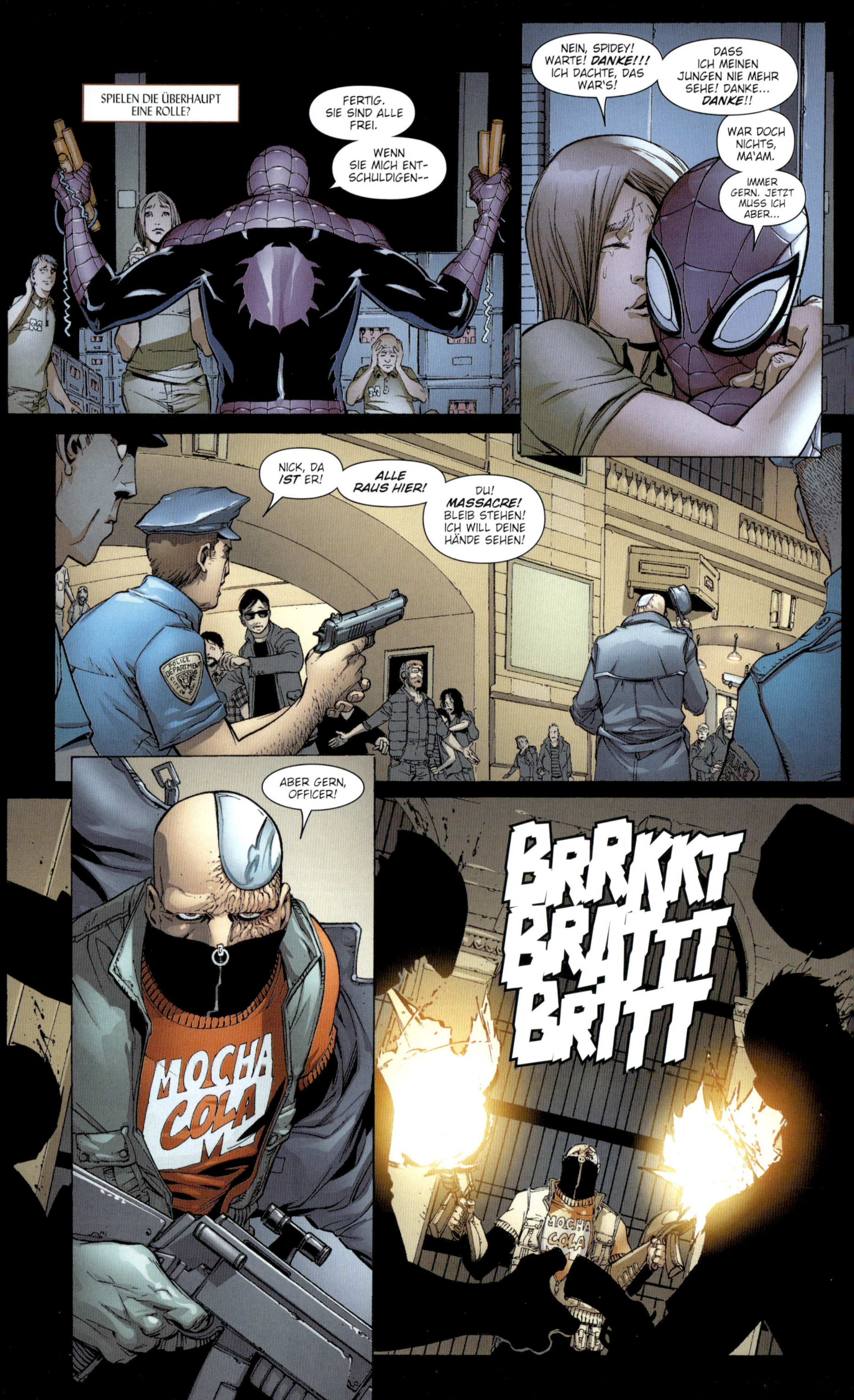
SPIELEN DIE ÜBERHAUPT EINE ROLLE?
FERTIG. SIE SIND ALLE FREI.
WENN SIE MICH ENT-SCHULDIGEN--
NEIN, SPIDEY! WARTE! DANKE!!! ICH DACHTE, DAS WAR'S!
DASS ICH MEINEN JUNGEN NIE MEHR SEHE! DANKE... DANKE!!
WAR DOCH NICHTS, MA'AM.
IMMER GERN. JETZT MUSS ICH ABER...
NICK, DA IST ER!
ALLE RAUS HIER!
DU! MASSACRE! BLEIB STEHEN! ICH WILL DEINE HÄNDE SEHEN!
ABER GERN, OFFICER!
MOCHA COLA
BRRKKT BRATTT BRTTT

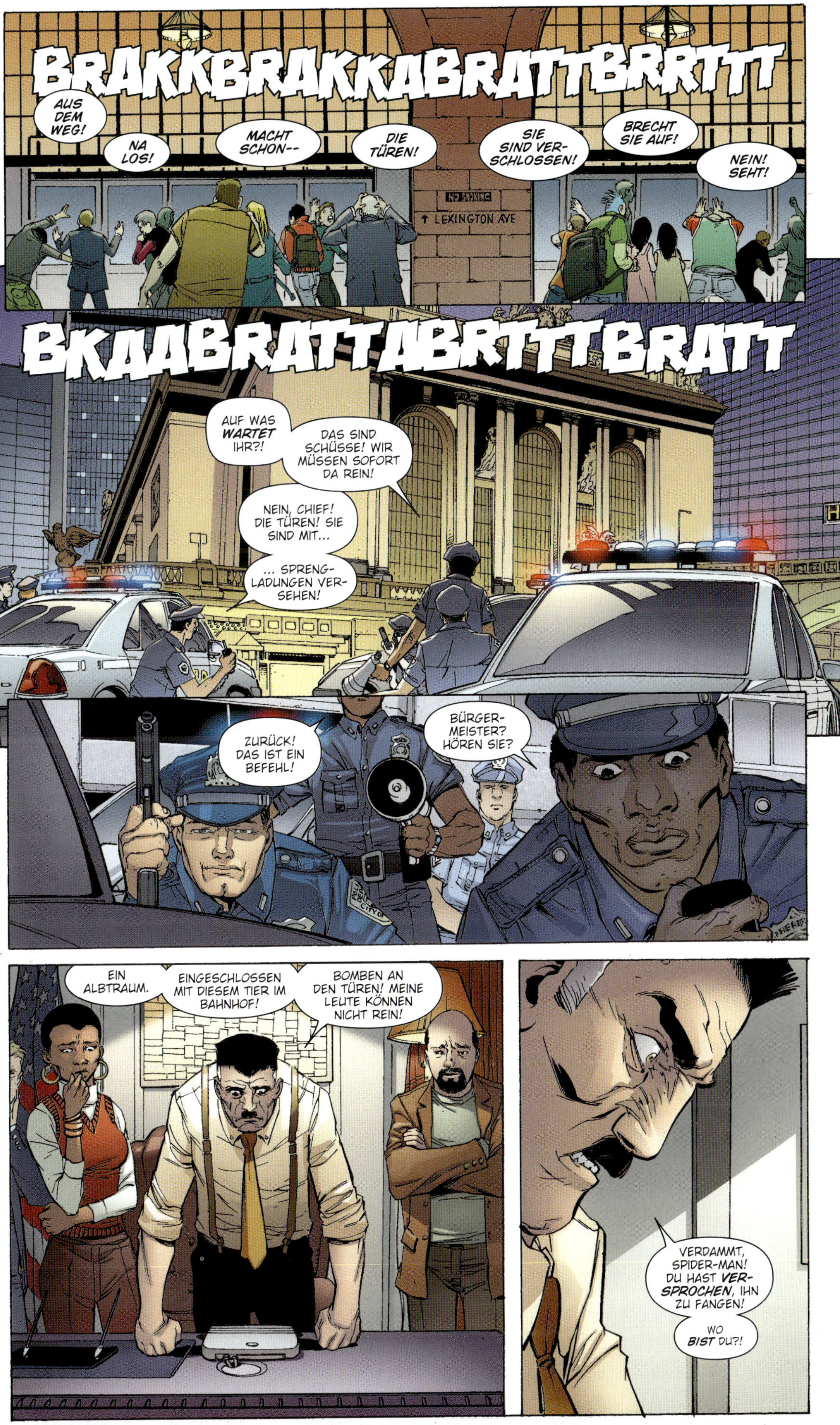

BRAKKBRAKKABRATTBRRTTT
AUS DEM WEG!
NA LOS!
MACHT SCHON--
DIE TÜREN!
SIE SIND VERSCHLOSSEN!
BRECHT SIE AUF!
NEIN! SEHT!
LEXINGTON AVE

BKAABRATTABRTTTBRATT
AUF WAS *WARTET* IHR?!
DAS SIND SCHÜSSE! WIR MÜSSEN SOFORT DA REIN!
NEIN, CHIEF! DIE TÜREN! SIE SIND MIT...
... SPRENGLADUNGEN VERSEHEN!

ZURÜCK! DAS IST EIN BEFEHL!
BÜRGERMEISTER? HÖREN SIE?

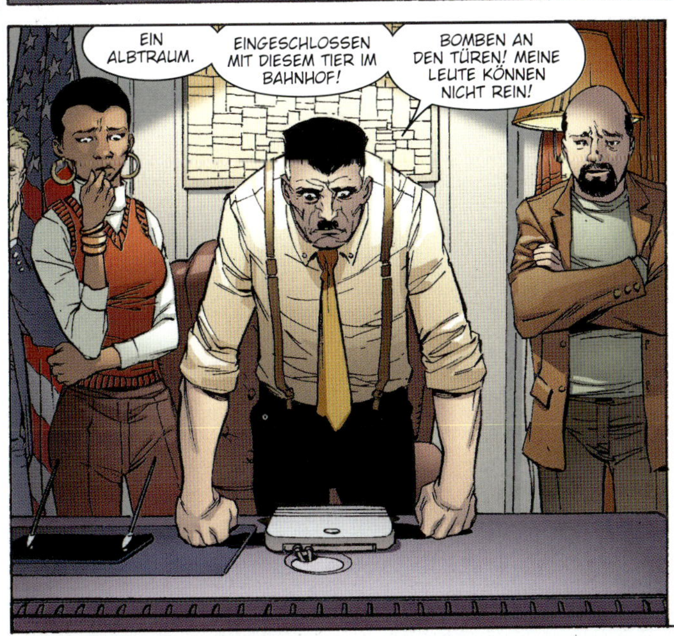

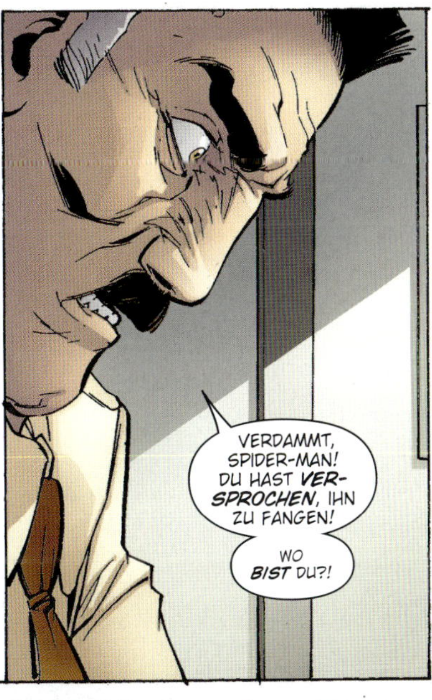

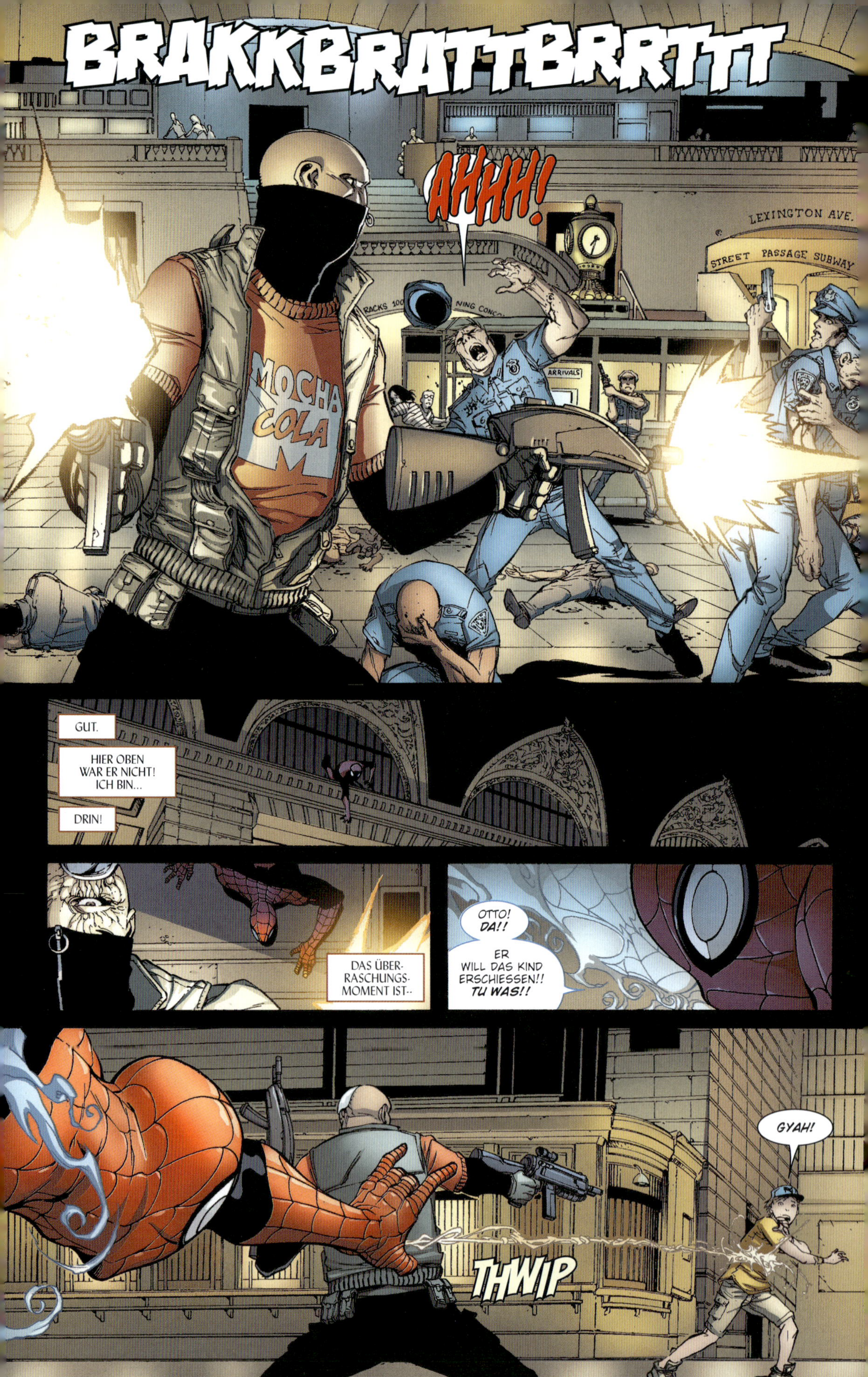
BRAKKBRATTBRRTTT
AHHH!
LEXINGTON AVE.
STREET PASSAGE SUBWAY
MOCHA COLA
ARRIVALS
GUT.
HIER OBEN WAR ER NICHT! ICH BIN...
DRIN!
DAS ÜBER-RASCHUNGS-MOMENT IST--
OTTO! DA!!
ER WILL DAS KIND ERSCHIESSEN!! TU WAS!!
GYAH!
THWIP

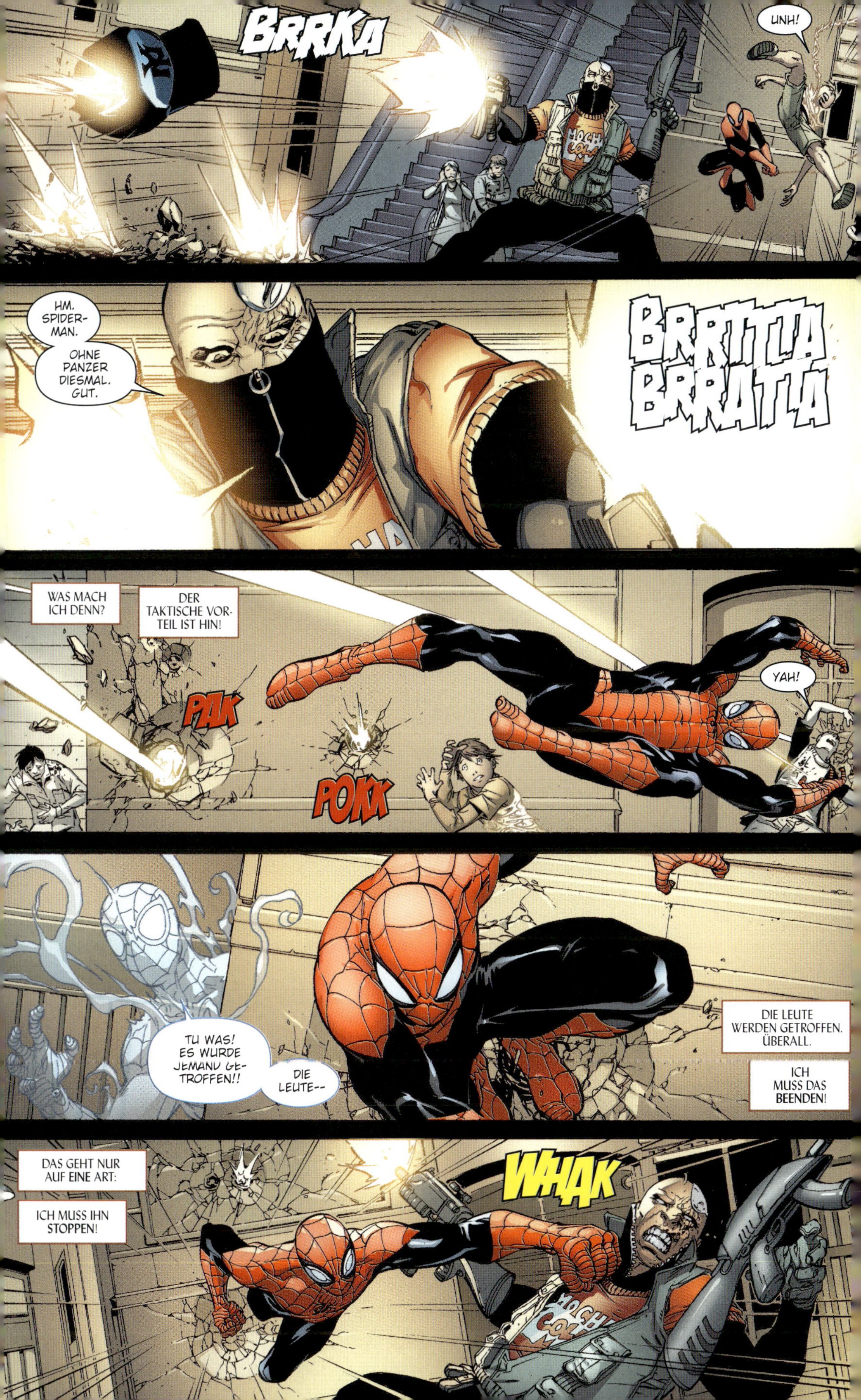
BRRKA
UNH!
HM. SPIDER-MAN.
OHNE PANZER DIESMAL. GUT.
BRRTTTA BRRATTA
WAS MACH ICH DENN?
DER TAKTISCHE VORTEIL IST HIN!
PAK
YAH!
POKK
TU WAS! ES WURDE JEMAND GETROFFEN!!
DIE LEUTE--
DIE LEUTE WERDEN GETROFFEN. ÜBERALL.
ICH MUSS DAS BEENDEN!
DAS GEHT NUR AUF EINE ART:
ICH MUSS IHN STOPPEN!
WHAK

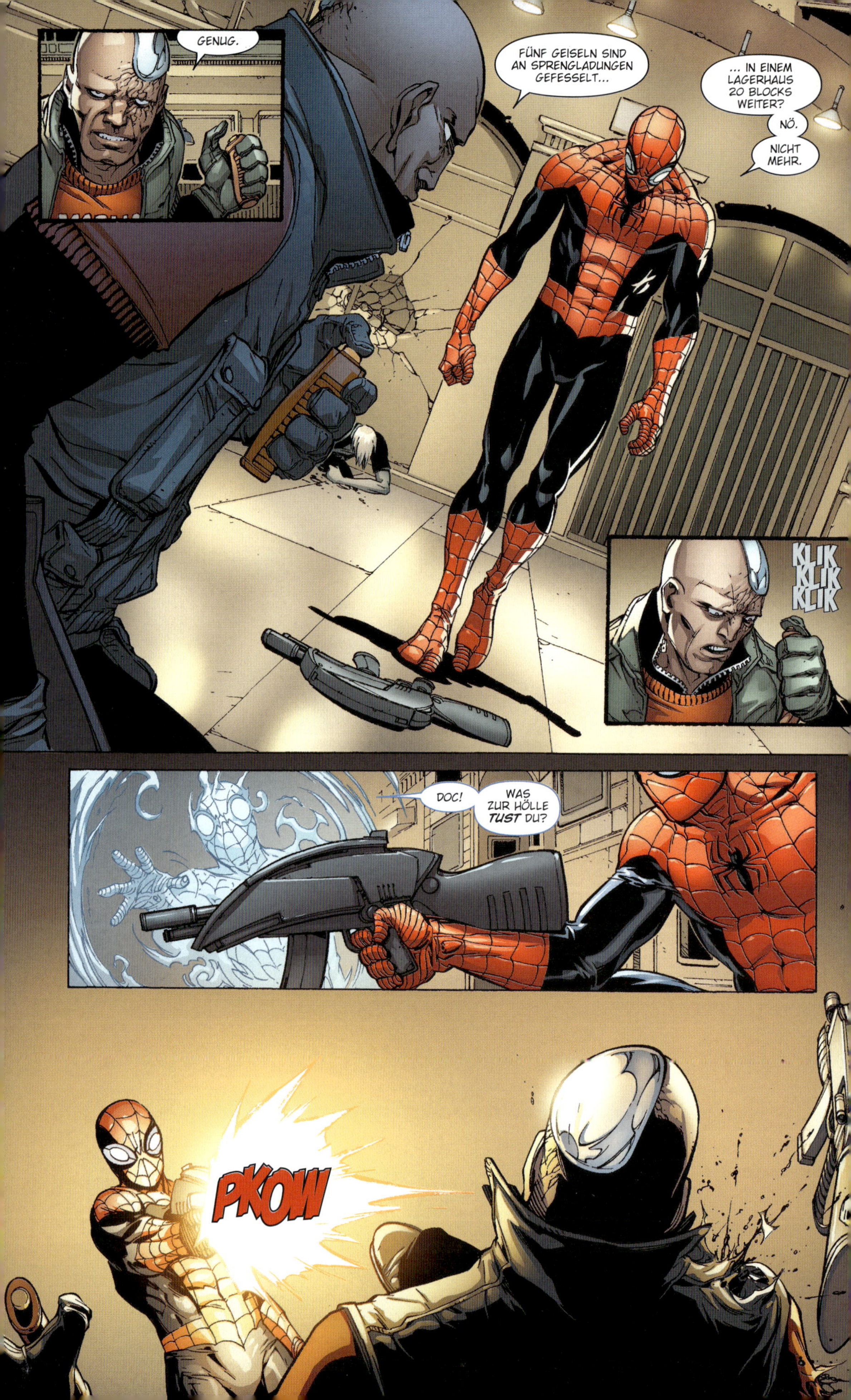
GENUG.
FÜNF GEISELN SIND AN SPRENGLADUNGEN GEFESSELT...
... IN EINEM LAGERHAUS 20 BLOCKS WEITER?
NÖ.
NICHT MEHR.
KLIK KLIK KLIK
DOC!
WAS ZUR HÖLLE TUST DU?
PKOW

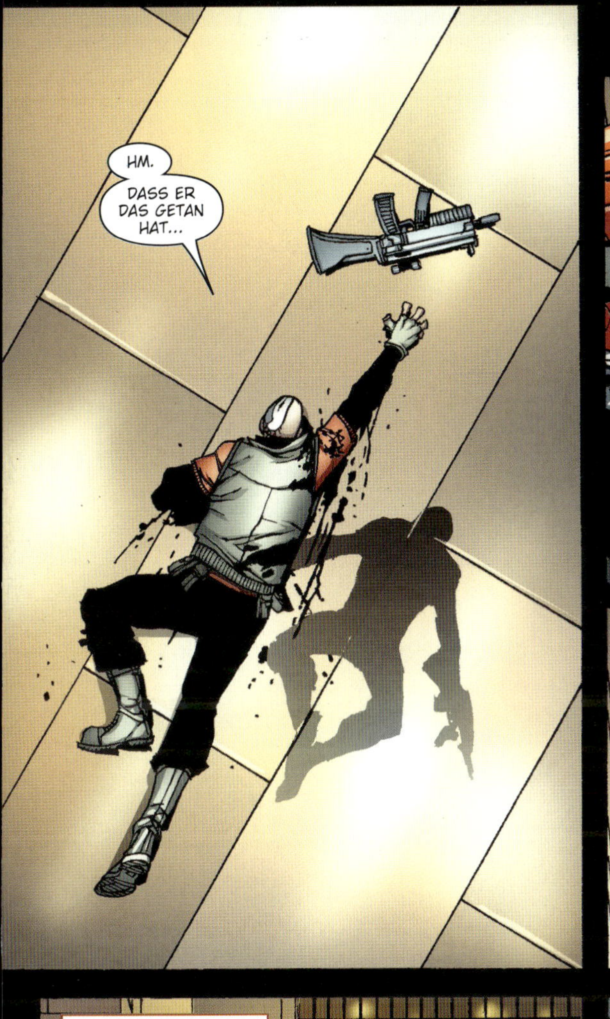
HM.
DASS ER DAS GETAN HAT...

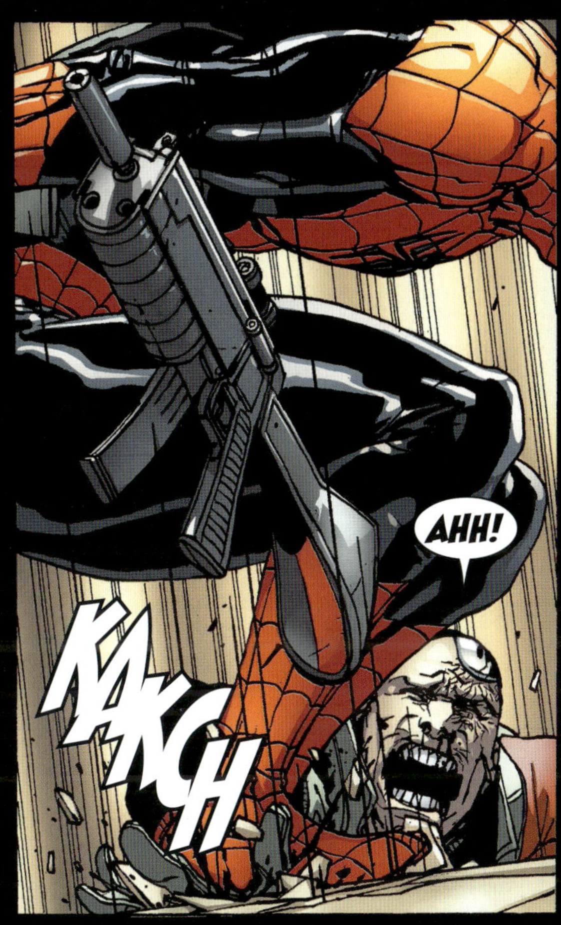
AHH!
KRACH

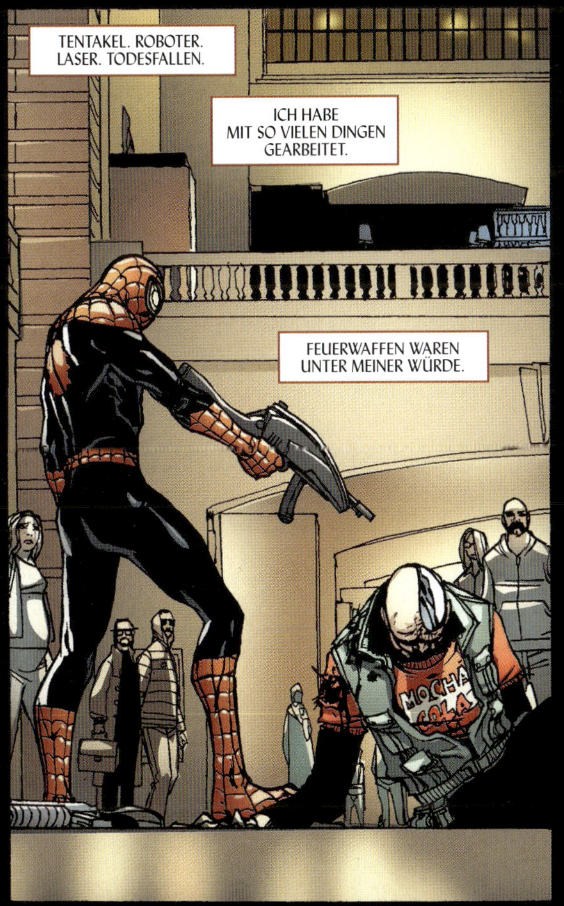
TENTAKEL. ROBOTER. LASER. TODESFALLEN.
ICH HABE MIT SO VIELEN DINGEN GEARBEITET.
FEUERWAFFEN WAREN UNTER MEINER WÜRDE.
MOCHA COLA

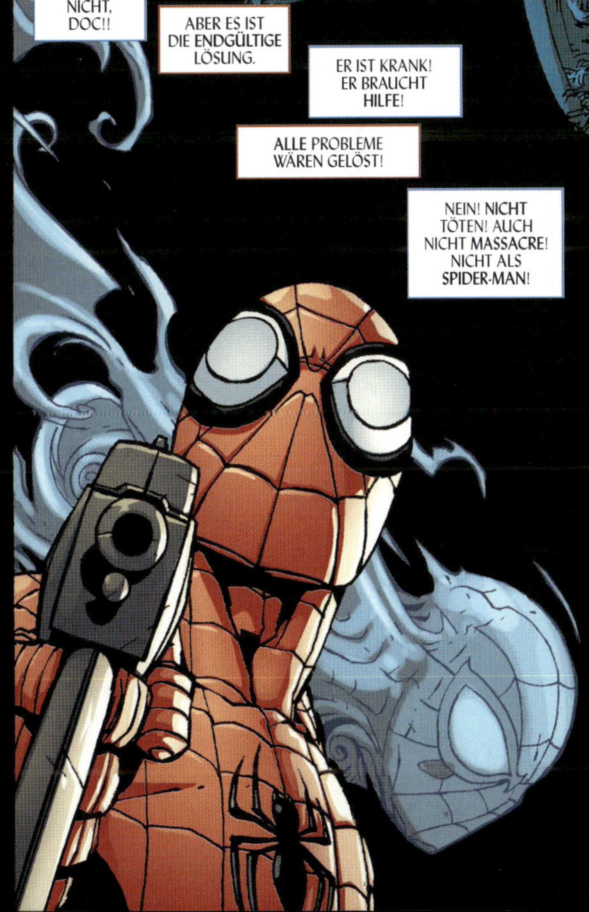
NICHT, DOC!!
ABER ES IST DIE ENDGÜLTIGE LÖSUNG.
ER IST KRANK! ER BRAUCHT HILFE!
ALLE PROBLEME WÄREN GELÖST!
NEIN! NICHT TÖTEN! AUCH NICHT MASSACRE! NICHT ALS SPIDER-MAN!

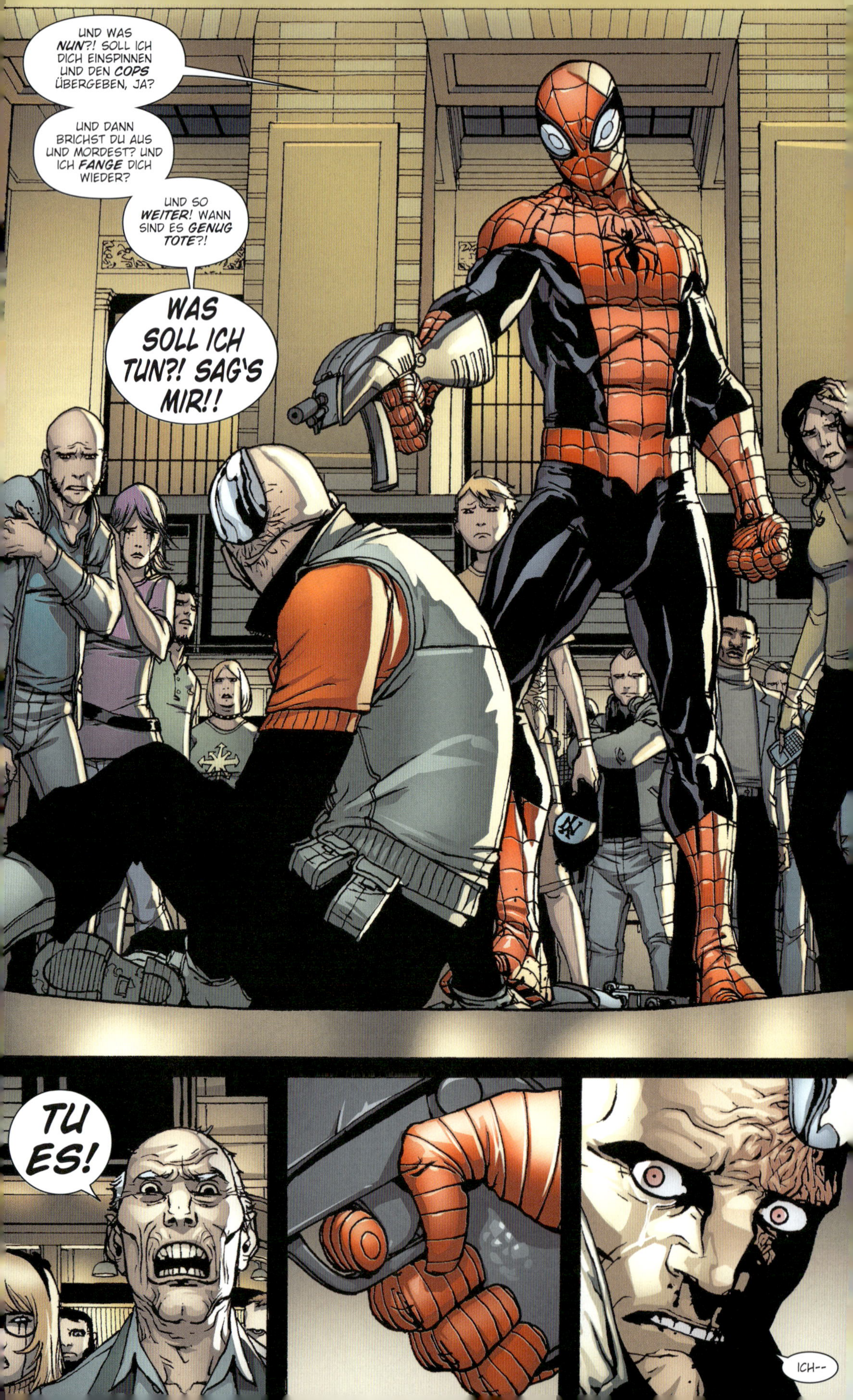

UND WAS NUN?! SOLL ICH DICH EINSPINNEN UND DEN COPS ÜBERGEBEN, JA?
UND DANN BRICHST DU AUS UND MORDEST? UND ICH FANGE DICH WIEDER?
UND SO WEITER! WANN SIND ES GENUG TOTE?!
WAS SOLL ICH TUN?! SAG'S MIR!!

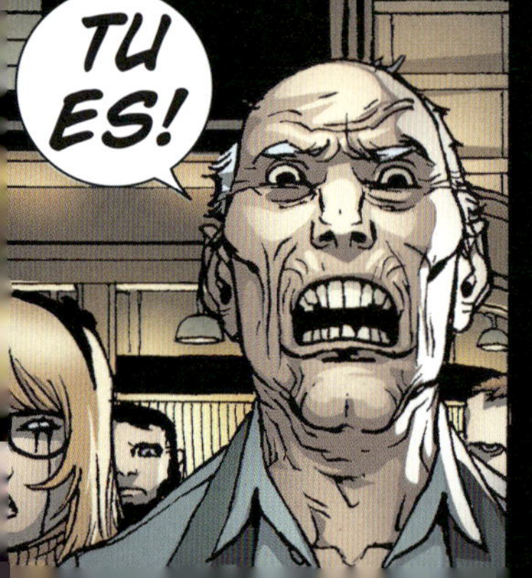
TU ES!

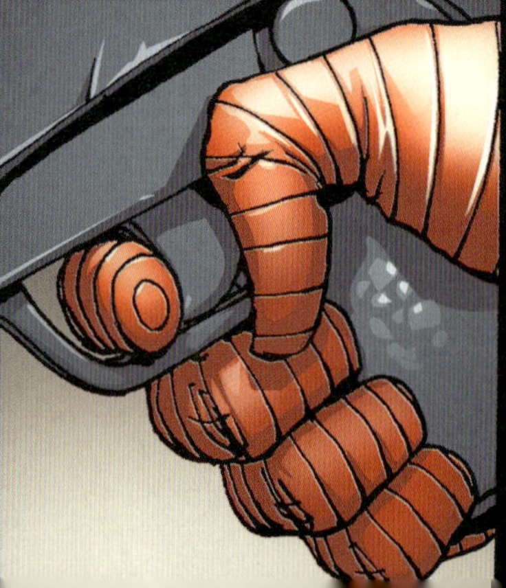

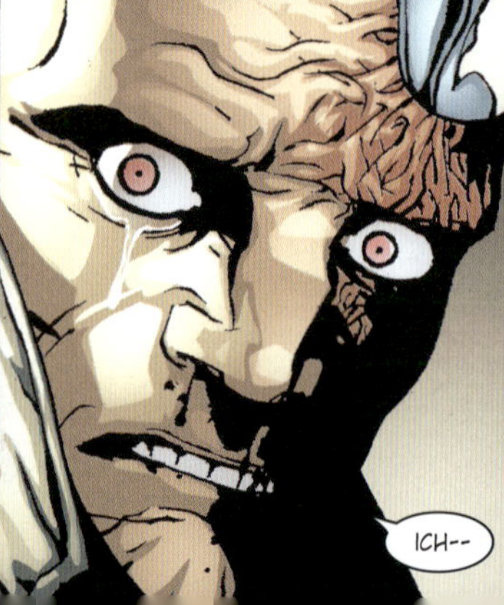
ICH--

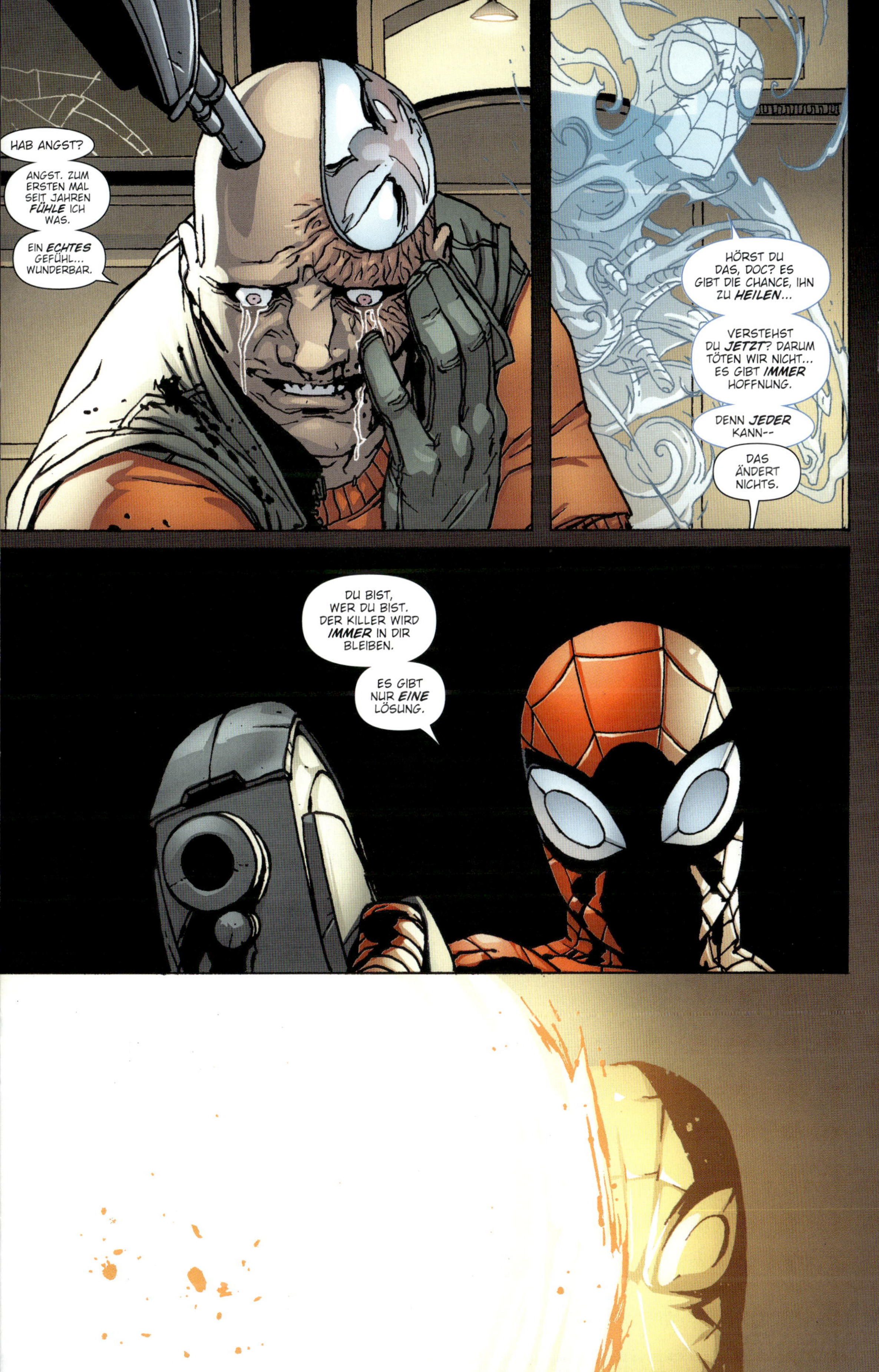
HAB ANGST?
ANGST. ZUM ERSTEN MAL SEIT JAHREN FÜHLE ICH WAS.
EIN ECHTES GEFÜHL... WUNDERBAR.
HÖRST DU DAS, DOC? ES GIBT DIE CHANCE, IHN ZU HEILEN...
VERSTEHST DU JETZT? DARUM TÖTEN WIR NICHT... ES GIBT IMMER HOFFNUNG.
DENN JEDER KANN--
DAS ÄNDERT NICHTS.
DU BIST, WER DU BIST. DER KILLER WIRD IMMER IN DIR BLEIBEN.
ES GIBT NUR EINE LÖSUNG.

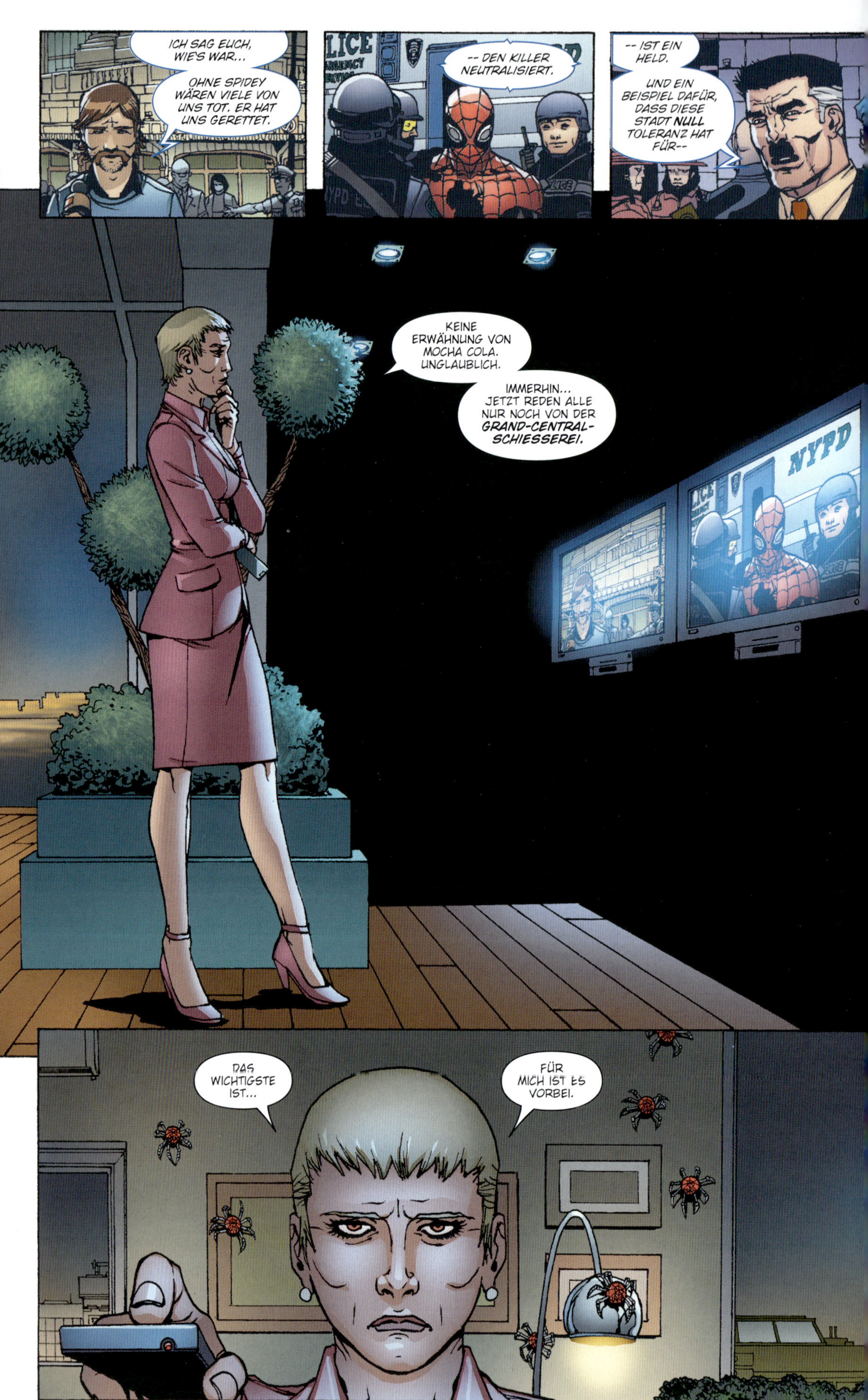
ICH SAG EUCH, WIE'S WAR...
OHNE SPIDEY WÄREN VIELE VON UNS TOT. ER HAT UNS GERETTET.
-- DEN KILLER NEUTRALISIERT.
-- IST EIN HELD.
UND EIN BEISPIEL DAFÜR, DASS DIESE STADT NULL TOLERANZ HAT FÜR--
KEINE ERWÄHNUNG VON MOCHA COLA. UNGLAUBLICH.
IMMERHIN... JETZT REDEN ALLE NUR NOCH VON DER GRAND-CENTRAL-SCHIESSEREI.
DAS WICHTIGSTE IST...
FÜR MICH IST ES VORBEI.

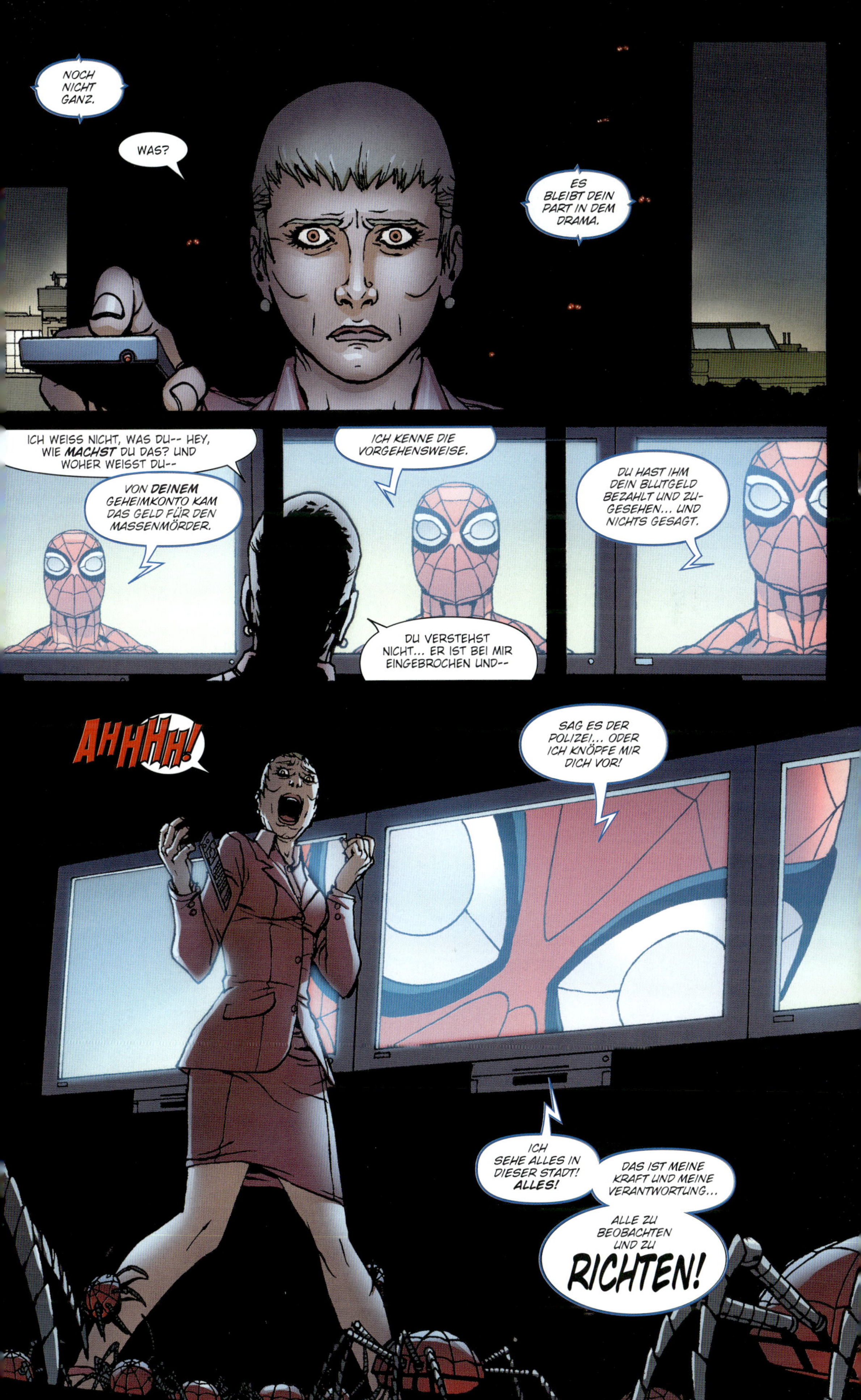
NOCH NICHT GANZ.
WAS?
ES BLEIBT DEIN PART IN DEM DRAMA.
ICH WEISS NICHT, WAS DU-- HEY, WIE MACHST DU DAS? UND WOHER WEISST DU--
VON DEINEM GEHEIMKONTO KAM DAS GELD FÜR DEN MASSENMÖRDER.
ICH KENNE DIE VORGEHENSWEISE.
DU VERSTEHST NICHT... ER IST BEI MIR EINGEBROCHEN UND--
DU HAST IHM DEIN BLUTGELD BEZAHLT UND ZU-GESEHEN... UND NICHTS GESAGT.
AHHHH!
SAG ES DER POLIZEI... ODER ICH KNÖPFE MIR DICH VOR!
ICH SEHE ALLES IN DIESER STADT! ALLES!
DAS IST MEINE KRAFT UND MEINE VERANTWORTUNG...
ALLE ZU BEOBACHTEN UND ZU RICHTEN!

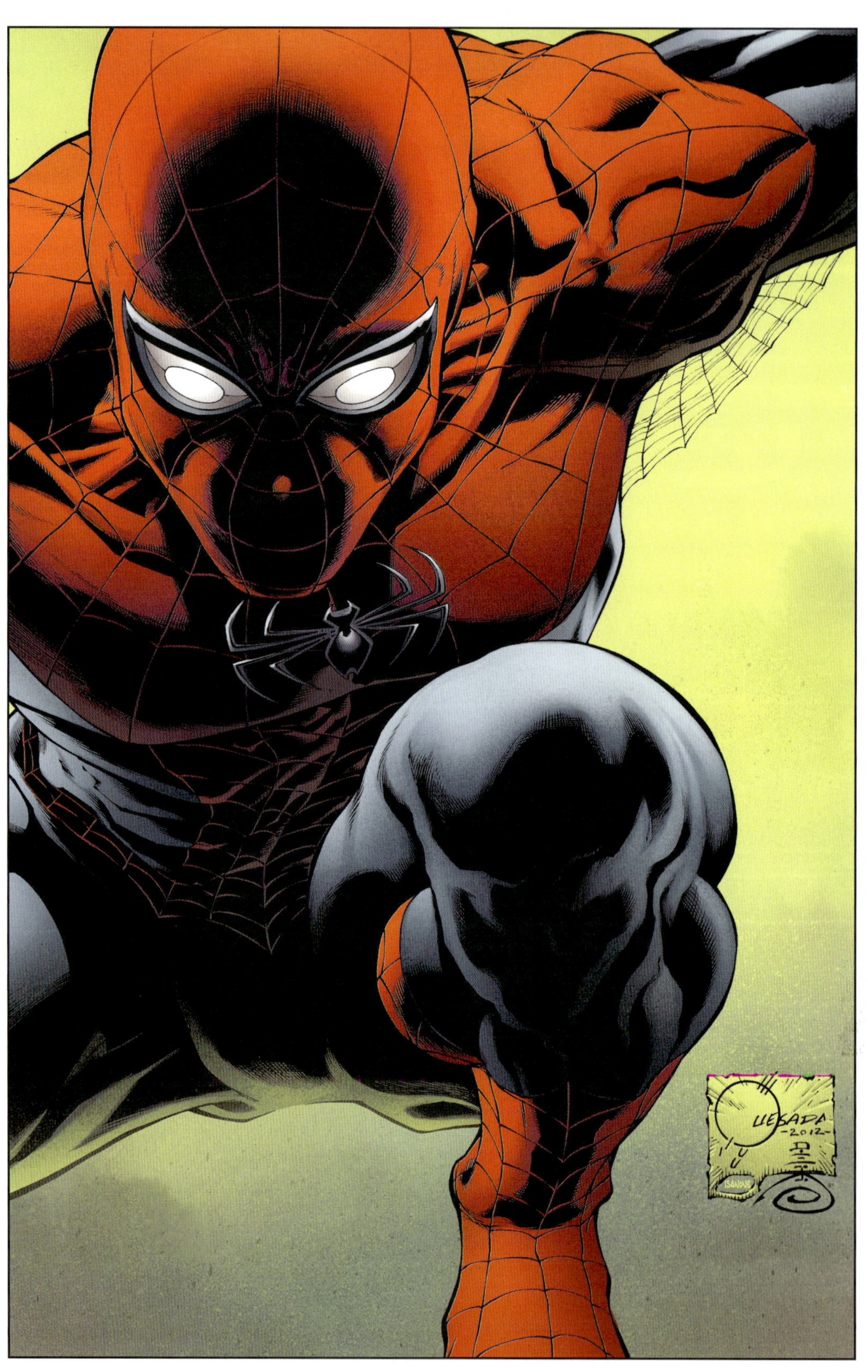

Superior Spider-Man (2013) 1
Variant-Cover von **JOE QUESADA**

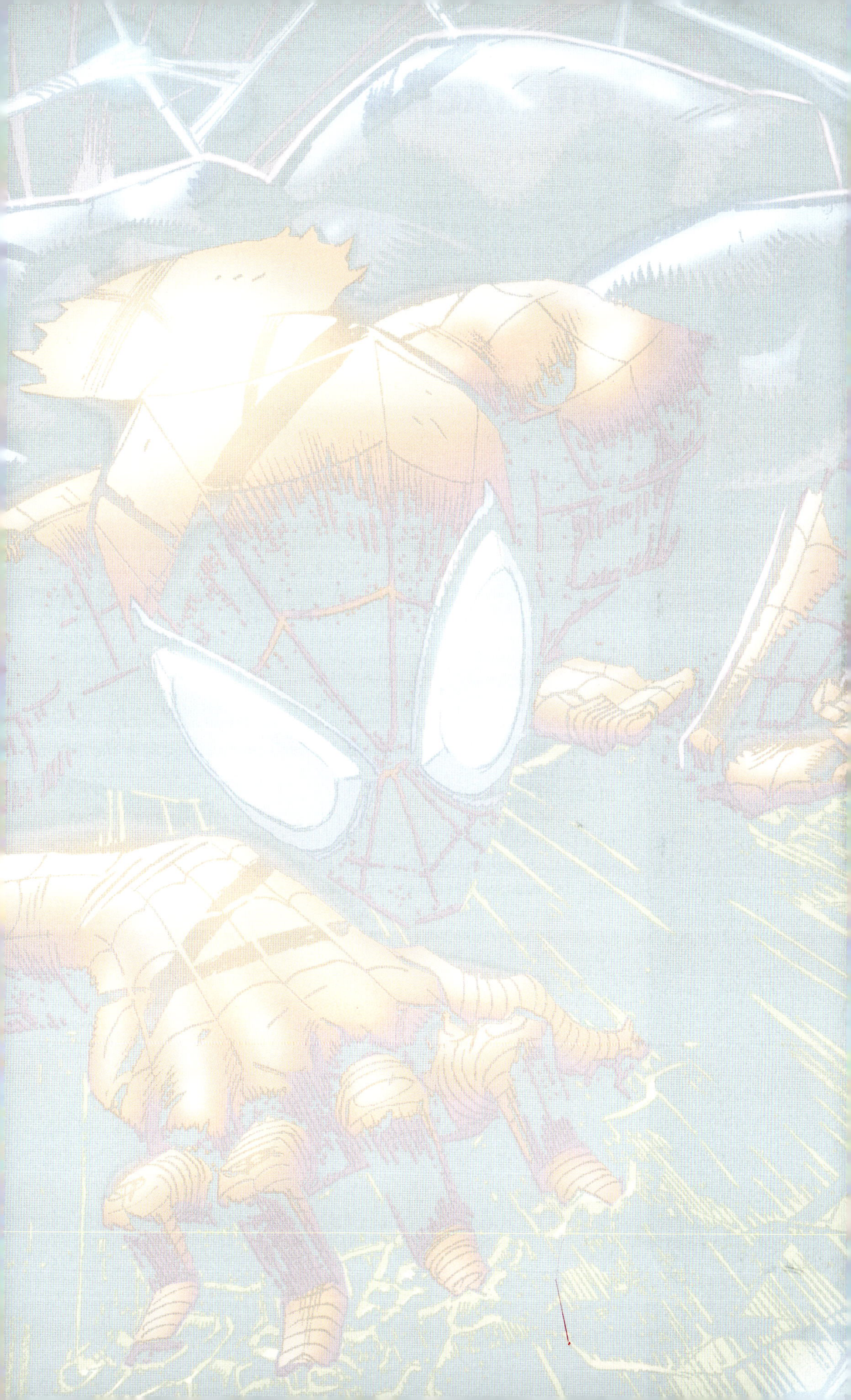

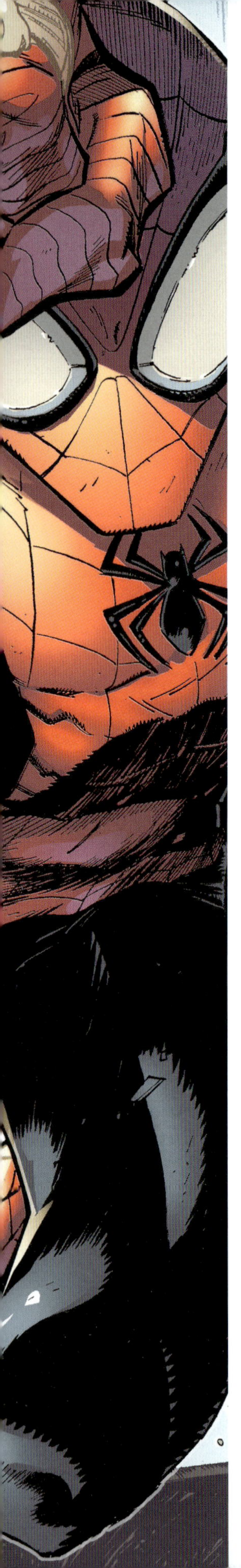

DIE MACHER

DAN SLOTT verfasste zunächst Comics zu Zeichentrickserien wie *Ren & Stimpy, Looney Tunes* und *Batman Adventures*. Bei Marvel tat er sich in den 2000ern durch seine lange *She-Hulk*-Serie, eine Miniserie über Spider-Man und die Fackel sowie die Avengers-Ableger *Die Rächer: Die Initiative* und *Die ruhmreichen Rächer* hervor. 2008 wurde Slott Teil des Autorenkollektivs hinter dem Spidey-Neustart in *Spider-Man: Ein neuer Tag*, zwei Jahre später übernahm er als Soloautor. Slott inszenierte viel beachtete Storylines wie *Spider-Verse*, *Die Klon-Verschwörung* und *Spider-Island*, wirkte am Videogame *Spider-Man: Shattered Dimensions* mit, ist einer der produktivsten Spidey-Autoren aller Zeiten und blieb dem Netzschwinger bis 2018 treu – 2022 kehrte er mit *Spider-Man Sonderband* und dem Debüt von Spider-Boy zurück. Zudem schrieb der in den USA geborene Slott, der seine Jugend in London verbrachte, *Silver Surfer*, *Tony Stark: Iron Man*, *Fantastic Four* und *Empyre*.

RYAN STEGMAN begann seine Karriere Mitte der 2000er mit der Serie *Midnight Kiss* und der bei Marvel erschienenen Comic-Adaption von Raymond Feists beliebtem Fantasy-Roman *Der Lehrling des Magiers*. Danach zeichnete der in Detroit geborene Stegman *Marvel Adventures Spider-Man*, *The Incredible Hercules, She-Hulks, X-23, Fear Itself: Hulk vs. Dracula* und *Thor*. 2011 visualisierte er eine erste *Spider-Man*-Story von Dan Slott, dem folgten *Scarlet Spider*, *Fantastic Four*, natürlich die Saga um Dr. Octopus als Spider-Man, *Wolverine*, *Inhuman* und *Uncanny Avengers*. Schließlich tat sich Stegman mit Autor Donny Cates zusammen, um in *Venom*, *Absolute Carnage* und *King in Black* die Symbionten-Mythologie komplett zu revolutionieren. Obendrein schufen die beiden ihre eigene Comic-Serie *Vanish*. Neben Storys für *Amazing Fantasy präsentiert Spider-Man* und *Marvel Age 1000: Jahrhundert der Helden* lancierte Stegman 2023 als Autor zuletzt seine unabhängige Serie *The Schlub*.

GIUSEPPE CAMUNCOLI veröffentlichte in seiner italienischen Heimat erste Comics im Eigenverlag, darunter das auch hierzulande bekannte *Bonerest – Das Ende einer Welt*. Sein Schaffen für die US-amerikanischen Verlage umfasst inzwischen viele Top-Titel: zahlreiche *Spider-Man*-Comics von Dan Slott inklusive der Meilensteine *Spider-Verse* und *Die Klon-Verschwörung*, eine längere Zeit mit Peter Milligan für *Hellblazer*, *Star Wars: Darth Vader* von Charles Soule, *FF – Fantastic Four* von Jonathan Hickman, *Dark Wolverine* von Daniel Way, *Knight Terrors* von Joshua Williamson, *Swamp Thing* von Brian K. Vaughan, *Batman: Europa* von Brian Azzarello und anderen, *Batman* von Bill Willingham, *All-Star Batman* von Scott Snyder, *Undiscovered Country* von Snyder und Charles Soule, *The Intimates* von Joe Casey, *Green Valley* von Max Landis sowie *Der Joker* von James Tynion IV. Außerdem gestaltete der Italiener viele Cover.

SPIDER-MAN

IM KÖRPER DES FEINDES

BONUSTEIL

Nach 51 Jahren netzschwingender Abenteuer und 700 Ausgaben von *Amazing Spider-Man* verblüffte Marvel die Fans auf der ganzen Welt mit der Ankündigung, dass **Peter Parkers** Tage als **Spidey** vorbei seien. Autor **Dan Slott** und die Zeichner **Ryan Stegman** und **Giuseppe Camuncoli** waren bereit, dem Marvel-Universum einen brandneuen Spider-Man zu präsentieren: Er hatte immer noch Peters Gesicht, aber dahinter lauerte ein ganz anderer „Kopf" ...

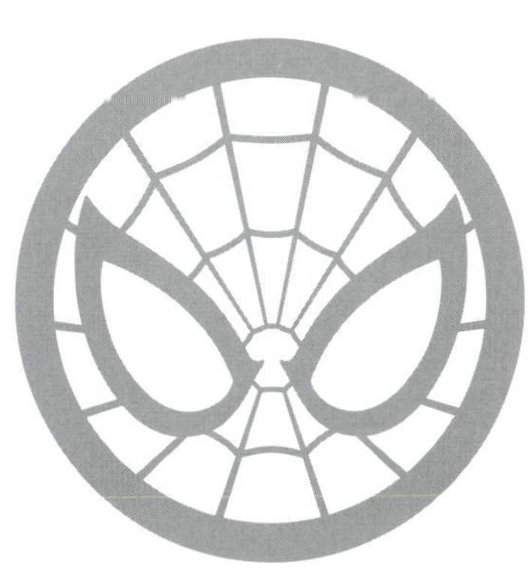

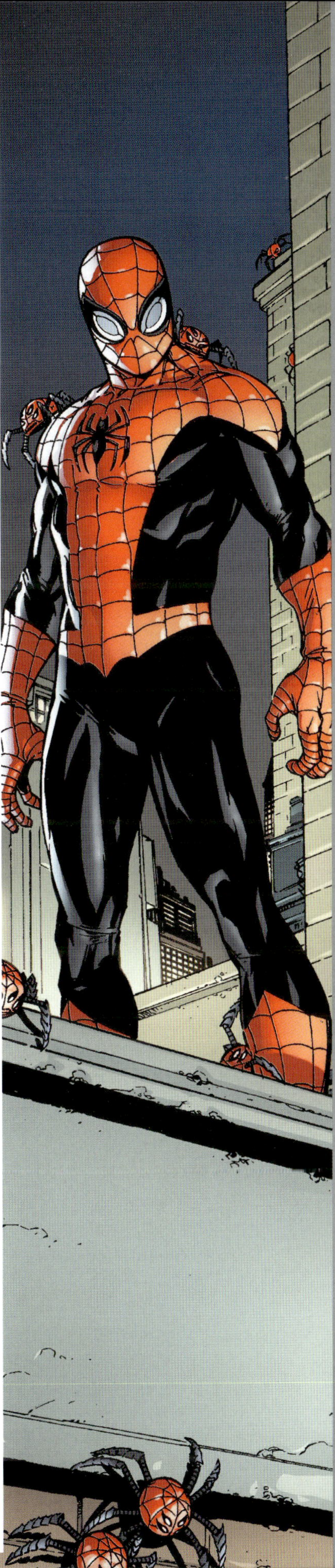

Vom Schurken zum Helden

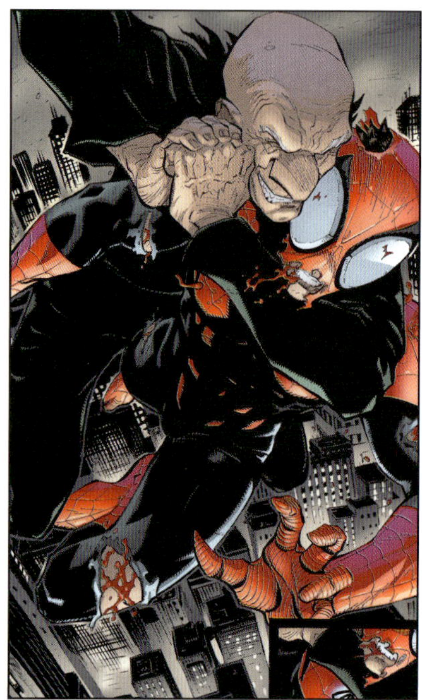

Der überlegene Spider-Man entdeckt, dass **Vulture** eine größere Herausforderung ist, als er erwartet hatte. Zeichnung von Ryan Stegman.

Dan Slott wurde schon in jungen Jahren zum **Spider-Man**-Fan und gibt die Zeichentrickserie von 1967 als seinen ersten Kontakt mit der Figur an. Er erinnert sich daran, wie er im Alter von acht Jahren vor einem 7-11-Laden wartete, weil er glaubte, der echte Spider-Man käme dorthin, um Comics zu signieren: „Da kommt dieser rote Pick-up-Truck und schlängelt sich durch den Verkehr, und die Leute lassen ihn durch und alle jubeln, weil ein Mann in einem Spider-Man-Kostüm auf der Ladefläche steht, die Arme in die Hüften gestemmt.

„Für mich und nur mich – der Typ sah mich dort stehen – kletterte er nicht umständlich hinten heraus. Er sprang vom Truck, landete in einer Spider-Man-Hocke und stand auf, als wäre das etwas, was er jeden Tag macht." Slott wurde ein lebenslanger Spider-Man-Fan: „Das ist genau das, was ich machen wollte. Ich wollte immer ein Fernsehautor sein, aber das war, bevor ich Comics entdeckte. Als ich Comics entdeckte, wollte ich nichts anderes mehr machen – und für Spider-Man schreiben."

Ironischerweise wurden andere leidenschaftliche Spider-Fans wütend auf Slott, als **Peter Parkers** angeblicher Tod in *Amazing Spider-Man* 700 angekündigt wurde. Im Internet wurden Morddrohungen ausgesprochen, und Marvel wandte sich an die Cybercrime-Einheit des NYPD. „Irgendwann meldete sich [der ehemalige Spider-Man-Autor] **Gerry Conway** via Twitter bei mir", erinnert sich Slott. „Er sagte: ‚Mach dir keine Sorgen darüber. Was dich von allen anderen Spider-Man-Autoren unterscheidet, ist, dass du Spider-Man im Zeitalter der sozialen Medien schreibst. Und wenn es die sozialen Medien schon gegeben hätte, als ich **Gwen Stacy** getötet habe, ich mag mir das gar nicht ausmalen …!'"

Kurz nach dem Start der Serie *Superior Spider-Man* beschrieb Slott die Prämisse: „Wenn man sich **Doc Ock** anschaut, ist er all das, was Peter geworden wäre, wenn er nicht die Lektion von großer Macht und großer Verantwortung ge-

▶ **Ryan Stegman** ist ein amerikanischer Künstler. Sein erster Comic war *Magician Apprentice* im Jahr 2006. Er arbeitete viele Jahre lang ununterbrochen für Marvel und illustrierte Serien wie die *She-Hulks*-Miniserie mit Autor **Harrison Wilcox**, *Uncanny Avengers* mit **Gerry Duggan** und *Absolute Carnage* und *Venom* mit **Donny Cates**. Cates und er haben einen Verlag namens KLC Press gegründet und produzieren nun ihre eigenen Serien.

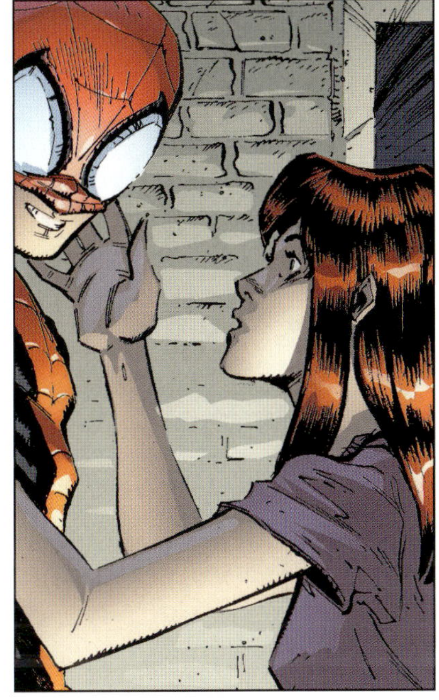
Otto Octavius beschließt, die Beziehung von Mary Jane und Peter Parker zu beenden. Zeichnung von Ryan Stegman.

lernt hätte. Er ist ein Nerd, vollgestopft mit wissenschaftlichem Wissen, der durch einen radioaktiven Unfall zu einer achtgliedrigen Spinne wurde. Und Peter war auf einem ähnlichen Weg. Ock hatte zwar eine liebevolle Mutter ähnlich **Tante May**, doch er wurde von seinem Vater verprügelt, während Peter **Onkel Ben** hatte. Das ist der Typ, der Peter hätte werden können. Aber nun bekommt Doc Ock plötzlich wie auf magische Weise ein zweites Leben, und er wird so jung wie Peter. Und das Geschenk, das letzte, was Peter tun kann, bevor er stirbt, ist, dass er Doc Ock die Erfahrung gibt, einen Onkel Ben gehabt und diese Lektion gelernt zu haben. Und das ist jetzt Teil von ihm. Und es ist fast wie ein Fluch.

„Wenn Peter das nicht getan hätte, würde der böse Doc Ock als Spider-Man herumlaufen, aber nun versucht er wirklich, ein Held zu sein. Er versucht, seine Macht verantwortungsvoll einzusetzen. Aber **Otto Octavius'** Vorstellung von Verantwortung ist völlig anders."

Die Hinrichtung von **Massacre** durch den überlegenen Spider-Man war für viele Leser ein Schock: „Fans fragen immer: ‚Warum tötet Spider-Man **Carnage** nicht einfach?' Nun, jetzt kann er es. So viele Leute waren begeistert von Heft 5, und ich dachte mir: ‚Wirklich? Das ist es, was ihr von eurem Helden wollt?' Er ist dieser Typ, der plötzlich Dinge tun kann, die Spider-Man nicht kann."

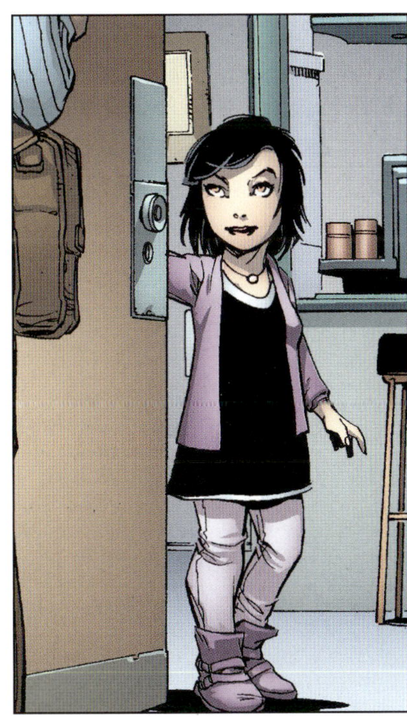
Anna Maria Marconi wird die neue Frau in Otto Octavius' Leben. Zeichnung von **Giuseppe Camuncoli**.

Slott beendete schnell jede Beziehung zwischen Otto Octavius und **Mary Jane Watson** und gewährte ihm eine neue Romanze. „**Anna Maria Marconi** kennt Peter Parker nur als Otto Octavius", sagt Slott. „Und gleich bei ihrem ersten Treffen sagt sie: ‚Wow, ich dachte, du wärst nur diese glatte Fassade, dieser gutaussehende Peter Parker-Typ, aber du bist ein Genie à la Otto Octavius, und das gefällt mir.' Sie hat ihn gleich bei ihrem ersten richtigen Treffen durchschaut. Die Chemie stimmt also zwischen ihr und … nun ja ‚Otto' Parker."

Superior Spider-Man überzeugte viele Fans, die anfangs gegen das Konzept gewesen waren, und wurde ein großer Verkaufserfolg für Marvel.

TIMELINE

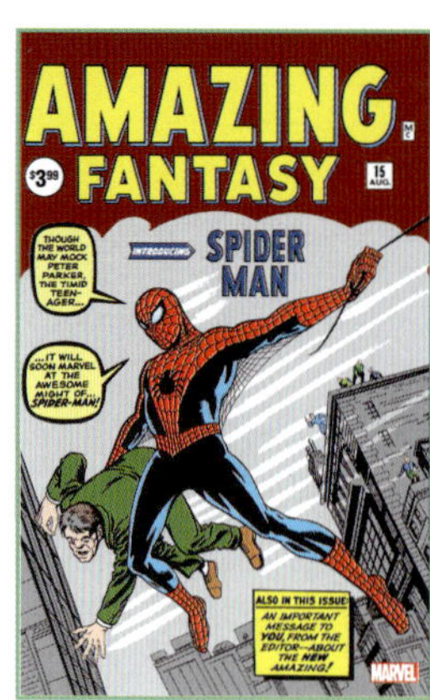

***Amazing Fantasy* 15 (1962)**
STAN LEE
STEVE DITKO
*Der schüchterne Schüler Peter Parker wird von einer radioaktiven Spinne gebissen und wird zu **Spider-Man**.*

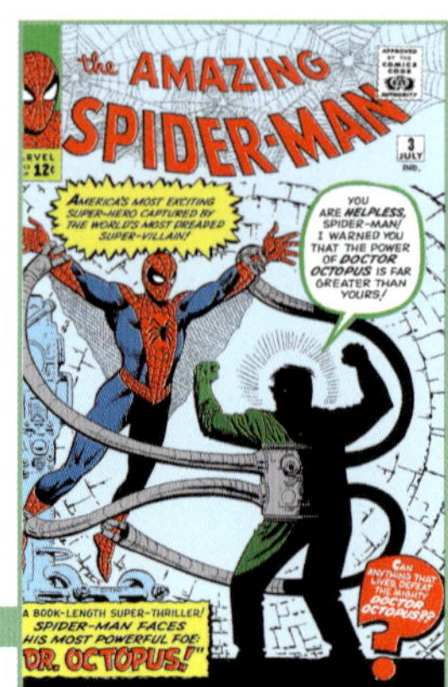

***Amazing Spider-Man* 3 (1963)**
STAN LEE
STEVE DITKO
Durch einen Unfall werden Otto Octavius' mechanische Arme mit seinem Körper verschmolzen, und einer von Spider-Mans größten Feinden ist geboren.

SPIDER-MAN
IM KÖRPER DES FEINDES

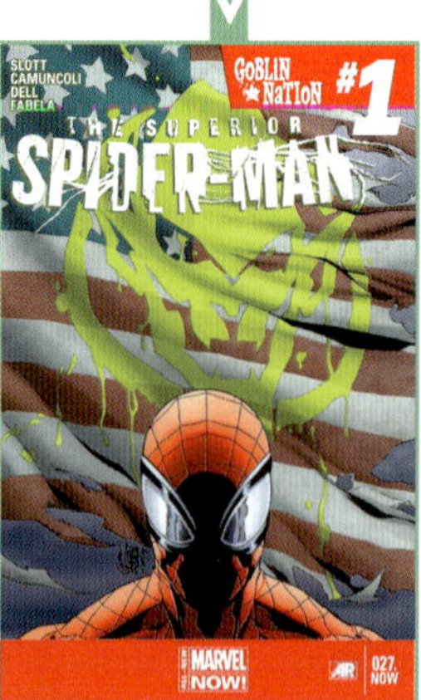

***Superior Spider-Man* 27 (2014)**
DAN SLOTT
GIUSEPPE CAMUNCOLI
***Green Goblin** entdeckt Octavius' Geheimnis und kehrt zurück, um die Herrschaft über New Yorks Unterwelt zu übernehmen.*

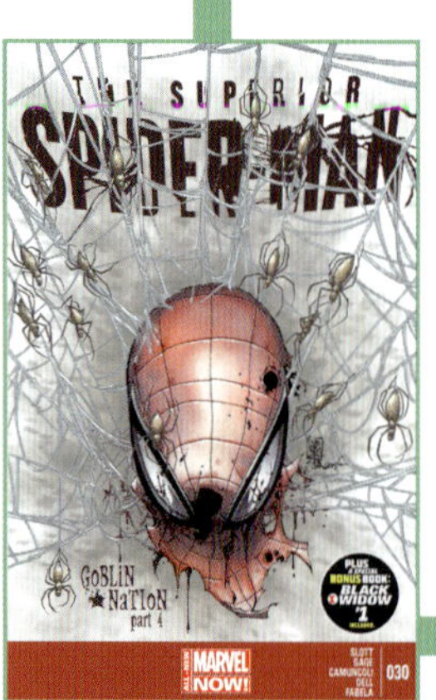

***Superior Spider-Man* 30 (2014)**
DAN SLOTT
CHRISTOS N. GAGE
GIUSEPPE CAMUNCOLI
Octavius akzeptiert, dass nur Peter Parker Green Goblin besiegen kann, und erlaubt ihm, die Kontrolle über seinen Körper wiederzuerlangen.

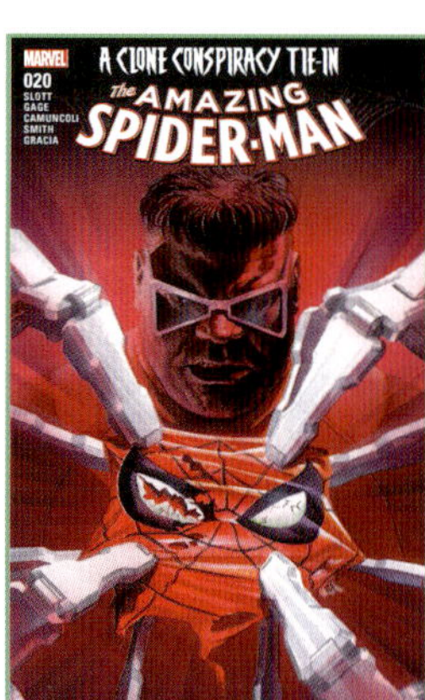

***Amazing Spider-Man* 20 (2016)**
DAN SLOTT
CHRISTOS N. GAGE
GIUSEPPE CAMUNCOLI
*Otto Octavius arbeitet mit **Jackal** zusammen und erschafft einen neuen geklonten Körper für sich selbst.*

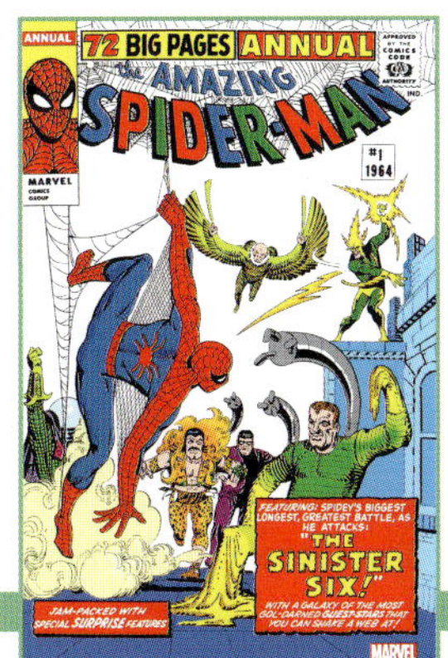

***Amazing Spider-Man* Annual 1**
(1964)
STAN LEE
STEVE DITKO
Dr. Octopus *versammelt fünf von Spider-Mans tödlichsten Feinden. Die* ***Sinister Six*** *werden gegründet.*

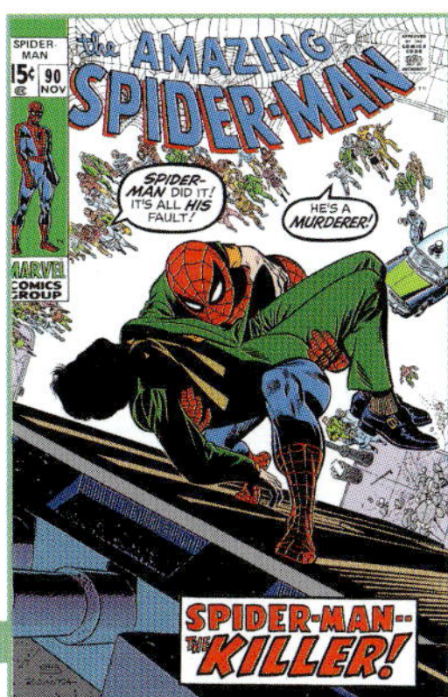

***Amazing Spider-Man* 90**
(1970)
STAN LEE
GIL KANE
Ein Kampf mit Dr. Octopus geht schief und führt zum Tod von ***Gwen Stacys*** *Vater,* ***Captain George Stacy****.*

Viele Helden und Schurken sind Zerrbilder des jeweils anderen. So sind zum Beispiel **Captain America** und **Red Skull** beide lebende Symbole ihrer jeweiligen Ideologien, während **Mr. Fantastic** und **Dr. Doom** wissenschaftliche Genies sind, die unterschiedliche Wege eingeschlagen haben. In *Superior Spider-Man* lenkt **Dan Slott** die Aufmerksamkeit stärker auf die Ähnlichkeiten zwischen **Peter Parker** und **Otto Octavius** als jeder andere Autor zuvor, und das Ergebnis ist eine faszinierende Studie dieser beiden klassischen Figuren.

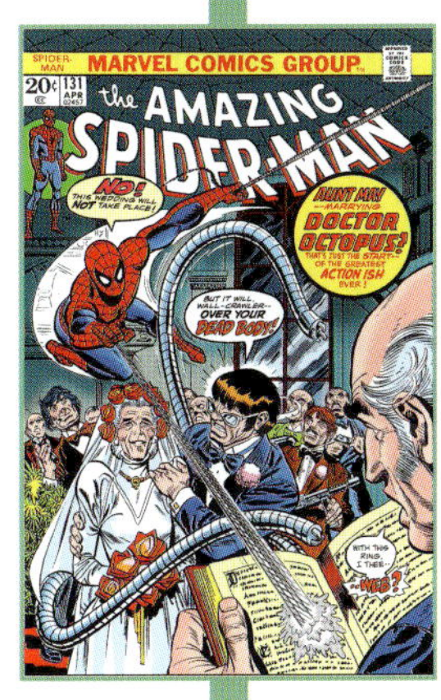

***Amazing Spider-Man* 131**
(1974)
GERRY CONWAY
ROSS ANDRU
Dr. Octopus versucht, ***Tante May*** *zu heiraten, nachdem sie eine uranhaltige Insel mit einem Atomreaktor geerbt hat.*

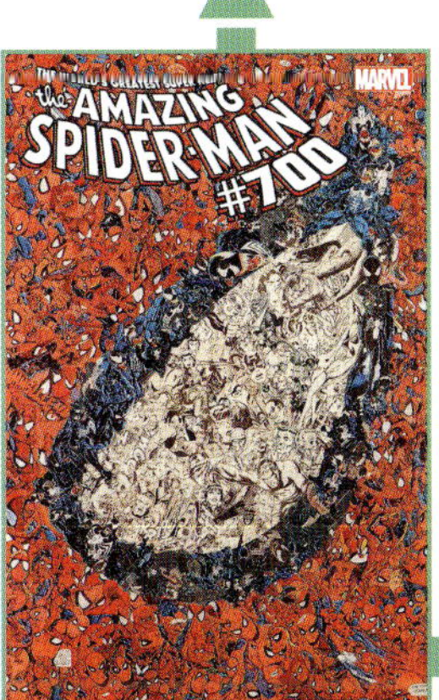

***Amazing Spider-Man* 700**
(2012)
DAN SLOTT
HUMBERTO RAMOS
Der sterbende Dr. Octopus überträgt seinen Geist in den Körper von Peter Parker und stiehlt Spider-Mans Leben.

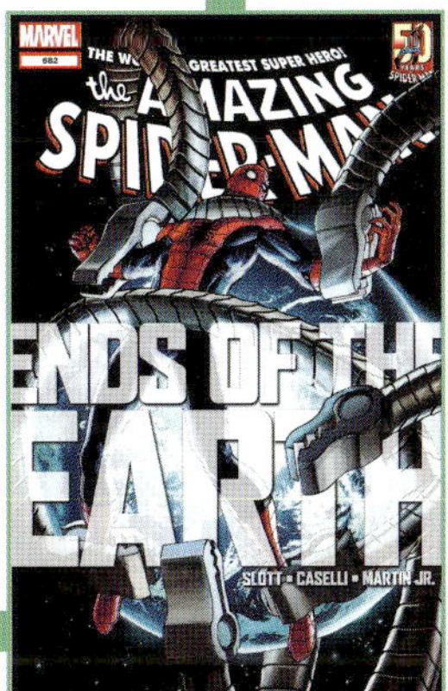

***Amazing Spider-Man* 682**
(2012)
DAN SLOTT
STEFANO CASELLI
Dr. Octopus setzt seinen größten Plan in die Tat um, als er anbietet, die Welt vor der globalen Erwärmung zu retten.

Die letzten Tage von Doc Ock

Die letzte große Schlacht zwischen **Spider-Man** und **Dr. Octopus** findet in *Amazing Spider-Man* 682-687 (2012) statt: *Ends of the Earth* von **Dan Slott** und **Stefano Caselli**. Dr. Octopus ist dem Tod nahe, heckt aber mit seinen alten Verbündeten, den **Sinister Six**, einen gigantischen Plan aus. Er baut eine Reihe von Satelliten, die er die „octavianische Linse" nennt. Sie verstärken kurzzeitig die Sonnenstrahlen auf einer Hälfte der Erde. Dann verkündet er, dass weitere seiner Satelliten die Auswirkungen der globalen Erwärmung umkehren können, und präsentiert der Welt die wissenschaftlichen Daten. Einige der **Avengers** glauben, dass der sterbende Bösewicht es ernst meint, aber Spider-Man ist sich sicher, dass dies Teil eines tödlichen Plans ist. Die Regierungen der Welt stimmen zu, mit **Octavius** zusammenzuarbeiten. Die Sinister Six besiegen die Avengers, aber **Silver Sable** rettet Spider-Man und **Black Widow**. Das Heldentrio beginnt, Octavius' Stützpunkte zu zerstören, wird aber zu international gesuchten Verbrechern, als Octavius ihre Festnahme fordert. Nach einer Reihe von Kämpfen finden Spider-Man und Silver Sable die versteckte Unterwasserbasis von Dr. Octopus, gerade als dieser sich anschickt, die fertige octavianische Linse zu aktivieren und die ganze Welt zu zerstören. Spidey besiegt Octavius, muss aber hilflos mit ansehen, wie Silver Sable von **Rhino** ertränkt wird. Octavius wird vor Gericht gestellt.

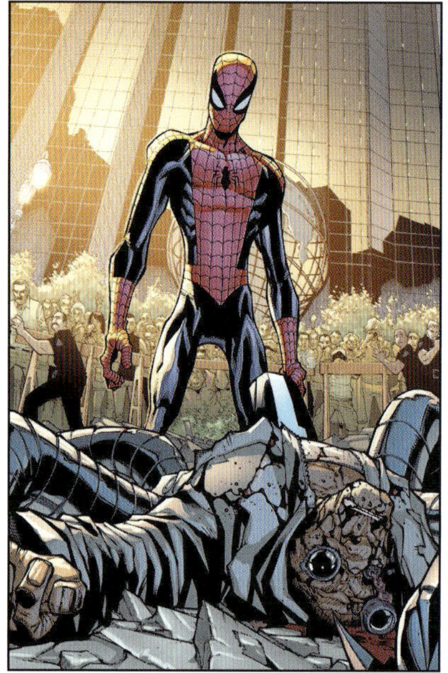

Peter Parker stirbt im Körper von Otto Octavius, während der „überlegene" Spider-Man zusieht. Zeichnung von Humberto Ramos, **Victor Olazaba** und **Edgar Delgado**.

Kurz darauf, in *Amazing Spider-Man* 698-700 von Dan Slott und **Humberto Ramos**, erwacht **Peter Parker** im Gefängnis, gefangen in Octavius' sterbendem Körper. Octavius hat eine geheimnisvolle Technik eingesetzt, um ihre Gehirnmuster auszutauschen. Nun nimmt er den Körper von Peter Parker für sich in Anspruch. Peter bricht aus dem Gefängnis aus, kann Octavius aber nicht besiegen. Es gelingt ihm jedoch, alle seine Erinnerungen in den Geist seines Feindes zu projizieren und ihn zu lehren, dass mit großer Macht auch große Verantwortung einhergehen muss. Peter stirbt, aber Octavius schwört, ein Held zu werden.

▶ In *Amazing Spider-Man* 3 (1963) von **Stan Lee** und **Steve Ditko** fand der erste Kampf zwischen Spider-Man und Dr. Octopus statt. Der junge Held wollte den Bösewicht aufhalten, nachdem er die Kontrolle über ein Krankenhaus übernommen hatte, aber er wurde von Doc Ock mit Leichtigkeit besiegt. Spideys Selbstvertrauen war erschüttert. Doch dann besuchte Peter Parker einen Vortrag der **Fackel** an seiner Highschool, in dem sie betonte, wie wichtig es sei, niemals aufzugeben. Spider-Man kehrte für einen weiteren Kampf zurück und war siegreich.

Dr. Octopus

Otto Gunther Octavius wurde in Schenectady, im Bundesstaat New York, geboren. Sein Vater **Torbert** war ein Fabrikarbeiter, der sowohl Otto als auch seine Mutter **Mary** verprügelte. Der schüchterne junge Otto wurde auch in der Schule schikaniert. Er war fest entschlossen, nicht wie sein Vater zu werden, und setzte alles daran, eine gute Schulbildung zu bekommen. Als sein Vater bei einem Fabrikunfall ums Leben kam, schwor sich Otto, Wissenschaftler zu werden.

Otto Octavius wurde ein angesehener Kernphysiker, Berater in der Atomforschung, Erfinder und Dozent. Er entwickelte eine Reihe mechanischer Arme, die ihm beim Umgang mit gefährlichen radioaktiven Stoffen halfen, was ihm den Spitznamen „**Dr. Octopus**" einbrachte. Eines Tages verschmolz eine versehentliche Explosion in einem Forschungszentrum die mechanischen Arme mit Octavius' Körper. Er entdeckte, dass die Strahlung ihm die Gabe verliehen hatte, seine Arme mental zu kontrollieren. Octavius wusste nicht, dass er auch einen Hirnschaden erlitten hatte, der ihn zu einem feindseligen Menschen machte. Er übernahm die Kontrolle über das Krankenhaus, in dem er sich erholte, was zu seiner ersten Begegnung mit **Spider-Man** führte. Der Netzschwinger besiegte ihn, und Octavius wurde inhaftiert.

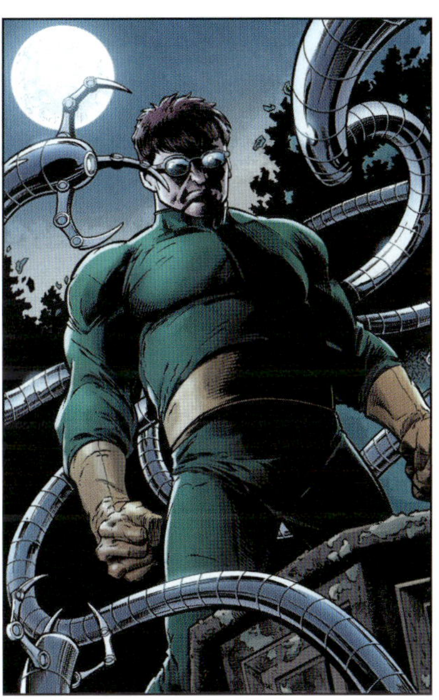

Dr. Octopus hat in seiner kriminellen Karriere schon oft dem Tod ein Schnippchen geschlagen. Zeichnung von **Mark Bagley**.

Dr. Octopus wurde einige Monate später aus dem Gefängnis entlassen und wurde sofort wieder als Verbrecher aktiv. Er wurde zu Spider-Mans hartnäckigstem Feind und scharte eine Reihe anderer Krimineller mit Superkräften um sich, um die **Sinister Six** zu gründen. Er war besessen von seinen vielen Niederlagen gegen Spider-Man und war fest entschlossen, sich als der überlegene Intellekt zu beweisen.

Dr. Octopus kann seine mechanischen Arme aus großer Entfernung geistig steuern. Jeder Arm ist in der Lage, mehrere Tonnen zu heben, vorausgesetzt, dass mindestens ein Arm seinen Körper abstützt. Die Arme ermöglichen es Octavius, sich schnell über jedes Gelände zu bewegen und vertikale Flächen und Decken zu erklimmen. Die Zangen sind scharf genug, um massiven Stahl zu zerreißen.

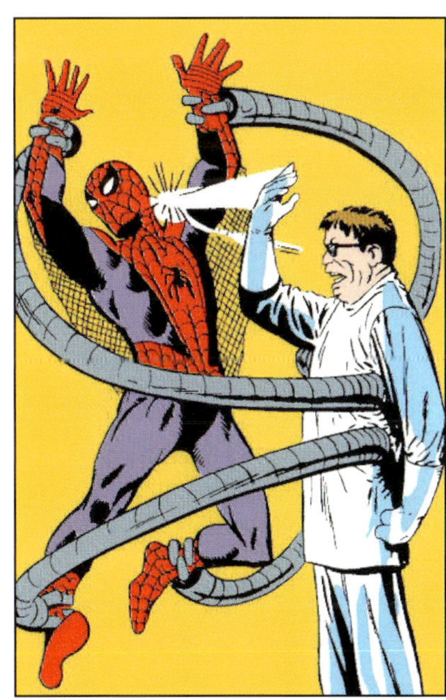

Dr. Octopus besiegte den jungen Spider-Man bei ihrer ersten Begegnung mit Leichtigkeit. Zeichnung von **Steve Ditko**.

WEITERE MUST-HAVE-TITEL

BEREITS ERHÄLTLICH

CIVIL WAR
AVENGERS: HELDENFALL
SPIDER-MAN: SPIDER-VERSE
WOLVERINE: OLD MAN LOGAN
DEADPOOL KILLT DAS MARVEL-UNIVERSUM
THANOS: DIE GEBURT EINES MONSTERS
DAREDEVIL: DER MANN OHNE FURCHT
MILES MORALES: ULTIMATE SPIDER-MAN
MS. MARVEL: META-MORPHOSE
DER TOD VON WOLVERINE
INFINITY GAUNTLET: DIE EWIGE FEHDE
PLANET HULK
X-MEN: DIE DARK PHOENIX SAGA
VENOM: DARK ORIGIN
IRON MAN: EXTREMIS
FANTASTIC FOUR – 4
PUNISHER: FRANK IST ZURÜCK!
MARVEL KNIGHTS SPIDER-MAN
BLACK PANTHER: WER IST BLACK PANTHER?
X-MEN: EIN NEUER ANFANG
FANTASTIC FOUR: ALLES GELÖST?!
SPIDER-MAN: HEIMKEHR
CAPTAIN AMERICA: WINTER SOLDIER
ASTONISHING X-MEN: BEGABT
SPIDER-MAN: KRAVENS LETZTE JAGD
HOUSE OF M
DEADPOOL: WEIBER, WUMMEN UND WADE WILSON
AVENGERS: AUSBRUCH
ULTIMATE SPIDER-MAN: LEKTIONEN FÜRS LEBEN
DER TOD VON CAPTAIN AMERICA
ANNIHILATION
MARVELS
DAREDEVIL: AUFERSTEHUNG
GUARDIANS OF THE GALAXY: SPACE-AVENGERS
AVENGERS PRIME
WOLVERINE: STAATSFEIND
THE SIEGE – DIE BELAGERUNG
SPIDER-MAN/BLACK CAT
DAREDEVIL: IN DEN ARMEN DES TEUFELS
THOR: DIE RÜCKKEHR DES DONNERS
SECRET INVASION
UNCANNY AVENGERS: DER ROTE SCHATTEN
WOLVERINE: WAFFE X
MARVEL ZOMBIES
DOCTOR STRANGE: DER EID
SILVER SURFER: REQUIEM
X-MEN: BEDROHTE SPEZIES
FEAR ITSELF – NACKTE ANGST
THOR: AUF DER SUCHE NACH GÖTTERN
WORLD WAR HULK
SPIDER-MAN: QUALEN
WOLVERINE
NEW AVENGERS: ILLUMINATI
SECRET WAR
THANOS KEHRT ZURÜCK
GHOST RIDER: STRASSE ZUR VERDAMMNIS
AVENGERS: ULTRONS RACHE
DEADPOOL: DREI GLORREICHE HALUNKEN
SPIDER-MAN: ERSTAUNLICHER NEUSTART
AVENGERS FOREVER
X-MEN: SCHISMA – GETRENNTE WEGE
SUB-MARINER: DIE TIEFE
AGE OF ULTRON
SECRET WARS
HULK: GRAU
NEW MUTANTS: HÖLLENBIEST
X-MEN: MAGNETO – TESTAMENT
SILVER SURFER: PARABEL
IRON MAN: DIE FÜNF ALBTRÄUME
CAPTAIN AMERICA: NEUE GEGNER
THOR: GOTT DES DONNERS – GÖTTERSCHLÄCHTER
MARVEL SUPER HEROES SECRET WARS
GUARDIANS OF THE GALAXY: KRIEGER DES ALLS
HULK: DYSTOPIA
SPIDER-MAN NOIR
DEADPOOL: DIE WETTE
DAREDEVIL & ECHO: TEILE DER LEERE
DOCTOR STRANGE: ANFANG UND ENDE
DAREDEVIL: FATHER
SPIDER-MAN: FAMILIENTRADITION
AVENGERS: ROTE ZONE
X-MEN: ZUKUNFT IST VERGANGENHEIT
SPIDER-MAN: BLUE
PUNISHER: BLUTSPUR
THANOS: HERRSCHER DES UNIVERSUMS
VENOM: NETZ DES TODES
X-FORCE: SEX + GEWALT
MARVEL 1602
MYTHOS
CIVIL WAR II
PUNISHER WAR ZONE
DER TOD VON CAPTAIN MARVEL

JETZT ERHÄLTLICH

SPIDER-MAN: IM KÖRPER DES FEINDES

DEMNÄCHST

SPIDER-MEN